高等职业教育创客教育系列教材

初创企业营销攻略

主 编 王琼芝 吕 蓉
参 编 朱靖华 方兰兰

机械工业出版社
CHINA MACHINE PRESS

本书围绕初创企业营销实际工作，共设计了六个项目和十二个任务：项目一是营销准备攻略，包含树立现代营销观念和组建营销团队两个任务；项目二是市场调研攻略，包含市场营销环境调查和市场需求调查两个任务；项目三是形象塑造攻略，包含市场细分与定位和企业形象设计两个任务；项目四是产品价格攻略，包含布局产品组合和制定产品价格两个任务；项目五是渠道开发攻略，包含构建线下渠道和开拓线上渠道两个任务；项目六是市场推广攻略，包含线下推广策略和线上推广策略两个任务。在每一个任务中，都按照引导案例、知识储备、思政园地、实训操作、拓展学习、课后练习的步骤，引导读者由浅入深地学习，重点帮助读者解决初创企业中的营销困难。

本书可作为高职院校的初创企业营销课程教材，也可作为其他专业创新创业素质拓展课程教材，还可作为有志于创业的社会人士的参考书。

图书在版编目（CIP）数据

初创企业营销攻略/王琼芝，吕蓉主编. — 北京：机械工业出版社，2021.1
高等职业教育创客教育系列教材
ISBN 978-7-111-67435-1

Ⅰ.①初⋯ Ⅱ.①王⋯ ②吕⋯ Ⅲ.①企业管理—市场营销—高等职业教育—教材 Ⅳ.①F274

中国版本图书馆CIP数据核字（2021）第017845号

机械工业出版社（北京市百万庄大街22号 邮政编码100037）
策划编辑：乔 晨　　　　责任编辑：乔 晨 张美杰
责任校对：赵 燕 郑 婕　　封面设计：马精明
责任印制：李 昂
北京铭成印刷有限公司印刷
2021年2月第1版第1次印刷
184mm×260mm·14印张·331千字
0001—1900册
标准书号：ISBN 978-7-111-67435-1
定价：45.00元

电话服务　　　　　　　　网络服务
客服电话：010-88361066　　机 工 官 网：www.cmpbook.com
　　　　　010-88379833　　机 工 官 博：weibo.com/cmp1952
　　　　　010-68326294　　金 书 网：www.golden-book.com
封底无防伪标均为盗版　　　机工教育服务网：www.cmpedu.com

前 言
Preface

为顺应《中国制造 2025》对人才提出的要求,《制造业人才发展规划指南》制定了"大力培育工匠精神,培养崇尚劳动、敬业守信、精益求精、敢于创新的制造业人才"的战略目标。湖南机电职业技术学院(以下简称学院)在探索中选择了创客模式。创客教育被喻为"基于制作的教育",主要关注电子、机械、机器人、3D 打印等工程化主题,与机电类专业的发展高度契合。在此基础上,学院集合师资力量,开发了 2 门公共基础课程,10 门某干制作的专业课程,并在全院开设。初创企业营销即为其中的一门专业课程,旨在培育创客的营销能力。

同时,市场营销技能是财经商贸类专业学生的通用技能,以往的市场营销课程和教材多以成熟企业为例,重点梳理成熟大型企业的营销策略,而现在高职财经商贸类专业的毕业生,主要的就业单位是处于创业期的中小微企业,这就使得他们在学校学的营销知识和技能与工作中需要的知识和技能脱节。为了培育学生的创业能力,提升学生所学与所用的契合度,我们编写了这本书。

本书围绕初创企业营销准备、市场调研、形象塑造、产品价格布局、渠道开发和市场推广六个项目,从树立现代营销观念、组建营销团队、市场营销环境调查、市场需求调查、市场细分与定位、企业形象设计、布局产品组合、制定产品价格、构建和开拓线上线下销售渠道、开展线上线下推广策略等核心内容展开。本书主要体现了以下特点:

(1)适应性。本书按照引导案例→知识储备→思政园地→实训操作→拓展学习→课后练习→项目小结的结构编写每个项目的内容,符合学生由浅入深的学习需求。

(2)思想性。本书每一个任务中都设计了思政园地,通过案例导入、案例讨论、分析与建议等过程,培养学生正确的价值观和营销人员良好的思想素质。

(3)创新性。本书突出初创企业营销实务,在每一个任务中分析初创企业该如何做,如何完成该任务,系统地解决初创企业营销困难的问题,具有一定的创新性。

本书由湖南机电职业技术学院的王琼芝、吕蓉主编,方兰兰、朱靖华参编。其中,项目一、项目二和项目五由王琼芝编写,项目三和项目四由吕蓉编写,项目六由方兰兰和朱靖华编写。湖南德努门窗科技有限公司王新荣总经理对本书的编写提出了许多宝贵的建议,在此表示衷心的感谢。

为方便教学,本书配备电子课件、习题答案等教学资源。凡选用本书作为教材的教师均可登录机械工业出版社教育服务网 www.cmpedu.com 下载。咨询电话：010-88379375；联系 QQ：945379158。

由于编者水平有限,书中缺点、错误在所难免,恳请使用本书的教师和读者批评指正。

编　者

二维码索引

序 号	名 称	二维码	页 码
1	扫码观看初创企业4Ps营销组合		11
2	扫码观看组建初创企业营销团队		27
3	扫码观看初创企业营销环境调查		45
4	扫码观看初创企业市场调查的简单方法		59
5	扫码观看初创企业定位方法		76
6	扫码观看初创企业形象设计方法		91
7	扫码观看初创企业产品策略		110
8	扫码观看初创企业价格策略		125
9	扫码观看初创企业分销渠道策略		146
10	扫码观看初创企业线上渠道构建		162

（续）

序号	名称	二维码	页码
11	扫码观看初创企业线下推广策略		184
12	扫码观看初创企业线上推广策略		198

前言

二维码索引

任务一 树立现代营销观念 / 001

学习目标 / 001

引导案例 小米手机创业之初的营销组合 / 001

知识储备 / 003

　　一、市场营销的核心概念 / 003

　　二、市场营销观念 / 005

　　三、市场营销组合 / 007

　　四、初创企业及其 4Ps 营销组合 / 010

思政园地 市场营销的社会责任 / 011

实训操作 分析某初创企业的营销策略 / 012

拓展学习 把握市场营销的新趋势 / 013

课后练习 / 014

任务二 组建营销团队 / 017

学习目标 / 017

引导案例 五步打造营销团队成就华为崛起 / 017

知识储备 / 018

　　一、准备组建营销团队 / 018

　　二、设计市场营销部门组织结构 / 021

　　三、招聘市场营销人员 / 022

　　四、建立营销团队制度 / 024

五、组建初创企业营销团队 / 026

思政园地　营销人员，你要自信 / 028

实训操作　组建某初创企业的营销团队 / 029

拓展学习　营销人员素质的新要求 / 029

课后练习 / 030

项目小结 / 032

项目二
市场调研攻略

任务一　市场营销环境调查 / 035

学习目标 / 035

引导案例　共享单车行业火爆的宏观环境分析 / 035

知识储备 / 037

　　一、市场调查与预测 / 037

　　二、宏观环境调查 / 040

　　三、竞争环境调查 / 041

　　四、内部环境调查 / 043

　　五、初创企业营销环境调查 / 044

思政园地　营销人员，你要积极应对挑战 / 046

实训操作　调查分析某初创企业的营销环境 / 047

拓展学习　市场预测的内容与方法 / 047

课后练习 / 049

任务二　市场需求调查 / 051

学习目标 / 051

引导案例　找准消费者痛点，小罐茶成功逆袭 / 051

知识储备 / 052

　　一、市场需求调查的内容 / 052

二、设计调查问卷 / 054

　　三、确定调查对象 / 056

　　四、初创企业市场调查的简单方法 / 058

思政园地　做企业，要将诚信经营进行到底 / 059

实训操作　为所创企业设计制作一份消费者需求调查问卷 / 060

拓展学习　使用问卷星做调查的流程 / 060

课后练习 / 063

项目小结 / 065

项目三　形象塑造攻略

任务一　市场细分与定位 / 067

学习目标 / 067

引导案例　哈啰单车市场差异化营销策略分析 / 067

知识储备 / 069

　　一、市场细分 / 069

　　二、市场定位 / 071

　　三、产品定位 / 072

　　四、品牌定位 / 074

　　五、初创企业定位方法 / 075

思政园地　共享经济，更要共建文明 / 076

实训操作　为初创企业确定市场定位 / 077

拓展学习　定位理论的产生与发展 / 078

课后练习 / 079

任务二　企业形象设计 / 081

学习目标 / 081

引导案例　年轻、时尚、个性、新潮的小米企业形象 / 081

知识储备 / 083
　　一、企业形象识别系统的构成 / 083
　　二、设计企业形象的基本程序 / 084
　　三、品牌形象设计 / 087
　　四、初创企业形象设计 / 089

思政园地　秉承工匠精神，当好企业的营销人 / 091

实训操作　为初创企业设计品牌形象 / 092

拓展学习　规范企业名称，不要触及红线 / 093

课后练习 / 094

项目小结 / 096

项目四

产品价格攻略

任务一　布局产品组合 / 99

学习目标 / 99

引导案例　王饱饱麦片：互联网时代的爆品养成记 / 99

知识储备 / 101
　　一、产品的层次与分类 / 101
　　二、单个产品策略 / 103
　　三、产品组合概念与策略 / 104
　　四、产品生命周期与策略 / 106
　　五、初创企业的产品策略 / 107

思政园地　发扬奋斗精神，做幸福的营销人 / 110

实训操作　初创企业产品层次与组合设计 / 111

拓展学习　初创企业的聚焦战略 / 111

课后练习 / 112

任务二　制定产品价格 / 115

学习目标 / 115

引导案例　以价格打动人心：茶颜悦色扎根长沙，享誉全国 / 115

知识储备 / 116

　　一、制定初始价格 / 116

　　二、调整价格 / 120

　　三、刺激性定价策略 / 123

　　四、初创企业的定价技巧 / 124

思政园地　法治精神：为营销保驾护航 / 125

实训操作　初创企业的产品价格策划 / 126

拓展学习　价格欺诈的表现形式 / 127

课后练习 / 128

项目小结 / 130

项目五　渠道开发攻略

任务一　构建线下渠道 / 133

学习目标 / 133

引导案例　三只松鼠：线上线下融合实现全渠道增长 / 133

知识储备 / 135

　　一、认识分销渠道 / 135

　　二、设计分销渠道 / 137

　　三、认识典型中间商 / 141

　　四、管理分销渠道 / 142

　　五、初创企业分销渠道构建 / 144

思政园地　合作共赢：企业高质量发展的原动力 / 146

实训操作　初创企业分销渠道设计 / 147

拓展学习　如何打造样板市场 / 148

课后练习 / 151

任务二　开拓线上渠道 / 153

学习目标 / 153

引导案例　方便速食新贵"拉面说"的成长之路 / 153

知识储备 / 154

　　一、线上渠道的类型 / 154

　　二、传统电商渠道 / 155

　　三、新兴电商渠道 / 157

　　四、初创企业的线上渠道构建 / 159

思政园地　家国情怀：创业者的责任与担当 / 162

实训操作　为初创企业构建线上渠道 / 163

拓展学习　全渠道营销：线上渠道与线下渠道的融合 / 164

课后练习 / 166

项目小结 / 168

项目六　市场推广攻略

任务一　线下推广策略 / 171

学习目标 / 171

引导案例　江小白的线下推广策略：和年轻人玩到一起 / 171

知识储备 / 173

　　一、人员推销 / 173

　　二、广告宣传 / 177

　　三、营业推广 / 179

　　四、公共关系 / 181

　　五、初创企业线下推广策略 / 183

思政园地　做经世济民的营销人 / 184

实训操作　初创企业的线下推广策划 / 185

拓展学习　顾客价值与企业营销 / 185

课后练习 / 188

任务二　线上推广策略 / 190

学习目标 / 190

引导案例　Girlcult：借助线上推广，实现品牌突围 / 190

知识储备 / 191

　　一、自媒体推广 / 191

　　二、社会化媒体推广 / 194

　　三、第三方平台广告推广 / 196

　　四、初创企业线上推广策略 / 197

思政园地　文化自信：营销人的力量源泉 / 198

实训操作　初创企业的线上推广策划 / 200

拓展学习　新媒体营销的基本常识 / 200

课后练习 / 202

项目小结 / 204

参考文献 / 206

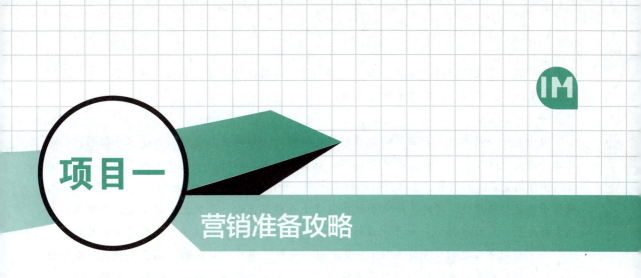

项目一 营销准备攻略

任务一 树立现代营销观念

 学习目标

【知识目标】
- 理解市场营销的核心概念
- 理解市场营销观念的演变过程
- 理解市场营销组合的内容
- 理解初创企业及其 4Ps 营销组合

【能力目标】
- 能分析给定企业的营销观念
- 能分析给定初创企业的营销组合

【素质目标】
树立责任意识,能主动承担企业的社会责任

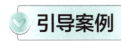 引导案例

小米手机创业之初的营销组合

2011年10月,第一代小米手机正式发布,主要定位为手机发烧友。当时国内手机市场竞争非常激烈,高端手机主要被三星、苹果垄断,中低端由国产手机品牌"中华酷联"占据。

小米公司抓住了互联网这一发展机遇，顺势而为，运用独特的营销策略，只用了三年的时间就突出重围，站稳脚跟，取得了巨大成功。

一、产品策略

对于创业公司来说，产品策略是营销策略的核心，好的产品会说话。小米手机的产品理念是"为发烧而生"，目标人群是手机"发烧友"，因此高端的配置是小米手机的核心，它采用国际顶尖供货商供货，选取最好的核心配件，如高通的CPU、索尼的电芯、夏普的屏幕，确保手机运行速度快。同时，小米手机在包装上也独具匠心，包装盒采用牛皮纸做包装，外观古朴大气，正面印刷logo和手机设计样图，给人一种高端的科技感，获得了用户的好感。

小米公司创立之初从研发MIUI系统开始，采取了用户参与式的产品开发模式。小米公司通过论坛的形式，收集参与用户的意见，并按照需求数量进行排序，通过固定的"橙色星期五"进行更新。小米公司还设置了"爆米花奖"，由用户投票选出每周最好的设计，促进公司内部进行设计创新，也增强了用户的参与感和黏性，为小米手机积累了大量的粉丝用户。

二、定价策略

小米手机的定价策略奉行的是互联网思维模式，这种思维模式认为企业的价值在于用户量的多少，为了积累大量的用户资源，小米手机舍弃了高利润定价策略，选择了低价策略，以超高的性价比吸引用户。小米的目标用户是较为时尚的中青年人群，这部分人对产品的要求很高，但是对价格又很敏感。苹果手机虽然非常好，但是价格昂贵，而一些中低价位的手机在质量上又不尽如人意，不能满足用户的需求。小米正是瞄准了这样的市场，在手机部件使用上均采用国际一流技术，最低价格仅需1 999元，而市场上同等配置的手机则要3 000元左右。

三、渠道策略

小米公司在销售模式方面完全放弃传统门店柜台销售，采用了网络直销，通过自建的B2C小米网站或者是借助其他社会化媒体销售。网络直销模式节省了仓储费用，可以快速收回资金，减少了中间商环节成本，尽最大能力削减成本。同时，通过在线预约和按时定点抢购为生产规划取得了关键信息和数据参考，既扩大了与供应商的谈判能力，又实现了零库存目标。

四、促销策略

创业之初，小米公司没有采取传统的电视广告这种高成本的促销策略，而是采取了以下促销策略：直接的降价促销让老产品为新产品铺路，通过微博和论坛与用户互动培养消费者的忠诚度，通过事件营销扩大品牌影响力，高调的发布会提升品牌知名度，饥饿营销维护品牌形象等。小米公司几乎在大众常用的社会化新媒体上都建立了属于自己的账号，而且小米公司根据不同平台的特点有选择地发布高品质信息，增强用户的参与感，借助用户的传播，扩大品牌影响力。

问题

1. 营销策略包括哪些内容？
2. 小米手机的营销策略有何优缺点？

从上例可以看出，企业创立之初的定位和营销策略是企业首先要思考的问题，作为初创企业的营销人员，只有明白什么是市场营销，营销的对象有哪些，以及与营销相关的核心概念有哪些，树立现代营销观念，才能更准确地理解企业的营销职能，顺利开展企业营销活动。

知识储备

一、市场营销的核心概念

为了做好市场营销工作，市场营销人员首先需要理解以下概念：

（一）市场

传统意义上，市场是商品交换的场所，是各种交换关系的总和。但市场营销理论认为，市场是具有特定需求和欲望，并愿意且可以通过交换来满足这些欲望的全部潜在顾客。即买主构成市场，卖主构成行业。如手机市场是指对手机产品有需求的潜在购买群体，手机行业是指所有生产或销售手机的企业。

市场的三个构成要素为：人口、购买力和购买欲望。人口是构成市场的基本要素，购买力是指人们支付货币购买商品或服务的能力，购买欲望是指人们购买商品的动机、愿望和要求。市场的三个要素互相制约、缺一不可，只有三者结合起来才能构成现实的市场。比如一个地区的人口很多，但经济水平较低，购买力不强，则很难构成潜在市场，只有人口既多，购买力又强，才有可能构成一个有潜力的大市场。但是如果人们对商品没有购买动机和需求，或者产品不符合人们的需求，这个潜在市场也不可能转化为现实市场。因此，市场是由人口、购买力和购买欲望三个因素构成的，缺一不可。

按照不同的划分标准可以把市场划分为不同的类型。例如：按照商品流通时序的标准，可以把市场划分为现货市场和期货市场，批发市场和零售市场；按照商品流通地域的标准，可以把市场划分为城市市场和农村市场，地方市场和全国市场，国内市场和国际市场；按照商品属性的标准，可以把市场划分为一般商品市场和特殊商品市场；按照购买者行为的特点的标准，可以把市场划分为消费者市场和组织市场。其中消费者市场是一切市场的基础，也是起决定性作用的市场。

（二）市场营销

美国市场营销学家菲利普·科特勒在《营销管理》中给市场营销的定义为：市场营销是一个社会过程，在这个过程中，个人和团体可以通过创造、提供和与他人自由交换有价值的产品与服务来获得他们的所需所求。科特勒强调市场营销的价值导向，强调要为顾客提供有价值的产品与服务。通过这个概念，可以认为：市场营销是一个过程，在这个过程中，个人和团体创造、提供、交换产品或服务，以满足个人和团体的需求和欲望。

在实际工作中，不同企业会有不同的工作重点，但一般来说，市场营销遵循一定的步骤，按照分析市场机会—市场细分—确定目标市场—市场定位—制定营销策略—制订营销计划—执行营销计划—控制营销活动—售后服务与信息反馈这样九个步骤来进行。

（三）需要、欲望和需求

市场营销是以满足人们的欲望和需求为目的的活动，需要、欲望和需求也就成了市场营销的核心概念。

1. 需要

需要是指人与生俱来的基本要求，包括吃、穿、住、用、行等生理性的需要，也包括爱、尊重、自我实现等社会性的需要。它不表现为某一具体满足物，所以任何营销都不可能创造需要。

2. 欲望

欲望是指人特别迫切地期望得到某些满足基本需要的具体物品时的愿望，它表现为想得到的某种"特殊物品"或"特定方式"。

3. 需求

需求是有购买能力的欲望。需要要转化成需求必须具备两个条件：一是有强烈的购买欲望；二是要有一定的支付能力。

如有人上体育课剧烈运动后，身体缺水口渴，需要喝水，这就产生了需要。但满足口渴需要的具体物品有很多，有人想喝矿泉水解渴，产生了对矿泉水的欲望；有人想喝饮料解渴，产生了对饮料的欲望；有人想喝牛奶解渴，产生了对牛奶的欲望。欲望产生后不是都能得到满足的，当某人想喝高端品牌的矿泉水又能支付得起，便产生了需求，而一部分人却因为购买力问题不得不压制欲望，不能转化为需求。所以公司不仅需要弄清楚有多少消费者对公司的产品有购买欲望，还需要知道有多少消费者愿意并买得起，即有多少需求。

（四）产品

产品是指能够供给市场，被人们使用和消费并能够满足人们某种需求的任何东西，包括有形的产品，无形的服务、组织、观念或它们的组合。产品一般可以分为五个层次，即核心产品、基本产品、期望产品、附加产品、潜在产品。核心产品是指产品提供给购买者的直接利益和效用；基本产品是核心产品的直观化；期望产品是指顾客在购买产品时，一般会期望得到的一组特性或条件；附加产品是指超过顾客期望的产品；潜在产品是指产品或开发物在未来可能产生的改进和变革。菲利普·科特勒在《营销管理》中将营销的产品分为 10 大类：实体产品、服务、事件、体验、人物、地点、财产、组织、信息、观念。

（五）价值和顾客满意

市场营销中的价值是指消费者对产品满足各种需求的能力的评价，而不是产品本身使用价值的大小。通常用顾客让渡价值和顾客满意来表述。顾客让渡价值是顾客通过购买和消费特定产品所获得的价值与为此而付出的所有成本的差额。顾客满意是顾客对购买和消费的产品所提供的效能与其主观期望比较的一种结果，效能高于或等于期望，顾客会满意；效能低于期望，顾客会不满意。

二、市场营销观念

在企业的经营发展中，应该用什么理念指导企业的营销工作？如何决定企业利益、顾客利益和社会利益的各自权重？这些问题就涉及市场营销观念了。市场营销观念是指企业从事市场营销活动及管理过程的指导思想或根本看法和根本态度，也就是企业在开展市场营销活动的过程中，在处理企业、顾客和社会三方利益方面所持的态度和指导思想。它在企业营销活动中起支配和指导作用，故称"企业思维方式"，也称"企业哲学""市场营销管理哲学"。

（一）市场营销观念的演变过程

在市场营销发展过程中，先后产生了五种营销观念：生产观念、产品观念、推销观念、营销观念和社会营销观念。其中，前三种属于传统营销观念，后两种属于现代营销观念。

1. 生产观念

生产观念是企业最古老的市场营销观念之一。它认为，消费者更喜欢那些随处可得、价格低廉的产品。秉承这种观念的企业，集中精力实现高效率生产、低成本和大规模分销。营销人员在试图扩张市场的阶段也会使用生产观念。

2. 产品观念

产品观念认为消费者青睐质量好、性能好且具有创新特征的产品。秉承该观念的企业，致力于生产优质产品，并不断加以改进。但过于迷恋自己的产品，可能容易患上"营销近视症"。一个新的或者改进的产品并不一定会卖得很好，除非它被恰当地定价、分销、广告、销售。

3. 推销观念

推销观念认为消费者在没有外力推动的情况下不会购买足够的产品。这种观念被大量运用于推销那些非渴求产品，即消费者一般不会想到要去购买的产品，如保险、墓地等。绝大多数企业在具有过剩生产能力时奉行这种观念，但建立在强力推销基础上的营销存在高风险。

4. 营销观念

20世纪50年代中期，营销观念才出现。该观念认为，实现组织目标的关键在于公司要比竞争对手更有效地为其选定的目标市场创造、传递和传播顾客价值。哈佛大学的西奥多·莱维特总结了推销观念和营销观念之间的区别：推销观念关注卖家的需求，即卖家如何将产品转换成现金；营销观念关注买家的需求，即如何通过产品，以及与创造、递送并最终消费产品相关的所有环节来满足消费者的需求。

5. 社会营销观念

社会营销观念是对营销观念的完善，强调企业的社会责任。社会营销观念认为，企业的营销任务是明确各个目标市场的需求，以保护或提高消费者和社会福利的方式，比竞争对手更有效、更有力地向目标市场提供能够满足其需求、欲望和利益的产品或服务。社会营销观念要求市场营销者在制定市场营销政策时要统筹兼顾企业利润、消费者需求的满足和社会效益三方面的利益。

（二）市场营销观念的新发展

进入 21 世纪，新技术变革和消费模式升级推动企业不断更新经营观念，在企业中提出了关系营销、文化营销、绿色营销、整合营销等新市场营销观念。

1. 关系营销观念

关系营销观念认为，企业不仅要促成交易，更重要的是和所有利益相关者建立健康长久的关系。关系营销的目标是与重要团体——顾客、供应商、分销商和其他营销伙伴建立长期、互惠的经济、技术和社会纽带关系，以便获得并保持长期的业绩和业务。关系营销观念是针对传统营销观念只看重交易成功而不看重关系维护这一缺点提出来的，在传统营销观念中，卖方向买方提供商品或服务以换取货币实现商品价值，营销就是促成交易。随着市场竞争越来越激烈，很多企业想要维持稳定的关系网络，减少顾客开发成本，关系营销观念应运而生。

关系营销的最终结果是建立企业的独特资产——营销网络。这个营销网络由企业、顾客、员工、供应商、分销商、经销商、广告代理商、竞争对手、政府机构和社会组织等共同组成。企业从追求眼前当笔交易的利润最大化发展成追求长远的、最大的利益，关系营销观念的基础是"承诺"，关键是"信任"，这已经成为市场营销发展的新趋势。

2. 文化营销观念

文化营销观念认为，企业应将产品作为文化的载体，并在营销活动中形成文化氛围，以文化促进企业营销。文化营销既包括浅层次的构思、设计、包装、商标、广告、款式，又包括对营销活动的价值评判、审美评价和道德评价。企业在实施文化营销过程中包含三个层次：①产品文化营销，包括在产品的设计、生产、使用等各个方面赋予文化元素；②品牌文化营销，是指品牌在创立和建设时赋予其文化，当品牌在质量、价格和售后服务等物质要素上难以有突破时，给品牌注入文化元素，提升品牌价值；③企业文化营销，企业将顾客所接受的价值信条作为企业的经营理念，从而促进顾客对整个企业的认同。

文化营销是一个整体工程，包括产品文化、品牌文化和企业文化三个方面，要把三者有机结合起来,才能发挥文化营销的作用。企业文化建设是企业文化营销的前提和基础,企业没有良好、健康、全面的文化建设,文化营销就成了无源之水、无本之木。品牌文化是文化营销的中间环节和纽带,在企业文化建设的基础上,通过对不同环境的文化进行分析,制定出符合企业的品牌文化。产品文化则是前两者的载体和表现。

3. 绿色营销观念

绿色营销观念认为,企业应以环境保护为经营指导思想,以绿色文化为价值观念,以满足消费者的绿色消费为中心和出发点,生产销售对环境危害小的绿色产品,承担企业的环境保护责任。它要求企业在经营中贯彻自身利益、消费者利益和环境利益相结合的原则。绿色营销观念是市场营销观念、生态营销观念和社会营销观念的综合体。

企业在实施绿色营销时,应从以下三个方面进行:①树立绿色营销观念,企业将保护环境作为自身核心价值观,在全体员工和所有活动中贯彻环境保护理念;②绿色经营,在产品策略上采用绿色设计、绿色生产、绿色包装和绿色标志,在价格策略上考虑绿色研发生产的成本,适当提高价格,在渠道策略上构建绿色营销网络,尽可能构建短渠道、宽渠道,在促销策略上采取绿色广告、绿色推广和绿色公关;③倡导绿色消费,企业可以运用多种手段和媒体,传播绿色消费知识,培养绿色消费观念。

4. 整合营销观念

整合就是把各个独立的营销综合成一个整体,以产生协同效应。整合营销是一种对各种营销工具和手段的系统化结合,根据环境进行即时性的动态修正,以使交换双方在交互中实现价值增值的营销理念与方法。这些独立的营销工作包括广告、直接营销、销售促进、人员推销、包装、事件赞助和客户服务等。企业在整合营销观念指导下,战略性地审视整合营销体系、行业、产品及客户,从而制定出符合企业实际情况的整合营销策略。

整合营销观念认为,营销者的任务是设计营销活动并整合营销项目来最大化地为顾客创造、传播和传递价值。整合营销有两个关键,分别为:①采用大量不同的营销活动来宣传和传递价值;②协调所有的营销活动以实现其总体效果的最大化。4Ps营销组合和4Cs营销组合都属于整合营销观念。

三 市场营销组合

市场营销组合是市场营销理论体系中一个非常重要的概念,它是指为了满足目标市场的需求而加以组合的可控变量的集合。市场营销组合具有可控性、复合性和动态性三个特征。

(一) 4Ps 营销组合

4Ps营销组合是指企业在开展市场营销活动的过程中,通过对各种可控因素的优化组合和综合运用,使其能够扬长避短、发挥优势,以适应外部环境的一种营销理论,即通过对产品（Product）、价格（Price）、渠道（Place）、促销（Promotion）的计划、组织与实施，对外部不可控因素做出动态的积极反应，从而实现其占领某个目标市场的营销目的。

1. 产品策略（Product Strategy）

产品策略主要是指企业以向目标市场提供各种适合消费者需求的有形和无形产品的方式来实现其营销目标，其中包括对与产品有关的品种、规格、式样、质量、包装、特色、商标、品牌以及各种服务措施等可控因素的组合和运用。

2. 定价策略（Pricing Strategy）

定价策略主要是指企业以按照市场规律制定价格和变动价格等方式来实现其营销目标，其中包括对同定价有关的基本价格、折扣价格、付款期限、商业信用以及各种定价方法和定价技巧等可控因素的组合和运用。

3. 渠道策略（Placing Strategy）

渠道策略主要是指企业以合理地选择分销渠道和组织商品实体流通的方式来实现其营销目标，其中包括对同分销有关的渠道覆盖面、商品流转环节、中间商、网点设置以及储存运输等可控因素的组合和运用。

4. 促销策略（Promoting Strategy）

促销策略主要是指企业以利用各种信息传播手段刺激消费者购买欲望，促进产品销售的方式来实现其营销目标，其中包括对同促销有关的广告、人员推销、营业推广、公共关系等可控因素的组合和运用。

如果将价格策略与促销策略组合使用，一般有以下四种组合：

（1）快取脂策略，即高价高促销策略，先声夺人，占领市场，在竞争者反应过来之前收回投资。采取这种策略，往往是产品市场需求弹性小，市场规模大，潜在竞争者多。

（2）慢取脂策略，即高价低促销策略。为早日收回投资，仍以高价问世，但为之减少促销成本，只进行较少的促销活动。采取这种策略，往往是产品市场需求弹性小，市场规模不大，潜在竞争者少。

（3）快渗透策略，即低价高促销策略。可以使产品以最快的速度渗入市场，并为企业带来最大的市场占有率。实施这种策略，往往是该产品的市场容量相当大，消费者对产品不了解，且对价格反应十分敏感，潜在竞争比较激烈，必须抢在激烈竞争前使产品批量上市。

（4）慢渗透策略，即低价低促销策略。低价格的目的在于促使市场尽快接受该产品，低促销费用的作用在于降低销售费用，增强竞争力。采用这一策略，往往是市场容量较大，消费者对该项新产品的价格十分敏感，有相当多的潜在竞争者准备加入竞争行业。

（二）4Cs 营销组合

随着市场竞争日趋激烈，媒介传播速度越来越快，消费者个性化也日益突出，人们发现

4Ps 营销组合已无法满足企业对品牌形象、服务水平和顾客关系等重要战略的更高要求。到了 20 世纪 80 年代，美国北卡罗来纳大学罗伯特·劳特朋针对 4Ps 营销组合理论存在的问题，提出了 4Cs 营销组合。

所谓 4Cs 营销组合，是指企业在营销活动中，必须瞄准消费者需求，考虑消费者所愿意支付的成本以及消费者购买的便利性，与消费者进行充分沟通的一种营销理论。

1. 瞄准消费者需求（Consumer）

企业首先要了解、研究、分析消费者的需要与欲望，要生产消费者所需要的产品，而不是先考虑企业能生产什么产品。

2. 消费者所愿意支付的成本（Cost）

企业首先要研究消费者的收入状况、消费习惯以及同类产品的市场定价，了解消费者满足需要与欲望愿意付出多少钱，而不是先给产品定价，即向消费者要多少钱。

3. 消费者的便利性（Conveniece）

企业首先考虑在消费者购物等交易过程中如何给消费者方便，而不是先考虑销售渠道的选择和策略。

4. 与消费者沟通（Communication）

消费者不只是单纯的受众，本身也是新的传播者，以消费者为中心实施有效沟通是十分重要的，通过互动、沟通等方式，将企业内外营销不断进行整合，把消费者和企业双方的利益无形地整合在一起。

（三）4Cs 营销组合与 4Ps 营销组合的关系

4Cs 营销组合是对 4Ps 营销组合的发展与完善，是从另一个角度来看待和分析市场营销。4Ps 营销组合是站在企业的角度来分析营销，4Cs 营销组合是站在消费者的角度来分析营销。如果站在市场的角度看企业，站在消费者的角度看市场，那么，"产品"对应的是"消费者"，"价格"对应的是"成本"，"渠道"对应的是"方便"，"促销"对应的是"沟通"。

由此可见，4Ps 营销组合与 4Cs 营销组合之间只是思考问题的出发点不同，两种思维方式并没有对错之分，4Cs 注重消费者需求导向，4Ps 注重市场导向。如果企业不管"4Cs"，只是一味地强调"4Ps"，那可能就是在闭门造车，可能生产出的产品没有销路，制订的促销计划无人响应，制定的价格也不被消费者接受；如果企业只是站在消费者的角度一味地强调"4Cs"，企业的成本将可能大大增加，很可能设计出过度超前的产品和制订出使得企业破产的促销方案。所以企业在考虑产品定位、渠道策略、促销活动的时候要有"4Cs"的观念，在执行计划或者方案的时候，也应按照实际情况进行调整，也就是说企业要用"4Cs"来思考，用"4Ps"来行动。

四、初创企业及其 4Ps 营销组合

（一）初创企业的界定

关于初创企业的定义，目前学术界和实业界都没有明确提出，根据企业生命周期理论，也很难用单一的概念去定义初创企业。一般来讲，初创企业是指那些创立时间短、规模小、盈利能力低、具有较大的不确定性、需要花费大量成本抢占市场的企业。经历这个过程之后，企业就会出现一个临界点，突破临界点后，企业的各个方面都会出现明显的增长，此时企业就进入了成长期。

关于企业的生命周期，最先由美国的学者伊查克·爱迪思（Ichak Adizes）发表的《企业生命周期》对企业的生命历程进行了划分。他将企业的发展类比为生命体的发展，即企业也会像生物体一样经历出生、成长与死亡的过程，不同的生命阶段企业有着不同的特征。在此后，企业生命周期理论得到了不断的完善，后期学者根据不同时期企业的特征把企业生命周期划分为四个阶段：初创期、成长期、成熟期和衰退期。

在当今不断发展的时代下，科学技术不断改变着企业的商业模式，不同生命周期阶段下企业的商业模式也会有所不同。一般企业会经历四个阶段，一是初创阶段，此阶段企业在探索商业模式，用户数量很少，投入很大，盈利能力弱；二是成长阶段，在此阶段企业的商业模式会逐渐成熟，企业用户数也会大规模增加，但此阶段企业可能也还未盈利；三是成熟阶段，此阶段企业商业模式比较稳定、成熟，用户数增长放缓，企业开始实现盈利；四是衰退阶段，此阶段商业模式面临淘汰，大量用户退出，利润大幅下降。

（二）初创企业 4Ps 营销组合

企业初创时期，知名度低，销售额低，成本较高，利润较低甚至为负，顾客很少，生产能力也较低，市场规模甚微，资金有限。针对这一时期的特点，企业营销的重点应放在提升企业知名度，扩张市场，使产品尽快为消费者所接受，缩短产品的市场投入时间，突出一个"快"字。

1. 产品策略

创业初期的产品首先要能为顾客创造价值。其次要保证产品质量，质量是企业的生命，尤其是对一家初创企业更是如此。此阶段产品工作包括进行产品定型、完善产品性能和稳定产品质量，先保证好用，然后保证好看。最后还要为产品进入成长期的大批量生产做好准备。

2. 价格策略

在初创期，产品的价格策略和促销对能否尽快打开产品销路有很大影响。价格方面，可以采用成本加成定价法来制定低价格，即按产品单位成本加上一定比例的利润制定产品价格。大多数企业是按成本利润率来确定所加利润的大小的。即：价格 = 单位成本 + 单位成本 × 成本

利润率＝单位成本×（1+成本利润率）。成本加成定价法是企业较常用的定价方法。

3. 促销策略

在初创期，企业一般采取快取脂策略或快渗透策略，即高价高促销策略或低价高促销策略，无论哪种策略，都要实施大量促销与产品试用活动。可以采用特殊名目的特价、折价券、退款券、礼券、赠品、抽奖、猜谜、比赛（如命名比赛）、继续购买奖励、加值包、试用品、样品、招待券等促销方式，或组合使用。

4. 渠道策略

首先，初创企业要建立自己的样板市场。在市场导入阶段，初创企业缺乏对自身产品流通属性的认识，这时如果组建一个自己的样板市场，通过直接对接消费者、对接市场，企业便能更鲜明地发现自身的缺陷与不足，在市场竞争中更好地把握先机。有了样板市场后，企业要以此为基础突破该区域的市场，建立自己的根据地。最后，初创企业要建立自己的分销渠道，根据初创企业的特征，选择较短的分销渠道更为适合。

扫码观看初创企业4Ps营销组合

市场营销的社会责任

一、案例导入

疫情大考下，初创企业坚守社会责任担当

2020年1月，一场突如其来的新冠肺炎疫情成为中国社会的焦点。作为现代社会重要组成部分——企业，充分发挥自身优势和品牌力量，积极主动参与疫情防控工作，充分体现了现代企业的社会责任担当。

疫情大考下，很多初创企业即使自身生存维艰，也不忘社会责任，以实际行动支援抗疫防疫，非常难能可贵。防疫期间，疫情的实时跟踪与防控知识成为各级政府和民众关心的焦点。竹间智能科技（上海）有限公司响应需求，迅速推出"疫情防控情感机器人"，以小AI传大爱，免费向各级政府、卫健委机构、基层社区、疾控中心、学校等相关疫情防控机构提供重点人群筛查、防控和宣教工作。福佑卡车在疫情期间完成了87批次、1 613吨应急物资运输，整理司机版疫情预防指南，关注每位司机的安全。智伴科技累计捐赠了价值100余万元医疗物资及生活用品，同时旗下各个智能教育产品也相继投入到抗击疫情的战斗中，智伴教育机器人、智伴优学不断推送儿童及家长防疫知识，响应国家"停课不停学"的号召，赠送价值亿元的线上智能课程。IMS（天下秀）在疫情期间启动"全国服务业中小商家帮扶计划"，增加中小企业曝光的机会，帮助在疫情中受影响的中小企业快速恢复正常经营。梦映动漫累计捐赠30万元资金，旗下主打产品触漫还发起了"聚爱成塔"爱心活动，并分别联合海珠区政府和红板报发起了"以笔为枪，抗击疫情"和"致湖北小朋友的一封信"活动，号召更多青少年用户加入进来，共同传递温暖和力量。

二、案例讨论

1. 试分析疫情期间初创企业的防疫抗疫活动。
2. 什么是企业的社会责任？企业应如何坚守社会责任担当？

三、分析与建议

"疫情就是命令，防控就是责任"，在此次疫情大考中，初创企业勇担疫情防控责任，体现了初创企业高度的社会责任感。在国家和人民最需要的时候，企业能够伸出援手，必将得到广泛赞誉，对企业品牌建设和未来发展有着深远的意义。

企业的社会责任是指企业在创造利润、对股东和员工承担法律责任的同时，还要承担对消费者、社区和环境的责任。企业的社会责任要求企业必须超越把利润作为唯一目标的传统理念，强调要在生产过程中对人的价值的关注，强调对环境、消费者、社会的贡献。由此可见，企业的社会责任可以概括为三大类：保护消费者权益、保护社会利益和发展、保护自然环境。

担当社会责任，企业可从以下三方面着手：①诚信经营，自觉维护消费者权益。诚信也是我国社会主义核心价值观之一。企业应自觉维护消费者获取产品安全、获取产品信息、自由选择产品、申诉等权益；②增强责任意识，为社会创造日益丰富的物质财富，上缴税款，积极参与社会公益事业；③绿色经营，自觉保护自然环境。

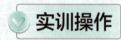

分析某初创企业的营销策略

1. 实训目的

理解市场、市场营销、产品、价值和顾客满意等概念，分析制定初创企业的营销策略。

2. 实训内容及步骤

（1）学生浏览初创企业案例，并从中任选一个初创企业进行营销策略分析。
（2）分析案例企业的名称特点、产品特点。
（3）分析案例企业的价格策略、渠道策略和促销策略。

3. 实训成果要求

提交10页左右的PPT，内容包括案例企业的名称及简介、产品策略、价格策略、渠道策略、促销策略。

拓展学习

把握市场营销的新趋势

初创企业要想长远地发展下去，必须突破现有的思维定式和刻板认知，必须着眼于未来，从趋势中洞察到新的营销模式。那么未来中国的市场营销将呈现怎样的趋势呢？这是一个复杂的问题，我们着重讨论时代变化引起的四种市场营销发展新趋势：新零售趋势、生态链整合营销趋势、情感营销趋势、全新国际化趋势。

（一）新零售趋势

新零售是数字时代的产物，它是伴随着大数据、人工智能、互联网技术的发展诞生的。新零售是指个人、企业以互联网为依托，通过运用大数据、人工智能等先进技术手段，对商品的生产、流通与销售过程进行升级改造，进而重塑业态结构与生态圈，并对线上服务、线下体验以及现代物流进行深度融合的零售新模式。

数字技术为企业了解和跟踪客户、分析客户特征带来了便利。根据客户送货地址可以分析客户地域，根据客户过往购买经历可以分析客户偏好，线上销售可以给客户自动推荐最合适的商品。人工智能被视为数字网络的升级版，相关的产品或服务加速在不同领域商业化实践。基于数据分析，人工智能可以综合使用各个维度来源的数据，如历史交易数据、社交网络关系、购物习惯、在线浏览记录、周期性消费习惯等，在零售场景中实现营销预测并辅助决策。定制化营销、精准营销、智能货架、智能物流等是新零售时代的趋势。

（二）生态链整合营销趋势

生态链整合营销是合作经济时代的产物。随着市场竞争的日益加剧，行业与行业的相互渗透、相互融会，企业与企业之间更加主动地进行合作，人们已经很难清楚地界定一个企业或者一个品牌的属性，"互补"被时代赋予了新的含义：过去，互补产品是指产品功能上的互补，如羽毛球和羽毛球拍，现在，互补是用户体验的互补。

生态链整合营销是围绕某类消费者的某个生活场景的多个痛点，链接多个品牌、多种产品，全方位解决消费者的营销模式。在深刻洞察消费者痛点的基础上，生态链整合营销可以产生品牌力叠加效应，实现传播效果最大化。苏宁"衣物洗护生态链营销"便是生态链整合营销的一个例子，在洞察衣物洗护中存在衣物受损、有异味、泡沫残留、除菌难、洗衣液用量拿捏不准等痛点后，苏宁易购联合衣物洗护链条上的洗衣液、洗衣机头部品牌建立起"衣物拯救研究所"，竭力为消费者提供全方位的解决方案。线上，发起"生活净化论"话题引发热议；线下，有创意候车亭对话题进行发酵。为了进一步向用户推广痛点解决方案，在南京苏宁清江广场也搭建起了智能洗衣的生活场景，诸多品牌跟明星一起现身构建终端触点网络，现场展示衣物净化论，有效地聚合了平台与品牌、线上与线下的资源，并借助明星效应，实现了营销效果的最大化。

（三）情感营销趋势

随着人类科技、文化以及社会经济的发展，商品逐渐具有了人类活动载体的功能元素并成为人类活动的情感符号，商品越来越走向情感化，人的情感也越来越走向商品化，情感体验或情感消费逐渐发展成为一种越来越重要的消费形式，服务于人的情感需要的"体验式经济"或"情感经济"也随之发展起来。它是继"实物经济""服务经济"之后又一种重要的经济形式。

随着情感经济而来的情感营销逐渐发展起来，情感营销以感性观点来分析人们的消费行为，把个人感性差异的满足作为品牌文化营销的核心。商品只有做到"时尚化""风格化""个性化""情感化"，以深厚热烈的情感为基础，才能赢得消费者的心理认同，从而使其产生消费欲望与购买行为。产品的营销方式也发生了变化，讲故事变得越来越重要。声誉良好、真实、以目的为导向的营销内容会更受人们信赖，在营销中也越来越重要。

（四）全新国际化趋势

现在，国际化的深度和广度都在不断地拓宽和延伸，我国越来越多的企业开始走向国际市场，主动参与国际竞争。与以往大多以出口为主不同，现在乃至未来，从品牌、市场、研发到生产呈现了全新的国际化趋势。

品牌国际化：从代工生产到自主品牌出口，建立品牌专柜与门店，越来越多企业开始在国际市场上传播品牌形象，打造自己的高价值国际品牌。

市场国际化：过去企业"走出去"，更多把产品出口到一些欧美的发达国家。"一带一路"扩大了中国出口的地域与范围，越来越多中国企业开始意识到新兴市场的巨大市场机会，市场选择从欧美转移到东南亚、非洲、中东等地区。

研发国际化：技术全球化的趋势越来越明显，中国企业也越来越习惯于从如以色列、日本、德国等一些具有先进技术的国家收购企业或者建立技术合作研究中心等。

生产国际化：随着国内生产成本不断提高，有很多企业把工厂搬迁到东南亚、中东等劳动力成本更低的地区。

课后练习

一、单项选择题

1. （　　）是具有特定需要和欲望，并愿意且可以通过交换来满足这些欲望的全部潜在顾客。

    A. 市场　　　　　B. 市场营销　　　　　C. 营销管理　　　　　D. 需求

2. （　　）是一切市场的基础，也是起决定性作用的市场。

    A. 一般商品市场　　B. 特殊商品市场　　　C. 消费者市场　　　　D. 组织市场

3.（　　）是以满足人们的欲望和需求为目的的活动。
   A. 生产　　　　　B. 市场营销　　　　C. 市场　　　　　D. 交易
4. 在产品观念的指导下，企业的营销行为容易产生（　　）。
   A. 市场营销轻视症　　　　　　　　B. 市场营销远视症
   C. 市场营销重视症　　　　　　　　D. 市场营销近视症
5. 丰田公司在对消费者、竞争者以及其他影响成本和需求的外部因素做了大量调研的基础上，推出普锐斯混合动力汽车，一经上市，订单爆满。这充分说明丰田公司遵循了（　　）。
   A. 产品观念　　　　　　　　　　　B. 生产观念
   C. 推销观念　　　　　　　　　　　D. 市场营销观念

二、多项选择题

1. 市场的三个构成要素是（　　）。
   A. 人口　　　　　B. 购买力　　　　C. 交易　　　　　D. 购买欲望
2. 按照商品流通时序的标准可以把市场划分为（　　）。
   A. 现货市场　　　B. 期货市场　　　C. 批发市场　　　D. 零售市场
3. 4Ps营销组合中的"4P"是指（　　）。
   A. 产品　　　　　B. 价格　　　　　C. 渠道　　　　　D. 促销
4. 企业的社会责任可以概括为（　　）。
   A. 保护消费者权益　　　　　　　　B. 保护社会利益和发展
   C. 开展营销活动　　　　　　　　　D. 保护自然环境
5. 现代市场营销观念包括（　　）。
   A. 产品观念　　　　　　　　　　　B. 推销观念
   C. 市场营销观念　　　　　　　　　D. 社会营销观念

三、判断题

1. 营销就是把产品卖给需要的人，交易结束营销就结束了。（　　）
2. 营销就是推销。（　　）
3. 在市场营销理论日新月异的今天，4Ps营销理论显得已经过时。（　　）
4. 所谓4Ps营销理论，是指企业在营销活动中，必须瞄准消费者需求，考虑消费者所愿意支付的成本以及消费者购买的便利性，与消费者进行充分沟通的一种营销理论。（　　）
5. 关系营销就是在营销活动中，通过吃、喝、玩等手段拉关系、互相利用，通过开展非正当交易活动来达到自己的目的。（　　）

四、简答题

1. 简述市场营销观念的演变过程。
2. 简述文化营销观念的主要观点。

3. 简述 4Ps 营销组合和 4Cs 营销组合的关系。

五、案例分析题

有一家欧洲跨国制鞋公司，为了开发一个岛国的市场，先后派出了五支考察队。第一支考察队很快就回来了汇报说：那里的人不穿鞋，没有市场。第二支考察队回来汇报说：那里没有卖鞋的，公司可以大批量运鞋过去，推销给岛国居民。第三支考察队汇报说：岛国是一个很有市场前景的市场，生产原料充足且价格低廉，未来利润可期。第四支考察队比较了"国际贸易"和"本地化生产"两种模式，进行了细致的财务计算，认为"本地化生产"的优势较高，建议公司到岛国设厂，就地生产就地销售。

第五支考察队是营销经理队。经理们在岛国上待了五天，拜访了上至岛国酋长，下至各行各业的普通老百姓等五十多个样本。经理们了解到当地居民因不穿鞋都患有脚疾，居民有穿鞋的欲望。岛上的居民都听从酋长的命令，岛上盛产香蕉。经理们和酋长已经达成香蕉交换鞋子的协议。为了抢占市场，经理们经过仔细核算，建议公司一边用"国际贸易"做成第一笔交易，打好关系和基础，一边同时在岛国建厂投入生产，以便为后续更大的市场发展提供支持。

问题

1. 结合营销观念知识，分别说明五个团队所遵循的营销观念是什么？
2. 如果你是公司总经理，你会采纳哪个团队的建议？为什么？

任务二　组建营销团队

【知识目标】
- 了解优秀营销团队应具备的特征
- 理解市场营销部门组织结构
- 掌握营销团队组建步骤与方法

【能力目标】
- 能为初创企业制定营销部门组织结构图
- 能为初创企业营销团队制定管理制度

【素质目标】
培养营销人员对中国传统文化的自信，树立自信心

引导案例

五步打造营销团队成就华为崛起

华为创立于1987年，是全球领先的ICT（信息与通信）基础设施和智能终端提供商，致力于把数字世界带入每个人、每个家庭、每个组织，构建万物互联的智能世界。目前华为约有19.4万名员工，业务遍及170多个国家和地区，服务30多亿人口。华为的成功离不开市场营销，而市场营销的核心是营销团队。华为是如何打造优秀的营销团队的呢？我们把它归纳为以下五步：

第一步：用校园招聘方式广招天下英才。

华为招聘营销人员主要采取持续大规模招聘高校应届毕业生的方法。刚毕业的大学生还没接触到社会，可塑性强，容易接受一家公司的价值观和理念，更容易培养成企业所需要的人才。华为的校园招聘非常专业，形成了自己的招聘模式。

第二步：用持续培训方式增强团队战斗力。

进入华为的新员工都要接受华为的培训。对于新员工来说，华为的培训过程就是一次再生经历。华为的培训分为上岗培训、岗中培训和岗下培训，营销人员的上岗培训包括军事训练、企业文化、车间实习与技术培训、营销理论与市场演习四个部分，经过以上培训的人都有一种脱胎换骨的感觉。通过培训，可以基本上消除毕业生的书生气，为派往市场第一线做好心理和智力上的准备。

第三步：用制度保障团队增长力。

国有国法，家有家规，华为在打造自己营销队伍的时候也逐步健全了自己的管理制度。华为先后推出了《华为人行为准则》《华为员工职业道德规范》《华为公司基本法》，对营销人员行为做出了基本规范。制度完善并不能保证制度一定能够有效地执行，也就更不能保证建设一支优秀的营销队伍，要确保制度的有效性，考核是关键。华为主要考核营销人员的劳动态度、工作绩效和任职资格，根据考核结果来决定考核对象的工资、奖金、股金的发放数量及晋升机会。

第四步：用双重激励保持团队活力。

华为为了保证一线人员永远保持活力，对一线营销人员的激励也是大手笔。在华为，一个优秀的营销人员不单单可以得到华为的物质激励，还可以得到精神激励。华为的营销人员是没有提成的，他们的业绩是和自己团队的业绩挂钩的，这样的设计是为了避免营销人员发生机会主义行为，忽视与客户长期关系的维系。但是华为的营销人员的收入是非常高的，在华为，各种各样的奖励应接不暇，公司还专门成立了一个荣誉部，专门负责对员工进行考核、评奖。华为对员工点滴进步都会给予奖励。

第五步：用企业文化增强团队凝聚力。

华为《致新员工书》中写道："华为的企业文化是建立在国家优良传统文化基础上的企业文化，这个企业文化黏合全体员工团结合作，走群体奋斗的道路。有了这个平台，你的聪明才智方能很好发挥，并有所成就。没有责任心，不善于合作，不能群体奋斗的人，等于丧失了在华为进步的机会。"华为用企业文化增强了团队凝聚力。

> **问题**
> 1. 一支优秀的营销团队应该具备哪些特征？
> 2. 如何构建一支优秀的营销团队？

华为的营销团队建设为中国本土企业树立了一个可以学习的典范。华为告诉我们，成功没有捷径，从招聘人才到培训人才，从使用人才到激励人才，最后到凝聚人才，每一个环节都需要企业付出心血。那么，初创企业要如何构建一支营销团队呢？这是本任务需要探究和训练的内容。

知识储备

一 准备组建营销团队

营销团队是指为了实现营销可持续发展的特定目标，由相互沟通、互动、协调的个体所组成的特殊群体。在这个群体中，既有分工又有协作，既要发挥个人专长，又要能实现团队的协同效应，从而实现企业可持续发展的目标。在正式组建营销团队之前，要先做好以下四项准备工作：

（一）明确营销团队特征

市场营销工作挑战性强，任何人都不可能单独完成，必须建设一支个人执行力强、团队协调配合的营销队伍，才能实现企业持续发展的营销目标。一支优秀的营销团队应该具备以下四个特征：

1. 目标一致

高效的营销团队通常具有明确一致的目标，营销团队成员必须明确团队的整体目标和个人目标，并且能够献身于这个目标，实现目标的策略也是明确的。营销团队的目标与企业的发展目标要一致，而企业在不同的发展阶段目标又不同。比如，对于未盈利的初创企业而言，营销目标是验证商业模式，尽快找到盈利点，尽快找到产品的核心卖点和客户需求的结合点，获取种子客户；对于持续盈利的成熟企业，其营销目标是扩大市场从而获取更多的盈利，建立稳定的客户关系。

2. 分工合作

在目标明确一致的前提下，营销团队内部成员要有明确的分工，每个人专攻一个产品、一个区域或一个客户群。分工能避免成员间相互推诿扯皮，能提高工作效率，能促进成员的专业化发展。分工之后成员间还要加强合作，当某个营销人员缺位或工作失败时，团队内有人替补或提供帮助，没有完美的个人，只有完美的团队，通过分工合作达到团队内"1+1>2"的协同效应。

3. 制度完善

无规矩不成方圆，任何一个团队都要有制度，做到用制度用人、育人、管人，当然，团队制度的建设不是一蹴而就的，而是逐渐完善的。一般来说，营销团队应建设以下制度：薪资制度、提成制度、奖励制度、培训学习制度、工作纪律制度、考核制度、晋升制度、激励制度、退出制度等。团队不仅要有制度，还要严格执行，只有严格执行才能发挥制度的作用。

4. 氛围融洽

融洽的氛围能提高成员工作效率，减少人员流失，降低内耗等。团队成员间相处融洽，能够接受不同人的意见，也能表达自己的意见，不同的想法、建议能够被重视。团队成员有一定的决定权，不用事事请示主管，就能够感受到自身存在的价值。团队成员有着共同的价值观和使命感，相互尊重，互相信任，不会有意指责或贬低团队中的其他人。

（二）设计营销团队的组成方式

常见的营销团队的组成方式有以下四种：

1. 按产品组成的营销团队

按照销售产品的品牌和类型不同，组建不同的营销团队进行销售。特别是当产品技术复杂、产品间毫无关联或产品类别很多时，按产品专门化组成营销队伍就显得特别适用。

2. 按地区组成的营销团队

根据地理位置将市场划分为若干区域，组建相应的营销团队进行销售。每个销售代表被指派负责一个地区。这种结构会使营销人员的责任明确。地区责任能促使销售代表与当地商界和客户个人加强联系。

3. 按目标市场组成的营销团队

企业对不同市场、不同消费者安排不同的营销人员，组建相应的营销团队。企业在市场定位之初都会按一定的标准对市场进行细分，如按性别分为男性市场和女性市场，按年龄分为老年人市场、中年人市场、年轻人市场和儿童市场，然后选取若干个目标市场进行经营，这些目标市场上的消费者具有不同的消费行为特征。

4. 复合式营销团队

当在一个相对广阔的区域内向不同类型的消费者推销多种产品或者在一个区域内要对不同消费者和产品精耕细作时，为了特殊的目的，需要将上述三种方式结合起来使用。

（三）确定营销团队规模

营销团队的规模是指营销团队中人员的数量，它是由销售目标、营销团队的策略及结构三个因素所决定的，同时营销团队的结构是随着市场和经济条件的变化而不断调整的。如何确定营销团队规模，不同企业可以有不同的方法，但常用的方法主要有以下三种：

1. 销售额法

销售额法是指企业根据预期销售额的大小来确定营销人员数量的一种方法。使用这种方法确定营销人员数量时，首先要确定每位营销人员平均每年的销售额，并预测企业每年的销售额，然后计算所需的营销人员数量。

2. 工作负荷量法

工作负荷量法是根据营销人员需要完成的工作量的大小来确定营销人员数量的方法。这是一种比较复杂的方法，主要用于对市场进行精耕细作的企业。例如，某门窗生产企业在C市设立办事处，希望对该市场进行开发。根据调查数据，该市有5家建材市场，共有批发和零售店铺30家，业务员日均可拜访6家，拜访频次为2次/周，每周按5个工作日计算，则需要2名业务员；终端客户100家，业务员日均可拜访4家，拜访频次为1

次／周，每周按5个工作日计算，则需要5名业务员，该团队的业务员规模就可以设计为7人。

3. 边际利润法

边际利润法是根据营销人员创造的边际利润决定营销人员数量的一种方法。使用这种方法决定营销人员的数量时，只要增加营销人员后增加的边际利润大于零，就应该增加营销人员的数量。

（四）界定营销团队职责

界定营销团队的工作职责，对营销团队的管理非常重要，也是营销团队考核和激励的前提条件。一般来说，营销团队的工作职责主要包括以下内容：

（1）负责公司年度、季度、月度销售计划的下达、过程监控、结果分析等工作。

（2）负责月度需求计划的提报。

（3）负责客户开发、新业务开发与业务拓展。

（4）负责与技术质量部对接新产品开发建议书的提报，以及质量改进信息的提报。

（5）负责根据项目的开展进度，督促业务单位的回款。

（6）负责促销方案的制订，品牌策划、品牌传播、展会方案的提报及实施等工作。

（7）与技术质量部共同组织客户业务、技术培训。

（8）完成上级领导交代的其他工作。

二 设计市场营销部门组织结构

市场营销部门组织结构是全体市场营销人员为实现团队营销目标，在管理工作中进行分工协作，在职务范围、责任、权利方面所形成的结构体系。它是部门在职、责、权方面的动态结构体系，其本质是为实现部门目标而采取的一种分工协作体系。部门结构必须随着企业的重大战略调整而调整。企业规模不同，市场营销部门组织结构也不同。

（一）大型企业市场营销部门组织结构

一般情况下，以总部统管营销的方式开展营销活动的企业，其营销部门组织结构如图1-1所示。

（二）小型企业市场营销部门组织结构

小型企业的市场营销部门组织结构设置一般以营销专员为主，配以销售内勤来辅助销售部经理做一些市场、客户服务方面的工作，其营销部门组织结构如图1-2所示。

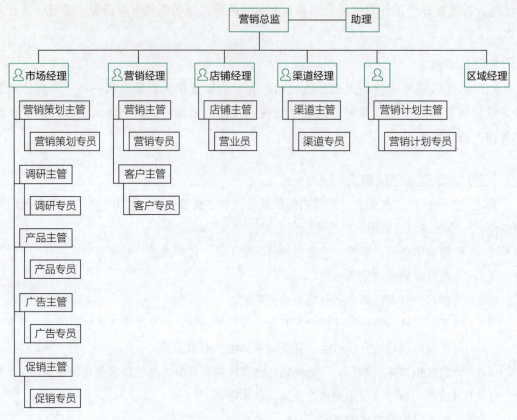

图1-1 大型企业市场营销部门组织结构图

图1-2 小型企业市场营销部门组织结构图

三 招聘市场营销人员

招聘市场营销人员要做的工作主要有：制定选聘原则、制定选聘标准、选择招聘渠道、实施选聘。企业要根据营销团队目标制定选聘原则标准，招聘渠道通常有互联网招聘、校园招聘、企业内部招聘、人才市场招聘、中介机构招聘、招聘同业竞争对手员工、推荐介绍招聘等。招聘要按照一定的程序进行，包括初选、笔试、面试、复试、评估、录用等。下面重点介绍制定选聘标准。

制定选聘标准的关键是确定营销人员的素质要求。营销人员需要具备的素质很多，如学历、自身素质、工作经验、职业素养、职业技能、专业知识等，其中，职业素养、职业技能和专业知识是一个营销人员必备的素质。

（一）职业素养

1. 感召力

感召力是营销人员善于从客户的角度考虑问题，并使客户接受自己、取得客户信任的能力。这种感召力能从潜在客户处得到真实的反映，营销人员可据此调整自己的销售重点，并做出创意性的应变。

2. 自信力

自信力是建立在感召力的基础上的，营销人员强烈的自信力能让客户感到自己的购买决策是正确的，是使客户最后下决心购买的驱动力。

3. 挑战力

营销人员应具有挑战精神，视各种异议、拒绝或障碍、困难为挑战。

4. 自我驱动力

营销人员要具有自觉完成销售任务的强烈欲望。

5. 积极进取的精神

一位敬业的、优秀的营销人员，不会满足于已经取得的成绩。他应该做一个有心人，勤于思考，在营销过程中不断进行总结、分析、归纳、提炼，不断改进工作方法。营销人员应该为个人发展制订一个计划，并不断进行自我完善。

6. 亲和力

营销人员的亲和力是为客户服务的重要条件。营销人员应该以诚信为本，用真诚来换取客户的信任，树立双赢观念。

（二）职业技能

1. 较强的语言表达能力

优秀的营销人员应具有较强的语言表达能力，在与客户交谈时，语调要和缓，表述要热情，语气要充满自信。较强的语言表达能力能够准确、生动地向客户传递一系列有关公司的正面信息，增强客户对公司的信心。

2. 分析判断能力

一个优秀的营销人员要能准确地判断和抓住客户的需求。在与客户谈判时，根据环境和客户言行举止流露出的信息，短时间内分析出客户的基本需求，如客户需要什么样的产品，或者需要什么样的服务等，以便为进一步服务做好相应的铺垫，使销售工作事半功倍。

3. 时间管理能力

市场与销售领域竞争相当激烈，不能高效地把握时间、争取客户，就相当于把客户拱手让给竞争对手。因此，对时间利用的高效程度决定着营销人员的业绩水平。

4. 学习能力

优秀的营销人员应能够快速地汲取最新的市场信息，了解经济发展趋势，了解区域发展规划，了解国家政策对行业可能产生的影响；能够将学到的知识与实际工作结合起来，做到以理论指导实践。

（三）专业知识

1. 企业知识

作为营销人员，应了解所在企业的发展趋势以及其他相关知识，主要包括企业的历史沿革、企业在同行业中的地位、企业的营销方针、企业的规章制度、企业的生产能力、企业的销售政策和定价政策、企业的服务项目等。

2. 产品知识

营销人员必须了解相关的产品知识，同时还要了解与之竞争的其他企业和项目的有关情况。

3. 市场知识

营销人员应掌握市场经济的基本原理、市场营销的策略与方式、市场调研与市场预测的方法、供求关系变化的一般规律、现实客户的情况、增加购买的途径、潜在客户的情况、购买力、市场环境、市场容量等知识。

四 建立营销团队制度

营销团队制度能帮助企业加强营销团队建设，规范营销团队日常业务工作，激励营销团队共同完成营销目标，为营销团队打造与企业共同成长的良好环境。营销团队制度一般包括日常工作规章制度、报酬制度、考核制度、激励制度等。

（一）日常工作规章制度

企业性质不同，营销团队的工作方式、任务、营销模式都不相同，日常工作规范制度也不同。从构成内容上来说，日常工作规章制度主要包括岗位职责、行为准则、业务工作流程、会议制度等。以会议制度为例，一般营销团队的会议包括团队长晨会制度、营销团队晨会制度和营销团队夕会制度。

1. 团队长晨会制度

一日之计在于晨，团队长先召开晨会可以传达公司的最新精神，布置新的工作任务；汇总团队工作进度；协调各团队之间的工作，为各团队有序开展工作做好准备。

2. 营销团队晨会制度

团队长晨会之后可以召开营销团队晨会，通报当日市场信息，研判市场走势；由团队负责人每日对公司的最新精神进行传达，布置新的工作任务；进行团队工作进度汇报；激励团队士气等。

3. 营销团队夕会制度

一天工作结束后，营销团队可以利用夕会对新产品、新业务进行介绍和学习；进行每人工作进度汇报；学习营销案例，交流营销体会。

（二）报酬制度

营销人员的报酬由底薪、绩效、提成、奖金及福利等组成。报酬制度要以业绩为导向，遵循按劳分配的原则，体现销售能力和销售业绩的差别，达到提升营销人员工作积极性的目的。

1. 基本报酬制度

基本报酬包括底薪、绩效和提成。根据三者所占比例不同可以设计三种基本报酬方式：①提成制，即按销售额、销售量或销售利润的一定比例计算提成作为报酬，营销人员没有底薪或绩效，报酬完全跟销售能力和业绩挂钩；②薪金制，即固定工资制，不管有没有完成销售任务，都按固定工资发放报酬；③薪金加提成，这是大多数企业常用的报酬方式，能发挥前两者的优点，既能保证营销团队的稳定性，又能激发营销人员的积极性，关键在于底薪、绩效和提成的比例设计。

2. 奖金福利津贴制度

为了提升营销团队的企业归属感，体现企业对长期工作在外的营销人员的关怀，企业可以通过奖金福利津贴制度来传递企业对营销人员的肯定和激励。可以设立月度销售冠军、季度销售冠军和年度销售冠军等奖项，可以发放差旅补贴和误餐补助等津贴，还可以设置节日福利、员工生日福利、家人生日福利等福利形式。

（三）考核制度

考核制度是利用系统的方法和科学的方式对营销人员的工作行为和工作效果进行评估的一种制度。考核能为员工的工资调整、奖金发放、职务调整提供依据，也让员工了解企业对自己的评价和期望，同时有利于企业了解员工工作情况，为企业发展和管理制度调整提供依据。设计考核制度时主要设计考核内容和考核程序。

1. 考核内容

营销人员的考核内容一般包括工作量、工作效率、责任感、协调合作、工作态度、发展潜力、品德言行、成本意识、客户反馈、工作业绩等。不同岗位的营销人员的考核内容也不同，比如一般营销人员可以从以下内容进行考核：遵守公司各种规章制度；认真履行自己的职责；完成日常业务开发、客户维系、合作项目实施等工作目标；积极配合其他部门或同事的工作；岗位基本指标，保证每个工作日8小时工作时间；积极参加例会、业务交流会、培训等；获得客户认可；每季度完成最低销售任务。

2. 考核程序

考核前，制定考核指标体系，确定考核周期，如每周、每月、每季度、每半年、每年都可以进行考核；考核时，要做好各项指标的记录，及时进行辅导和纠正，加强过程管理；考核完成后，要及时公布考核结果，做好沟通和辅导，并提出下一阶段的改进建议。

（四）激励制度

激励即激发鼓励，是组织通过设计适当的外部奖酬形式和工作环境，以一定的行为规范和惩罚性措施，借助信息沟通，来激发、引导、保持和规范组织成员的行为，以有效地实现组织及其个人目标的过程。在营销实践中激励方法很多，主要包括以下几种：

1. 物质激励

物质是人类的第一需要，也是基本需求，物质激励是激励制度的基础。物质激励是指运用物质的手段使受激励者得到物质上的满足，从而进一步调动其积极性、主动性和创造性。物质激励有奖金、奖品等。它的出发点是关心受激励者的切身利益，不断满足其日益增长的物质文化生活的需要。物质激励必须公正，但不搞"平均主义"，平均分配奖励等于无激励。

2. 精神激励

情感是影响人们行为最直接的因素之一，任何人都有渴望各种情感的需求。精神激励即内在激励，是指精神方面的无形激励，包括：向员工授权、对他们的工作绩效的认可；公平、公开的晋升制度；提供学习和发展的机会；实行灵活多样的弹性工作时间制度以及制定适合每个人特点的职业生涯发展规划等。

3. 目标激励

目标是行动所要得到的预期结果，是满足人的需要的对象。目标同需要一起调节着人的行为，把行为引向一定的方向。目标本身是行为的一种诱因，具有诱发、导向和激励行为的功能。因此，适当的设置目标，能够激发人的动机，调动人的积极性。

4. 强化激励

强化激励是利用批评与表扬、奖励与惩罚的手段，进行正强化和负强化。在实际管理中，表扬要多于批评，奖励要多于惩罚，正强化要多于负强化，掌握好奖惩比例与分寸，就能使激励的正面效应大于负面效应。

五 组建初创企业营销团队

对于初创企业来说，组建一支高效的营销团队是非常有挑战性的。初创企业资金有限，品牌知名度不高，企业名不见经传，想招聘到最合适的、最具忠诚度的营销人才，难度不小。初创企业在组建营销团队时，要重点做好以下几点：

（一）选好带头人

"火车跑得快，全靠车头带"，初创企业最好是CEO或者合伙人直接带领营销团队。首先，高层领导最清楚组织的目标，也最有动力将营销做好；其次，高层亲自参与销售，对营销团队本身就是一种激励；最后，高层领导具有更大权力，在发现客户需求或签订合同时能迅速决策，增加了签订合同的可能性。如果CEO或合伙人不适合做营销团队带头人，也要想尽办法招聘一位营销能力强、实践经验丰富的人担任带头人。

（二）精挑细选各类人员

营销人员分为四类：一为营销战略性人才；二为营销战术性人才；三为各级执行经理；四为普通营销人员。这四类人员都要精挑细选，符合相应标准，不能造成浪费。营销战略性人才，既要对营销有深厚的理论底蕴，又要有丰富的实践经验；营销战术性人才即营销组合的各方面的专家，实践操作能力强于理性思维，要有较强的贯彻能力和职业素养；各级执行经理是企业营销战略计划最基础的组织者和执行者，应具备起码的品质条件，拥有丰富的产品知识和市场知识，具有良好的组织管理能力和亲和力；普通营销人员构成了企业营销队伍的最基层，是企业一切营销战略、战术计划实施的终端。普通营销人员还有可能随着企业的发展成为以后的骨干力量，因而整体素质、素养也要比较高。

（三）全方位培训

选好带头人后，普通营销人员可以学习华为的经验，招聘刚毕业的大学生，然后进行全方位培训。培训的内容主要有价值观培训、营销技能培训和实战演习。在进行价值观培训时，要跟新员工讲清楚企业的价值观、远景、经营理念，务必使营销人员认同企业文化、企业产品、团队风格。营销技能培训由营销带头人亲自执行，要讲好整个销售流程，包括客户特点、拜访流程、话术、礼仪等，要带着新员工完成一次销售流程。实战演习主要是让员工在城市繁华路段出售一些生活用品，独立完成产品销售。

（四）轻管理重激励

初创企业营销团队适合轻管理重激励。轻管理是指传统的管理如考勤、汇报等，因为营销人员选择来初创企业而不去成熟知名企业，一个重要原因就是想挑战自我。只要激励制度科学合理，营销人员会主动提升营销业绩。初创企业应加大激励力度，因为初创企业的员工工作强度大、压力大。同时，要让员工看到成长的希望，即看到企业成长的希望，看到个人成长的希望。还可以帮助员工制订个人成长计划，甚至让其入股入伙等。

扫码观看组建初创企业营销团队

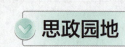

营销人员，你要自信

一、案例导入

李子柒走红，文化自信是基础

"李子柒"在网络上爆红，这位90后女孩登上了热搜榜，不但在中国圈了很多粉丝，就连海外的一些网友也关注到了她。目前李子柒的官方微博粉丝超过两千万，某境外视频平台上的粉丝数超过七百万，而且这个数字还在飞速增长中。2018年8月李子柒同名天猫店铺正式开业，一年后，李子柒旗舰店在售21款产品显示的总销量突破130万，总销售额高达7 100万元，李子柒的商业版图正在悄然形成。

2012年，李子柒的奶奶病重，在外打工的她回乡开淘宝店创业，2015年为了宣传网店，她开始自拍自导古风美食短视频，很意外地火了。视频中，她在乡野山间中春种秋收、夏耘冬藏，从兰州拉面到四川腊肉，从木活字印刷术到笔墨纸砚，从纳千层垫到蜀绣，向人们展示着恬静的田园生活和珍贵的非物质文化遗产。有人问，这种连翻译都没有的视频为什么会这么火呢？正如《主播说联播》主持人海霞说："我觉得她的作品里，每一帧画面都有她对家乡的热爱，看懂这种热爱不需要翻译。展现文化之美，这个小姑娘做到了，这背后透着的就是文化自信。"

二、案例讨论

1. 试分析李子柒成功的原因。
2. 作为营销人员，应如何树立自信呢？

三、分析与建议

"没有一个字夸中国好，但她讲好了中国文化"，央视新闻如此评论李子柒的视频。李子柒的成功并不意外，她视频中如诗如画般的田园生活满足了人们对美好生活的向往，让海内外的观众看到了中国传统文化之美、农耕文明之美、非遗文化之美，视频中展现的文化自信引起了观众的情感共鸣，走红就水到渠成了。

自信是发自内心的自我肯定和相信，是一种积极的心态，是获取销售成功的精神力量。作为营销人员要树立自信。自信源于积极乐观的心态和良好的习惯；自信源于对自己、对客户、对产品的了解；自信源于相信自己、相信公司文化、实力和信誉；自信源于充分的准备；自信源于坚持不懈的销售实践。

 **实训操作**

组建某初创企业的营销团队

1. 实训目的

理解营销团队的组织结构，为指定的初创企业优化营销团队。

2. 实训内容及步骤

（1）组建营销团队。每个团队 9~11 人，全班分为 4 个团队。
（2）确定目标。确定本团队的营销目标，要符合创业期营销目标要求。
（3）人员分工。按照市场营销组织结构给每个同学角色分工，并明确岗位职责。
（4）制定制度。制定本团队的管理制度，包括培训学习、激励、考核等制度。

3. 实训成果要求

提交 10 页左右的 PPT，内容包括岗位和员工姓名的组织结构图、团队目标和管理制度。

 **拓展学习**

营销人员素质的新要求

在上一任务中，我们分析了时代变化使营销出现了新的趋势，重点分析了新零售趋势、生态链整合营销趋势、情感营销趋势和全新国际化趋势。新的营销趋势对市场营销人员的素质也提出了新的要求，对应如下：

（一）终身学习能力

时代高速发展，客户不断成长，变化是永恒的主题，这决定了市场营销是一项高压力、高挑战的工作，营销人员要通过出色的学习能力最大限度地把握社会与客户的发展变化。营销人员可以从以下方面提升学习能力：①及时了解行业发展和技术发展。营销人员只有在对行业信息充分把握的基础上，才能向客户提出专业的建议，才能就某些问题与客户进行深入探讨。②快速汲取最新行业知识资讯，从而多角度、多方式地为客户提出出色的解决方案，最终赢得客户的认可。③根据客户需求，快速学习相关知识。

（二）整合资源能力

生态链整合营销趋势要求营销人员要有整合资源的能力。从一定程度来看，营销是一个资源整合的过程。生态链整合营销将关注一类产品的企业整合到一起，将多项产品、多个品牌整合到一起，形成独特的消费体验，就有可能成就一场成功的营销。整合资源的能力就是在短时间调动尽可能多的资源，创造营销奇迹。

（三）共情能力

情感营销趋势要求营销人员要有同理心和共情能力，能和客户达到情感共鸣。共情能力就是能设身处地地理解客户的感受，并根据客户感受的变化来调整销售的策略。共情能力区别于同情心，也就是说营销人员可以了解客户的感受，但不一定与客户的看法一致。具有共情能力的人可以感受到客户在想什么，并因此调整自己的销售策略，而并不是因为客户有顾虑或购买意愿不强就放弃努力。

（四）创新能力

全新国际化趋势要求营销人员具备营销创新能力。营销创新是我国企业与国际竞争环境接轨的必然结果，是企业在竞争中生存与发展的必要手段。国内市场与国际市场的对接导致我国企业竞争环境的改变和竞争对手的增强，而面对这一切，我国企业表现出诸多的劣势，尤其是营销观念落后这一弱点，使企业面对强大的竞争对手和其高超的营销手段不知所措。而要解决这些问题，必须从营销管理方面入手进行变革和创新，因为营销创新是提高企业市场竞争力十分有效的途径。

课后练习

一、单项选择题

1.（　　）是指为了实现营销可持续发展的特定目标，由相互沟通、互动、协调的个体所组成的特殊群体。
   A. 营销人员　　　B. 销售规模　　　C. 销售目标　　　D. 营销团队

2.（　　）是指企业根据预期销售额的大小来确定营销人员数量的一种方法。
   A. 销售额法　　　B. 工作负荷量法　　C. 边际利润法　　D. 薪金法

3.（　　）是根据营销人员创造的边际利润决定营销人员数量的一种方法。
   A. 销售额法　　　B. 工作负荷量法　　C. 边际利润法　　D. 薪金法

4.（　　）是营销人员善于从客户的角度考虑问题，并使客户接受自己、取得客户信任的能力。
   A. 感召力　　　　B. 自信力　　　　C. 挑战力　　　　D. 亲和力

5. 营销人员的（　　）是使客户最后下决心购买的驱动力。
   A. 感召力　　　　B. 自信力　　　　C. 挑战力　　　　D. 亲和力

二、多项选择题

1. 一支优秀的营销团队应该具备（　　）特征。
   A. 目标一致　　　B. 分工合作　　　C. 制度完善　　　D. 氛围融洽
2. 常见的营销团队组成方式有（　　）。
   A. 按产品组成营销团队　　　　　　B. 按地区组成营销团队
   C. 按目标市场组成营销团队　　　　D. 复合式营销团队
3. 营销团队的规模是指营销团队人员的数量，它是由（　　）等因素所决定的。
   A. 销售目标　　　　　　　　　　　B. 团队的策略
   C. 团队制度　　　　　　　　　　　D. 团队的结构
4. 营销团队基本报酬制度有（　　）。
   A. 薪金制　　　B. 提成制　　　C. 薪金加提成　　　D. 边际利润制
5. 营销人员一般可以分为（　　）。
   A. 营销战略性人才　　　　　　　　B. 营销战术性人才
   C. 执行经理　　　　　　　　　　　D. 普通营销人员

三、判断题

1. 不求完美的个人，但求完美的团队。（　　）
2. 初创企业的 CEO 不能兼任营销团队带头人。（　　）
3. 初创企业一定要建立一支豪华阵容的营销团队。（　　）
4. 初创企业管理营销团队要和成熟企业一样建立完善的组织结构。（　　）
5. 普通营销人员既要对营销有深厚的理论知识底蕴，又要有丰富的实践经验。（　　）

四、简答题

1. 简述一支优秀的营销团队应具备的特征。
2. 简述营销人员的素质要求。
3. 简述营销团队制度建设的内容。
4. 简述初创企业组建营销团队应注意的问题。
5. 简述营销团队的激励方法。

五、案例分析题

某小家电科技有限公司，其主要业务是生产和销售各种家用小型电器。创业之初，创始人就向创业团队传达了公司的管理理念：公司是大家的，有福同享，有难同当！在团队管理上，公司随着发展变化不断地更新激励方式。

创业第一年，资金周转困难，公司上下开源节流，团队业绩激励方式只有基本工资与绩效工资，精神激励多采用公开表扬及团队荣誉等手段。

创业第二年，公司发展势头强劲，预计年底能实现盈利，则针对不同员工进行激励。具体形式为：

（1）每月、每季度进行营销人员业绩前三位排名，除获得荣誉外，还奖励200～1 000元不等的物品采购券。

（2）后勤支持员工，每季度奖励200元物品采购券。

（3）每季度优秀员工可去兄弟企业进行交流学习，并享有短程旅游项目。

（4）每年进行企业价值观文化匹配者评选，并针对高层管理者开展企业功勋手模印制活动，于周年庆活动中进行展示，获奖者可享受长途旅游奖励，高层还有国外旅游机会。

（5）针对高层设计的分红奖励，利润达标后，相应管理人员会有10%的利润分红。

创业第三年，公司裂变为三家分公司，在成立分公司之初，就设计了利润10%的持股计划，并且推行了"接班人成长计划"，提供更多的晋升空间给有潜力的员工，该激励方案持续执行了两年。

问题

1. 该初创企业运用了哪些营销团队激励方法？
2. 试分析该企业不断调整营销团队激励方案的原因。

项目小结

市场是具有特定需求和欲望，并愿意且可以通过交换来满足这些欲望的全部潜在顾客。市场是由人口、购买力和购买欲望三个因素构成的，缺一不可。

市场营销是一个社会过程，在这个过程中，个人和团体可以通过创造、提供和与他人自由交换有价值的产品与服务来获得他们的所需所求。

在市场营销发展过程中，先后产生了五种营销观念：生产观念、产品观念、推销观念、营销观念和社会营销观念。其中，前三种属于传统营销观念，后两种属于现代营销观念。进入21世纪，新技术变革和消费模式升级推动企业不断更新经营观念，在企业中提出了关系营销、文化营销、绿色营销、整合营销等新市场营销观念。

市场营销组合是市场营销理论体系中一个非常重要的概念，它是指为了满足目标市场的需求而加以组合的可控变量的集合。市场营销组合具有可控性、复合性和动态性三个特征。

4Ps营销组合是指企业在开展市场营销活动的过程中，通过对各种可控因素的优化组合和综合运用，使其能够扬长避短、发挥优势，以适应外部环境的一种营销理论，即通过对产品、价格、渠道、促销的计划、组织与实施，对外部不可控因素做出动态的积极反应，从而实现其占领某个目标市场的营销目的。

初创企业是指那些创立时间短、规模小、盈利能力低、具有较大的不确定性、需要花费大量成本抢占市场的企业。经历这个过程之后，企业就会出现一个临界点，突破临界点后，企业的各个方面都会出现明显的增长，此时企业就进入了成长期。

本项目任务一拓展学习内容着重讨论时代变化引起的四种市场营销发展新趋势：新零售趋势、生态链整合营销趋势、情感营销趋势、全新国际化趋势。

营销团队是指为了实现营销可持续发展的特定目标，由相互沟通、互动、协调的个体所组成的特殊群体。

常见的营销团队组成方式有以下四种：按产品组成营销团队、按地区组成营销团队、按目标市场组成营销团队、复合式营销团队。

营销队伍的规模是指营销团队中人员的数量，它是由营销目标、营销团队的策略及结构三个因素所决定的，同时营销团队的结构是随着市场和经济条件的变化而不断调整的。确定营销团队规模的主要方法有销售额法、工作负荷量法、边际利润法。

招聘市场营销人员要做的工作主要有：制定选聘原则、制定选聘标准、选择招聘渠道、实施选聘。营销人员需要具备的素质很多，如学历、自身素质、工作经验、职业素养、职业技能、专业知识等，其中，职业素养、职业技能和专业知识是一个营销人员必备的素质。

营销团队制度一般包括日常工作规章制度、报酬制度、考核制度、激励制度等。

初创企业在组建营销团队时，要重点做好以下几点：选好带头人、精挑细选各类人员、全方位培训、轻管理重激励。

新的营销趋势对市场营销人员素质也提出了新的要求：终身学习能力、整合资源能力、共情能力、创新能力。

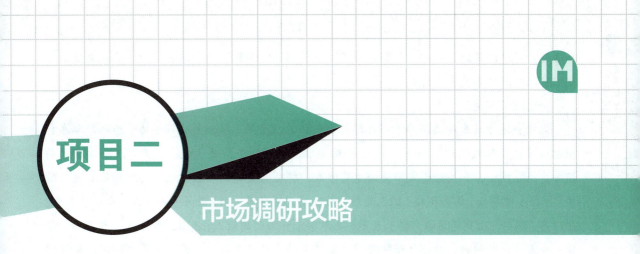

项目二 市场调研攻略

任务一　市场营销环境调查

 学习目标

【知识目标】
- 了解市场调查与市场预测的含义与方法
- 理解宏观环境分析的 PEST 分析法
- 理解竞争环境分析的波特五力模型
- 理解 SWOT 分析法

【能力目标】
能运用 PEST、波特五力模型、SWOT 分析法分析企业营销环境

【素质目标】
培养初创企业营销人员积极应对挑战的精神,提升应对挑战的能力

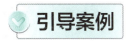 引导案例

共享单车行业火爆的宏观环境分析

2016 年被称为"共享单车元年",共享单车行业呈现出井喷状态,市场上出现了多种品牌的共享单车,多种资本涌入该领域。共享单车指在城市、校园等场所提供的自行车共享服务,人们通过 APP 寻找车辆,利用扫码等智能方式一键解锁自行车,企业通过后台远程实时监控

和运营,其目的是解决人们"最后一公里"出行问题。为什么共享单车行业会如此火爆呢?我们可以从宏观环境中分析原因。

一、政治环境

国家和地方政府对共享单车一直持正面积极的态度并加强相关政策支持,为共享单车行业发展营造了积极的政治环境。2012年国务院发布《国务院关于城市优先发展公共交通的指导意见》指出,加快转变城市交通发展方式,将公共交通发展放在城市交通发展的首要位置,把握方便群众、综合衔接、绿色发展、因地制宜的科学原则,改善步行、自行车出行条件。2017年"两会"上交通运输部部长表示,共享单车作为创新模式,有效地解决了人民群众"最后一公里"出行问题,对此创新举措,政府首先的态度是支持,同时,发展中的问题同样需要解决。"两会"后,深圳市发布《关于鼓励规范互联网自行车服务的若干意见(征求意见稿)》,深圳市交通委和政府各部门对共享单车这种新业态给予了鼓励和支持,同时也为共享单车企业的发展创造了更好的环境。深圳意见稿的发布对全国其他城市具有较强的参考作用。

二、经济环境

智能手机和移动互联网的发展为共享单车的发展奠定了良好的经济基础。2011年至2016年,我国年均GDP增长率在7%左右,整体经济温和上升,居民收入持续增加,智能手机保有量稳步提升。据《中国互联网络发展状况统计报告》显示,2015年底,我国网民的数量已经达到6.88亿,手机网民比例超九成,居民移动支付的习惯也随之逐步养成,移动互联网为社会公众塑造了一种全新的生活方式。另外,2016年资本寒冬期,创投领域融资有所减少,共享单车获得了更多投资机构的青睐,多种资本涌入共享单车行业。

三、社会环境

空气污染、城市拥堵等问题严重威胁人们的身心健康,绿色环保成为全社会的需求,这也为共享单车的发展提供了良好的社会环境。2015年,全国338个地级以上城市全部开展空气质量新标准监测。监测结果显示,有73个城市环境空气质量达标,占21.6%;265个城市环境空气质量超标,占78.4%。造成空气污染的原因很多,其中一个就是汽车尾气,因此人们倡导绿色出行,公共交通、步行和自行车出行越来越受欢迎。而选择公交车出行的个人交通拥堵成本,如因堵车造成的身心健康成本、因堵车等待的时间损耗的社会成本,比选择自行车出行的更高。因此,随着环境污染、城市拥堵问题的日益加重,政府及群众对出行环境改善的需求也愈发强烈,共享单车以其绿色环保、轻便高效的出行模式赢得了社会的好感和政府的鼓励支持。

四、技术环境

智能手机与4G网络的普及,物联网技术发展,为共享单车的普及搭建了良好的技术平台。实心轮胎、轴传动、铝合金车架焊接工艺等都使得共享单车对比传统的单车骑行时更为稳定,为用户创造出了更好的骑行体验。智能手机、移动支付、二维码识别、智能解锁、GPS定位、智能防盗等技术的发展成就了共享单车的商业模式。

> **问题**
> 1. 宏观环境分析包括哪些内容？
> 2. 企业进行宏观环境分析有何意义？

任何企业都处于一定的营销环境中，企业的一切营销活动必须顺应市场营销环境的变化与要求，并通过市场营销环境分析，寻找适合企业的营销机会。那么，市场营销环境调查的内容有哪些呢？可以运用哪些方法进行市场营销环境调查呢？这是本次任务需要探究和训练的内容。

知识储备

市场营销环境是指影响和制约企业市场营销活动的各种因素。市场营销环境具有不可控性、差异性、相关性和多变性的特征。不可控性是指市场营销环境不以人们的意志为转移，企业只能适应而不能改变营销环境；差异性是指不同国家或地区的政治、经济、文化等宏观因素是不同的，企业营销活动面临的环境也就不同；相关性是指市场环境中的各个因素是相互影响、相互制约的；多变性是指市场营销环境不是一成不变、静止的，而是动态变化的。

一、市场调查与预测

市场调查是指运用科学的方法和客观的态度，有目的、系统地搜集、记录、整理、分析有关市场信息，了解市场发展现状和趋势，为企业营销决策提供信息依据的活动。市场调查是为市场营销服务的。市场预测是指在市场调查的基础上，运用预测理论和方法对企业决策者关心的变量的变化趋势和未来可能水平做出估计与测算，从而为决策者提供依据的过程。

（一）市场调查的流程

一次完整的市场调查包括确定调查目标、制订调查方案、实施调查、整理分析资料、提交调查报告五个环节。

1. 确定调查目标

确定调查目标就是确定通过调查要了解哪些信息，为营销的哪些决策服务。在企业经营活动中经常会遇到这样或那样的问题，比如产品创新应该从哪里着手？产品的知名度为什么总是提不高？顾客流失率为什么越来越高？一次市场调查不可能解决所有问题，而应该有针对性地搜集需要的信息。确定调查目标时要征求企业决策者和行业专家的意见，要了解行业环境和宏观营销环境。

2. 制订调查方案

调查方案即调查计划书，主要包括调查背景、调查目的、调查内容、调查项目、调查对象、抽样方式、调查方法、人员安排、时间安排、经费预算等内容。调查方案是整个调查项目的框架和蓝图，使所有调查人员能在它的要求下统一行动、统一标准，保证调查工作有步骤、有秩序地顺利进行。

3. 实施调查

根据调查方案中确定的调查方法、抽样方法、人员时间安排，调研人员开始实施实地调查，搜集信息资料。在搜集资料的过程中，要充分考虑信息的真实性、准确性、完整性和时效性。

4. 整理分析资料

整理分析资料就是对实地调查的资料进行筛选、汇总、分析的过程。整理资料时要注意资料的完整性、逻辑一致性，要舍弃回答不完整、答案完全无变化、前后不一致、调查对象不符合要求的资料，然后使用 Excel、SPSS 等软件工具对资料进行汇总分析，找出数据中包含的市场信息。

5. 提交调查报告

市场调查的结果要服务于企业的市场营销决策，调查人员最终要撰写一份调查报告进行汇报，调查报告要包含标题、调查过程回顾、数据分析、结论、营销建议、结尾和附件等部分。在撰写调查报告时，一定要客观、公正、全面地反映事实，绝不能弄虚作假。

（二）市场调查的方法

1. 文案调查法

文案调查法又称二手资料调查法、间接调查法，它是围绕某种目的对公开发表的各种信息和情报进行搜集、整理、分析研究的一种调查方法。文案调查不直接与研究对象打交道，而是间接地通过查阅各种文献获得信息，即二手资料。二手资料指经过他人搜集、记录、整理所积累的各种数据和资料。

对于外部资料，可从以下几个主要渠道加以搜集：

（1）统计部门以及各级、各类政府主管部门公布的有关资料。国家统计局和各地方统计局都定期发布统计公报等信息，并定期出版各类统计年鉴，内容包括人口数量、国民收入、居民购买力水平等，这些都是很有权威和价值的信息。

（2）各种经济信息中心、专业信息咨询机构、各行业协会和联合会提供的信息和有关行业情报。

（3）国内外有关的书籍、报纸、杂志所提供的文献资料，包括各种统计资料、广告资料、市场行情和各种预测资料等。

（4）有关生产和经营机构提供的商品目录、广告说明书、专利资料及商品价目表等。各地电台、电视台提供的有关信息。

（5）各种国际组织、学会团体、外国使馆、商会所提供的国际信息。

（6）国内外各种博览会、展销会、交易会、订货会等促销会议以及专业性、学术性经验交流会议上所发放的文件和材料。

（7）互联网信息。互联网的特征是容易进入，查询速度快，数据容量大，同其他资源链接方便。在互联网上查找信息，只要网上有，立即就能查到。

2. 观察法

在市场调研中，观察法是指由调查员直接或通过仪器在现场观察调查对象的行为动态并加以记录而获取信息的一种方法。观察法分人工观察法和非人工观察法，在市场调研中用途很广。比如，研究人员可以通过观察消费者的行为来测定品牌偏好和促销的效果。随着现代科学技术的发展，人们设计了一些专门的仪器来观察消费者的行为。观察法可以观察到消费者的真实行为特征，但是只能观察到外部现象，无法观察到调查对象的一些动机、意向及态度等内在因素。观察法主要观察以下市场现象：

（1）对实际行动和迹象的观察。例如，调查人员通过对顾客购物行为的观察，分析影响顾客购买的因素，预测产品的需求情况。

（2）对语言行为的观察。例如，观察顾客与售货员的谈话，推断顾客的购买动机。

（3）对表现行为的观察。例如，观察顾客谈话时的面部表情以及肢体语言。

（4）对空间关系和地点的观察。例如，利用交通计数器对来往车流量进行记录。

（5）对时间的观察。例如，观察顾客进出商店以及在商店逗留的时间。

（6）对文字记录的观察。例如，观察顾客对广告文字内容的反应。

3. 访问法

访问法是通过访问员与调查对象接触，搜集有关资料的市场调查方法。采用访问法，可以对某一主题或某一方面情况进行调查、搜集资料，还可以在访问前不做具体限定而在与被访者的晤谈过程中捕捉有用的信息，确定访问的具体内容。访问法的优点是：搜集资料的完成率较高，提问方式较灵活，可以对一些问题做深度调查。它的缺点是：面访实施费用较高，时间和人力花费也较大，无法使被访者完全匿名，因而对其答题结果会有所影响。运用访问法搜集资料前，应对调查人员进行先期培训。采用结构型访问方法时，调查员必须严格按程序规定操作，掌握核实手段，确保被访者是特指的人。对于非结构型访问方法，特别是座谈会，访问成功与否几乎完全取决于采访者的水平和能力。按访问的具体方式来看，访问法可以分为面谈访问、邮寄访问、电话访问、留置访问、个别深度访问和小组讨论等。

4. 问卷调查法

问卷是调查表、各种量表和其他要素的综合运用和体现。采用问卷进行调查是国际通用的一种调查方式，也是我国近年来发展最快、应用最广的一种调查方式。广义的调查问卷是指在市场调查中，系统地记载需要调查的项目及内容的有关文件，包括狭义的调查问卷和调查提纲等。狭义的调查问卷是指有详细问题和备选答案的调查测试和记录的清单。

（三）市场预测的方法

市场预测方法分为定性预测法和定量预测法两大类。定性预测法是预测人员凭借个人的知识、经验和能力，利用现有的直观资料，根据规范的逻辑推理过程，对预测对象进行的主观估计和预测，包括集合意见法、专家会议法、德尔菲法、对比类推法和领先指标预测法。定量预测法是依据大量的数据资料，运用统计分析和数学方法描述预测对象与预测因素之间的关系和规律，建立预测模型，计算出结果作为预测值的方法，包括时间序列法和回归分析法。

二 宏观环境调查

宏观环境指对企业营销活动带来市场机会和环境威胁的主要社会力量。分析宏观环境不仅能认识环境，使企业适应社会环境的变化，达到企业营销目标，而且能发现营销机会，促进企业发展。对宏观环境因素进行分析，不同行业和企业根据自身特点和经营需要，分析的具体内容会有差异，但一般都应对政治（Political）、经济（Economic）、社会（Social）和技术（Technological）这四大类影响企业的主要外部环境因素进行分析，简称PEST分析法。

1. 政治环境

政治环境是指一个国家或地区的政治制度、体制、方针政策、法律法规等方面。这些因素常常影响着企业的经营行为，尤其是对企业长期的投资行为有着较大影响。分析政治环境时可以设问：国家出台了哪些相关政策？是促进还是制约？有哪些相关法律法规？有何影响？

2. 经济环境

经济环境是影响企业营销活动的主要环境因素，它包括收入、消费支出、产业结构、经济增长率、货币供应量、银行利率、政府支出等因素，其中收入因素、消费支出对企业营销活动影响较大。

3. 社会环境

社会环境是指在一种社会形态下已经形成的价值观念、宗教信仰、风俗习惯、道德规范等的总和。任何企业都处于一定的社会环境中，企业营销活动必然受到所在社会环境的影响和制约。社会环境主要包括公民与网民数量、性别比例、年龄结构、地域分布、生活方式、购买习惯、受教育程度、宗教信仰等。

4. 技术环境

技术环境是指企业业务所涉及国家和地区的技术水平、技术政策、新产品开发能力以及技术发展的动态等。技术是社会生产力中最活跃的因素，它影响着人类社会的历史进程和社会生活的方方面面，对企业营销活动的影响更是显而易见。技术环境主要包括技术发明、传播、更新的速度，以及商业化速度和发展趋势；国家重点支持的项目、国家投入的研究费用、专利数量等。

三 竞争环境调查

竞争环境是指企业必须面对的竞争者的数量和类型，以及竞争者参与竞争的方式。竞争环境的变化不断产生威胁，也不断产生机会。对企业来说，如何检测竞争环境的变化，规避威胁，抓住机会就成为休戚相关的重大问题。波特五力模型是企业进行竞争环境调查的常用方法。

波特五力模型是迈克尔·波特（Michael Porter）于20世纪80年代初提出的。他认为行业中存在着决定竞争规模和程度的五种力量，这五种力量综合起来影响着产业的吸引力以及现有企业的竞争战略决策。五种力量分别为同行业内现有竞争者的竞争能力、新进入者的威胁、替代品的替代能力、供应商的议价能力、购买者的议价能力。

（一）同行业内现有竞争者的竞争程度

大部分行业中的企业，相互之间的利益都是紧密联系在一起的。作为企业整体战略一部分的各企业竞争战略，其目标都在于使得自己的企业获得相对于竞争对手的优势，所以，在实施中就必然会产生冲突与对抗现象，这些冲突与对抗就构成了现有企业之间的竞争。现有企业之间的竞争常常表现在价格、广告、产品介绍、售后服务等方面，其竞争强度与许多因素有关。

一般来说，出现下述情况将意味着行业中现有企业之间竞争的加剧：行业进入门槛较低，势均力敌的竞争对手较多，竞争参与者范围广泛；市场趋于成熟，产品需求增长缓慢；竞争者企图采用降价等手段促销；竞争者提供几乎相同的产品或服务，用户转换成本很低；一个战略行动如果取得成功，其收入相当可观；行业外部实力强大的公司在接收了行业中实力薄弱的企业后，发起进攻性行动，结果使得刚被接收的企业成为市场的主要竞争者；退出门槛较高，即退出竞争要比继续参与竞争代价更高，在这里，退出门槛主要受经济、战略、感情以及社会政治关系等方面因素的影响，具体包括资产的专用性、退出的固定费用、战略上的相互牵制、情绪上的难以接受、政府和社会的各种限制等。

（二）新进入者的威胁

新进入者在给行业带来新生产能力、新资源的同时，也希望在已被现有企业瓜分完毕的市场中赢得一席之地，这就有可能会与现有企业发生原材料与市场份额的竞争，最终导致行业中现有企业盈利水平降低，严重的话还有可能危及这些企业的生存。竞争性进入者威胁的严重程度取决于两方面的因素，这就是进入新领域的障碍大小与预期现有企业对进入者的反应情况。

进入新领域的障碍主要包括规模经济、产品差异、资本需要、转换成本、销售渠道开拓、政府行为与政策、不受规模支配的成本劣势、自然资源、地理环境等方面，这其中有些障碍是很难借助复制或模仿的方式来突破的。预期现有企业对进入者的反应情况，主要是采取报复行动的可能性大小，则取决于有关厂商的财力情况、报复记录、固定资产规模、行业增长速度等。总之，新企业进入一个行业的可能性大小，取决于进入者主观估计进入所能带来的潜在利益、所需花费的代价与所要承担的风险这三者的相对大小情况。

（三）替代品的替代能力

两个处于不同行业中的企业，可能会由于所生产的产品互为替代品，从而在它们之间产生相互竞争行为，这种源于替代品的竞争会以各种形式影响行业中现有企业的竞争战略。

（1）现有企业产品售价以及获利潜力的提高，将由于存在着能被用户方便接受的替代品而受到限制。

（2）由于替代品生产者的侵入，使得现有企业必须提高产品质量，或者通过降低成本来降低售价，或者使其产品具有特色，否则其销量与利润增长的目标就有可能受挫。

（3）源自替代品生产者的竞争强度，受产品买主转换成本高低的影响。

总之，替代品价格越低、质量越好、用户转换成本越低，其所能产生的竞争压力就强；而这种来自替代品生产者的竞争压力的强度，可以具体通过考察替代品销售增长率、替代品厂家生产能力与盈利扩张情况来加以描述。

（四）供应商的议价能力

供应商（供方）主要通过其提高投入要素价格与降低单位价值质量的能力，来影响行业中现有企业的盈利能力与产品竞争力。供方力量的强弱主要取决于他们所提供给购买者（买方）的是什么投入要素，当供方所提供的投入要素其价值构成了买方产品总成本的较大比例、对买方产品生产过程非常重要，或者严重影响买方产品的质量时，供方对于买方的潜在讨价还价能力就大大增强。一般来说，满足如下条件的供方会具有比较强大的讨价还价能力：

（1）供方行业为一些具有比较稳固市场地位而不受市场激烈竞争困扰的企业所控制，其产品的买方很多，以至于每一单个买方都不可能成为供方的重要客户。

（2）供方各企业的产品各具有一定特色，以至于买方难以转换或转换成本太高，或者很难找到可与供方企业产品相竞争的替代品。

（3）供方能够方便地实行前向联合或一体化，而买方难以进行后向联合或一体化。

（五）购买者的议价能力

购买者主要通过其压价与要求提供较高的产品或服务质量的能力，来影响行业中现有企业的盈利能力。影响购买者议价能力的因素主要有以下几种：

（1）虽然购买者的总数较少，但每个购买者的购买量较大，占了供应商销售量的很大比例。

（2）供方行业由大量相对来说规模较小的企业所组成。

（3）购买者所购买的基本上是一种标准化产品，同时向多个供应商购买产品在经济上也完全可行。

（4）购买者有能力实现后向一体化，而供应商不可能实现前向一体化。

四 内部环境调查

　　企业内部环境是指企业内部物质、文化环境的总和，包括企业文化、企业能力、企业资源等。企业内部环境分析在于掌握企业历史和现状，明确企业所具有的优势和劣势。它有助于企业制定有针对性的战略，有效地利用自身资源，发挥企业的优势；同时避免企业的劣势，或采取积极的态度改进企业劣势。SWOT分析法是企业环境调查的一种常用方法。SWOT分析通过分析与比较企业内部环境中的优势（Strengths）与劣势（Weaknesses）、企业外部环境中的机会（Opportunities）与威胁（Threats），来扬长避短，寻找最佳营销决策。

（一）分析企业内部环境中的优势

　　根据企业自身的既定内在条件进行分析，找出企业的优势（S）。企业可以从下述几方面进行：

①本企业擅长什么？
②本企业有什么新技术？
③本企业能做什么其他企业做不到的事情？
④本企业和别的企业相比有什么特色？
⑤顾客为什么会购买本企业的产品？
⑥本企业最近因何成功？

（二）分析企业内部环境中的劣势

　　分析企业在其发展中自身存在的消极因素（W），企业可以从下述几方面进行：

①本企业没有能力做什么？
②本企业缺乏什么技术？
③别的企业哪些方面做得比本企业好？
④本企业不能够满足何种顾客的需求？
⑤本企业最近因何失败？

（三）分析企业外部环境中的机会

　　分析外部环境中直接影响企业发展的有利因素（O），企业可以从下述几方面进行：

①市场中有什么适合本企业的机会？
②本企业可以从市场中学到什么技术？
③市场可以为本企业提供什么新的技术和服务？
④市场中出现了什么新的顾客？

⑤本企业怎样可以与众不同？

（四）分析企业外部环境中的威胁

分析外部环境中直接影响企业发展的不利因素（T），企业可以从下述几方面进行：
①市场最近有什么替代品出现？
②竞争者最近在做什么？
③本企业是否无法适应顾客？
④政治、经济环境改变是否给本企业业务带来威胁？

（五）构造 SWOT 矩阵

将调查得出的各种因素根据轻重缓急或影响程度等排序，构造 SWOT 矩阵（见图 2-1）。在此过程中，将那些对公司发展有直接的、重要的、大量的、迫切的、久远影响的因素优先排列出来，而将那些间接的、次要的、少许的、不急的、短暂的影响因素排列在后面。

	内部优势（Strengths）	内部劣势（Weaknesses）
优势与劣势	设计良好的战略 强大的产品线 广阔的市场覆盖面 优秀的营销技巧 品牌知名度高 ……	不良的战略 过时、过窄的产品线 糟糕的营销计划 缺乏品牌知名度 反应能力滞后 ……
	外部机会（Opportunities）	外部威胁（Threats）
机会与威胁	经济形势好转与居民收入增加 国内外市场竞争不激烈 新的技术革命提高了生产效率 没有新产品或替代品 ……	经济形势与居民收入下滑 国内外市场竞争加剧 没有新市场出现 出现了新产品或替代品 ……

图 2-1　SWOT 分析矩阵图

（六）制订行动计划

在完成环境因素分析和 SWOT 矩阵的构造后，便可以制订出相应的行动计划。制订计划的基本思路是：发挥优势因素，克服弱点因素，利用机会因素，化解威胁因素；考虑过去，立足当前，着眼未来。运用系统分析的综合分析方法，将排列与考虑的各种环境因素相互匹配起来并加以组合，得出一系列公司未来发展的可选择对策。

五 初创企业营销环境调查

初创企业进行市场营销环境调查的主要目的是发现营销机会，而未来市场营销机会的识别主要着眼于未来市场变化。初创企业为了能发现真正的营销机会，需要重点调查以下营销环境：市场发展趋势、时代潮流、科学技术创新、营销手段创新。

（一）市场发展趋势

市场发展趋势包含两方面内容：一是某类产品市场增长比率，包括销售增长率、消费增长率、需求增长率等；二是市场客观环境的变化动向。对应采取增长比率法和环境变化法调查。

（1）增长比率法。市场增长比率如果是正数，表明未来市场需求是增长型的，企业可以想办法进入该市场，创造营销机会。市场增长比率如果是负数，表明未来市场需求在下降，企业则应避开该市场，不能贸然进入。

（2）环境变化法。企业要以敏锐的眼光观察政治环境、经济环境、人口环境、自然环境、文化环境和科技环境的变化，变化往往是机会与挑战并存，经营者既要从变化动向中预测未来，把握营销机会，又要以非凡的创造力，化危为机，创造营销机会。

（二）时代潮流

社会发展的各个时代都会形成时代潮流。例如2003年"非典"后产生了淘宝、京东等一批互联网领军企业，线上生活成为一种常态。2020年初爆发的新型冠状病毒肺炎疫情，也将产生很多深远的变化。虽然我们现在还无法准确预知未来会如何变化，但可以预测将来人们对健康会更加关注，对健康的理解也会更加深刻，所以，不管是专业的医疗机构和医疗产品，还是基于提升普通人健康水平的生活服务，都会是产业发展热点。初创企业可以顺应时代潮流激发人们新的需求，从中找到营销机会。

（三）科学技术创新

初创企业要关注现代科学技术的发展趋势，如新材料、新能源、新技术的应用。

（1）新材料的应用。近年来，世界新材料的开发主要集中在高功能聚合物、精密陶瓷、复合材料和高级合金上。研制并抢先运用这种新材料，推出新产品，能创造新的市场机会。

（2）新能源的利用。即用新的能源取代旧的能源。如国际上鉴于石油资源的短缺，正在研制新的能源汽车，如电动汽车、甲醇汽车、天然气汽车、太阳能汽车和氢气汽车等。

（3）新技术的应用。21世纪是网络化的时代，将网络技术广泛地应用到生产领域可以创造新的市场机会。

（四）营销手段创新

企业通过采用创新的营销手段也可以创造新的营销机会。比如现在异常火爆的电商直播就给很多企业带来了营销红利。自2019年以来不少电商平台和直播平台纷纷加大了"直播＋电商"模式的建设力度，诸如淘宝、京东、拼多多、网易等。伴随5G时代的到来，"宅经济"持续发酵，预计未来直播电商模式将获得进一步突破，继续维持高增长态势。

扫码观看初创企业营销环境调查

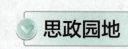# 思政园地

营销人员,你要积极应对挑战

一、案例导入

生存压力下民宿业主们积极开展自救

2020年伊始,原本火爆的春节旅游旺季因一场突如其来的疫情而按下了暂停键,民宿业也遭遇了"冰冻"。据"订单来了"平台创始人介绍,1月24日除夕当天,平台出现了大量客户退订的现象,在随后的5天时间里,"订单来了"的系统日交易额从1 000万元变成700万元、500万元、300万元,直至20万元,这些数字说明大部分民宿的门店已经停业了。在只出不进的现状下,众多民宿运营方生存压力骤增,因此行业发出"恐被清零"的喟叹。

但是,众多的民宿运营者并没有灰心,而是积极应对挑战,开展自救。自救的方式主要有:节流、开源和提质。在节流方面,民宿的成本大头是房租和人力。民宿运营者与房东沟通减免部分房租,得到了众多房东的支持。开源方面,许多乡村民宿可以售卖土特产,既帮助了周边的农民,同时增加了进项。如小玉的民宿位于丽江古城,她和她的团队全员"出动",以茶救市,每天销售额达到了5万元左右,成为特殊时期民宿行业中"滋润的另类"。作为城市民宿运营者,雯雯规划要丰富订单来源,比如加强与摄影工作室的联系,为他们提供拍摄场地,以降低民宿无客人入住的风险。北尧民宿的Yoyo意外打造了"周租月租"爆品,爱彼迎平台也大力支持推广,还表示疫情后会长期做"周租月租"产品。提质方面,民宿运营者对运营团队进行培训,提高团队战斗力、凝聚力和专业度,钻研营销技巧,为疫情结束后的需求反弹做好准备。

疫情发生后,国家有关部门及地方政府已有针对旅游业的支持举措,各平台也相继推出减少佣金等有利政策,在政府、平台和民宿业运营者的积极应对下,相信暂时的冰冻不会阻挡民宿行业长期向好的趋势。风物长宜放眼量,危机之外,机遇一直都在,只要积极应对,活下去,就会等到春天的来临。

二、案例讨论

1. 试分析疫情期间民宿业的机遇和挑战。
2. 营销人员会遇到哪些挑战?应该如何去应对?

三、分析与建议

纵然疫情对民宿行业的打击是巨大的,但民宿业主们都坚信机遇和挑战并存。他们乐观研判,这次疫情影响了人们对健康的认知,也认识到文化消费的急缺性,其中就包括"慢节奏"的民宿消费。疫情过后,人们会更加热爱生活与自然,民宿有望迎来"新机遇"。当然,疫情只是企业遭遇的众多不确定性中的一种,即使没有疫情的挑战,企业也会遭遇其他的挑战。

任何市场营销活动都是在一定的环境中展开的，市场营销环境为企业的营销活动创造了机会，也提出了挑战。营销人员要准确把握市场环境变化，才能在复杂多变的市场环境中立于不败之地。市场营销人员也会面临诸多的挑战：顾客的个性与变化，产品不断更新，营销渠道的变革，数字技术、互联网技术、AI 技术等技术发展，以及未来的众多不确定性。营销人员不能畏惧挑战，要积极主动应对，平时注重学习积累，提升自身销售能力，在遇到困境时，要积极想办法解决困难，在危机中寻找机遇，促进企业和个人的持续发展。

实训操作

调查分析某初创企业的营销环境

1. 实训目的

通过实训，理解营销环境调查的内容，掌握 SWOT 分析的内容和过程。

2. 实训内容与步骤

（1）通过网络查询某初创企业产品的行业环境。

（2）分析某初创企业的优势和劣势。

（3）分析某初创企业的机会和威胁。

（4）画出 SWOT 分析图。

3. 实训成果要求

提交 PPT，介绍该初创企业的产品、行业环境、SWOT 分析图。

拓展学习

市场预测的内容与方法

市场预测是根据市场调查所获得的资料，运用科学的方法来判断未来市场趋势的活动，其目的在于最大限度地减少不确定性对企业的影响，为企业营销决策提供可靠的依据。

一、市场预测的内容

市场预测的内容非常广泛，除了前面讲的市场环境预测之外，通常还包括以下内容：

1. 市场需求与供给预测

市场需求与供给预测是对一定时期特定区域内的市场需求走向、需求潜力、需求规模、需求水平、需求结构、需求变动、市场供给量、供给结构、供给方式等因素进行预测。

2. 消费者购买行为预测

消费者购买行为预测是在消费者调查研究的基础上，对消费者的消费能力、消费水平、消费结构、不同消费群体的消费特点和需求差异、消费者的购买习惯、消费倾向、消费偏好的变化，以及消费者的购买地点、购买时机、购买决策过程、购买动机变化等进行预测。

3. 产品市场预测

产品市场预测是利用市场调研资料，对产品的生产能力、生产成本、价格水平、市场占有率、市场覆盖率、产品功能、产品质量、产品组合、品牌价值等进行预测。

4. 产品销售预测

产品销售预测是利用产品销售的历史数据和有关调研资料，对产品的销售规模、销售结构、销售变化趋势、市场覆盖率和占有率、客户分布等进行预测。

二、市场预测的方法

根据是否运用数学模型可以把市场预测的方法分为两大类，即定性预测法和定量预测法。

（一）定性预测法

1. 集合意见法

集合意见法是指企业内部经营管理人员和业务人员根据自己的经验判断，对市场未来趋势提出个人的预测意见，再集合大家的意见做出市场预测的方法。它是短期市场预测中常用的方法。

2. 专家会议法

专家会议法是要求有关方面的专家通过会议的形式，对有关问题做出判断，并在专家分析判断的基础上，综合专家们的意见，进行市场预测的方法。

3. 德尔菲法

德尔菲法又称为专家意见函询法，它以匿名函询的方式，轮番多次征求专家对相关问题的预测意见，然后进行综合、整理、分析，直至专家们意见较为一致，从而得出预测结果的预测方法。

4. 对比类推法

对比类推法是根据类推性原理，把预测对象同其他类似事物进行对比分析，从而估计和推断预测对象未来发展趋势的一种预测方法。

5. 领先指标预测法

领先指标预测法是根据各种相互关联的经济现象或经济指标在时间序列上变化的先后顺序，以先行变化的经济现象或经济指标的发展趋势，来估计推断另一后继变化的经济现象或经济指标的大致走向，并做出预测结果的一种预测方法。

（二）定量预测法

1. 简单平均法

简单平均法是将一定观察期内预测目标值的算术平均数作为下一期预测值的一种简便预测方法，具体包括简单算术平均法和加权算术平均法。

2. 回归分析法

回归分析法是通过对预测对象和影响因素的统计整理与分析，找出它们之间的变化规律，将变化规律用数学模型表示出来，并利用数学模型进行分析预测的一种方法。可以利用 Excel 软件工具进行回归分析。

课后练习

一、单项选择题

1. （　　）是影响和制约企业市场营销活动的各种因素。
   A. 市场营销环境　　　　　　　　B. 宏观营销环境
   C. 微观营销环境　　　　　　　　D. 营销组合
2. （　　）主要指在一种社会形态下已经形成的价值观念、宗教信仰、风俗习惯、道德规范等的总和。
   A. 社会环境　　　　　　　　　　B. 政治法律
   C. 科学技术　　　　　　　　　　D. 自然资源
3. 一次完整的市场调查是从（　　）开始的。
   A. 确定调查目标　　B. 撰写调查方案　　C. 制定调查问卷　　D. 二手资料调查
4. （　　）是通过访问员与调查对象接触，搜集有关资料的市场调查方法。
   A. 文案调查法　　　B. 观察法　　　　　C. 访问法　　　　　D. 实验法
5. （　　）是企业进行竞争环境调查的常用方法。
   A. 访问法　　　　　B. SWOT 分析法　　C. 专家意见法　　　D. 波特五力模型

二、多项选择题

1. 市场调查是指运用科学的方法和客观的态度，有目的、有系统地（　　）有关市场信息，了解市场发展现状和趋势，为企业营销决策提供信息依据的活动。
   A. 搜集　　　　　　B. 记录　　　　　　C. 整理　　　　　　D. 分析
2. 文案调查法又称（　　）。
   A. 二手资料调查法　B. 间接调查法　　　C. 一手资料调查法　D. 直接调查法
3. 定性预测法包括（　　）。
   A. 集合意见法　　　B. 专家会议法　　　C. 德尔菲法　　　　D. 回归分析法
4. PEST 分析法主要分析宏观环境的（　　）。
   A. 政治环境　　　　B. 经济环境　　　　C. 社会环境　　　　D. 技术环境
5. 初创企业进行营销环境分析的重点有（　　）。
   A. 市场发展趋势　　B. 时代潮流　　　　C. 科学技术创新　　D. 营销手段创新

三、判断题

1. 市场营销环境是企业不可控制的因素。（　　）
2. 市场增长比率如果是正数，表明未来市场需求是增长型的，企业可以想办法进入该市场。（　　）
3. 创新营销手段并不能创造新的营销机会。（　　）
4. 分析市场营销环境的目的是为了抓住机会，避免威胁。（　　）
5. 企业只需做好经营管理，不需了解和熟悉有关企业营销活动的法令法规。（　　）

四、简答题

1. 市场调查的方法主要有哪些？
2. PEST分析宏观环境的主要内容有哪些？
3. 波特五力模型主要分析竞争环境的哪些内容？
4. SWOT分析法的主要分析步骤有哪些？

五、案例分析题

小周从小就喜欢欣赏各种新衣服，也喜欢自己设计制作新衣服。她大学时学的是市场营销专业，大学毕业后，考虑了自己的专业和兴趣，准备在学校周围开一家大学生服装私人定制店。小周首先进行了市场调查，发放了很多调查问卷，同学们都表示有很多时间，喜欢逛服装店，甚至表示愿意支持大学生创业的服装店，小周信心满满地准备开店了。小周的叔叔也是经商的，他让小周先冷静2个月，认真考察下市场状况，并提供了方法，随后小周考察了学校周边的市场，发现学校周边一共有10家适合大学生的服装店，她在每家服装店外蹲守了3天，记录营业时间内进服装店的人数，以及成交的人数。经过30天的蹲守调查，小周得到了一手数据，为她后期开店定位提供了很多有用的信息。

问题

1. 小周运用了什么方法进行创业前的调查？调查了哪些内容？
2. 你对小周分析营销环境有什么建议吗？

任务二　市场需求调查

学习目标

【知识目标】

- 了解市场需求调查的主要内容
- 掌握问卷设计的方法
- 理解各种抽样方法

【能力目标】

- 能为初创企业确定市场需求调查的内容和对象
- 能为初创企业设计一份顾客需求调查问卷

【素质目标】

明白诚信经营的重要性，树立诚信经营意识

引导案例

找准消费者痛点，小罐茶成功逆袭

2017年春节期间，小罐茶在央视投放的"寻茶之旅篇"广告中告诉大众，自2012年起，小罐茶创业团队用了三年半的时间，行程40万公里，走遍中国茶叶的核心产区，找齐8位大师做成了小罐茶。"小罐茶，大师作"深入人心，小罐茶自2016年下半年投放市场开始就受到消费者的高度关注，2018年零售额达20亿元，荣登"中国茶叶品牌零售额第一"的宝座，成功实现逆袭。

小罐茶为什么能如此快速地实现从0到1的突破呢？其中一个重要原因是洞察到了消费者的痛点和需求。小罐茶与传统茶企业不同，传统茶企业一般是先占山头和产地，做好茶叶再去找客户，小罐茶则是先锁定目标人群，再根据人群的需求设计产品，设计包装，强推品牌，占领市场后再大规模生产。小罐茶锁定的目标人群是现代都市享受精品生活的中高端人士，这样的人群有喝茶的习惯，同时他们渴望简单、方便地喝茶，但不想成为茶叶专家。经过细致的分析，小罐茶发现茶叶在目标人群中有三大主要消费场景——买茶、喝茶、送茶，并且各有消费痛点——买的时候分不出好坏，喝的时候程序太复杂，作为礼品送的时候又价值模糊，归根结底就是没有统一的标准。

为了解决消费者的这三个痛点，小罐茶首先做的就是统一标准。茶叶是最难标准化的行业，小罐茶寻茶团队找到了八大名茶的八位大师，代表着八套炉火纯青的正宗传承制作技艺。于是，也就有了"小罐茶，大师作"这一品牌口号，巧妙地完成了标准化的工作。有了标准之后，小罐茶就严格按照标准规模化生产，茶叶采摘、生产的任何环节，都由大师凭借自己的制茶技艺和标准，对茶叶的品类、洁净度、安全性、感官等方面严格把控，确保小罐茶达到传统制作标准。

除了产品质量的标准化，小罐茶还致力于使消费者的体验标准化。小罐茶针对茶叶的重量、品级、价格和包装等要素进行统一。小罐茶创始人杜国楹说："我本来就不懂茶，茶叶店琳琅满目几百个选择，怎么去选？小罐茶只有一个选择，你去挑喝什么种类的茶就好，重量、品级、价格都是一样的。我们用统一的小罐、重量、品级、大师和价格，让消费者的选择变得简单。"

小罐茶在市场上的另辟蹊径，不仅在制茶标准、生产标准上提供了经验，也在如何洞察及解决消费者痛点的问题上给其他企业带来一些启示。

> **问题**
> 1. 小罐茶洞察到的消费者痛点是什么？是如何解决的？
> 2. 尝试预测小罐茶的发展趋势会如何。

没有调查就没有发言权，市场营销是以消费者的需求为中心的，企业在市场中识别了营销机会后，就要了解消费者的需求、购买行为、购买动机、影响因素等。如何进行市场需求调查？调查哪些内容？初创企业市场调查又该如何实施？这是本次任务需要探究和训练的内容。

知识储备

一 市场需求调查的内容

市场需求反映消费者对某一特定产品或服务的购买意愿和购买能力。市场需求就是企业的市场机会。掌握当前市场需求和潜在需求及其变化趋势信息，是企业营销决策的前提。市场需求调查包括市场需求总量调查、市场需求结构调查、市场潜在需求调查、市场需求时间调查以及市场需求影响因素的调查。

（一）市场需求总量调查

市场需求总量是指在一定地理区域、一定时间期限、一定营销环境下一定的消费者群体所购买特定产品的总量。市场需求总量要受到很多因素的影响，是一个变量。具体过程如下：

1. 确定目标市场

在市场总人口数中确定某一细分市场的目标市场总人数，此总人数是潜在消费者人数的最大极限，可用来计算未来或潜在的需求量。

2. 计算平均购买数量和总购买量

从一些公开资料中可推算出每人每年平均购买量。区域内的消费者人数乘以每人每年平均购买的数量就可算出总购买数量。

3. 计算产品的平均价格和购买总金额

利用一定的定价方法，算出产品的平均价格。用购买总数量乘以平均价格，就可算出购买总金额。

4. 计算本企业的市场需求量

市场上除了本企业之外，还有众多的竞争者，大家一起满足目标市场的总需求。为了计算本企业的市场需求，首先要确定本企业的市场占有率，再将本企业的市场占有率乘以购买总金额，然后根据最近5年来本企业和竞争者市场占有率的变动情况，做适当的调整，就可以计算出本企业的市场需求了。

5. 需要考虑的其他因素

有关产品需求的其他因素，例如：若是经济状况、人口变动、消费者偏好及生活方式等有所改变，则必须分析其对产品需求的影响。根据这些信息，客观地调查企业的购买量，即可合理地预测本企业的需求总量了。

（二）市场需求结构调查

市场需求结构包括需求总量结构和具体结构。需求总量结构是按消费者收入水平、职业类型、居住地区等标准分类，然后测算每类消费者的购买投向，即对吃、穿、用、住、行、商品需求结构进行分类。需求结构调查不仅要了解需求总量结构，还必须了解每类商品的品种、花色、规格、质量、价格、数量等具体结构。市场需求结构调查属于显性需求的调查，可以用问卷调查的方法实施。后面我们会重点学习问卷调查法。

（三）市场潜在需求调查

潜在需求也是消费者的隐性需求，多数属于消费者的情感需求。消费者有时候并不明确他们的需求是什么，或者已经有了这样的需求但自己没有认识到，需求还处于潜意识层次，所以目标用户无法清晰地表达出这些需求。

对潜在需求的挖掘往往不能运用通常的问卷调查法，而要通过定性调查法进行挖掘。定性调查法主要有意向尺度分析法、隐喻抽取技术、KJ挖掘法、领先用户技术四种方法。

（四）市场需求时间调查

市场需求时间调查主要了解消费者需求的季节、月份、具体购买时间以及需求时间内的品种和数量结构。通过市场需求时间调查，可以了解消费者使用产品的时机、场景、使用时间长短、使用时的产品品种和数量，从而做好产品上市时间准备。

（五）市场需求影响因素的调查

影响市场需求的因素包含：产品自身的价格、消费者的偏好、消费者的收入、相关产品的价格、消费者对产品价格变化的预期等。

1. 产品自身的价格

一般来说，价格与需求是负相关的。即在其他条件不变的情况下，某一商品的价格越低，消费者对该商品的需求量越大；商品的价格越高，消费者对该商品的需求量则越小。这就是经济学所说的需求法则。商品的价格是影响商品市场需求的重要因素。

2. 消费者的偏好

消费偏好是指消费者对于所购买或消费的商品和劳务的爱好胜过其他商品或劳务，又称"消费者嗜好"。它是对商品或劳务优劣性所产生的主观的感觉或评价。它既与消费者的个人爱好和个性有关，也与整个社会风俗、传统习惯、流行时尚有关。

3. 消费者的收入

一般来说，收入与需求是正相关的，即其他条件不变的情况下，收入越高，对商品的需求越多；收入越低，对商品的需求越少。

4. 相关商品的价格

需求不仅取决于商品自身的价格，也在相当程度上受其他商品价格的影响。在其他商品中，有两类商品的价格影响最大。一是替代品，某商品的替代品的价格与该商品的需求正相关；二是互补品，某商品的互补品的价格与该商品的需求负相关。

5. 消费者对产品价格变化的预期

这里说的预期，不是指消费者的个人预期，而是指对商品需求产生影响的社会群体预期，无论这种预期正确与否。如果人们普遍预期某一商品未来价格会显著上涨，则会增加现时的消费，或多购买一些贮存起来。

二 设计调查问卷

调查问卷是调查中收集市场信息的重要依据，是实现调查目的的一种重要形式，设计调查问卷被称为市场调查的重要环节，已引起越来越多人的重视。

（一）调查问卷的结构

一份完整的调查问卷一般包括问卷标题、问卷前言、调查内容、编码、被调查者基本情况、作业证明记载等项内容。

1. 问卷标题

问卷标题要概括说明调查的主题，使被调查者对所要回答的问题有一个概括性的了解。主题要求简明扼要，易于引起被调查者的兴趣。一般采用的形式为"××市场调查问卷"，如"长沙市大学生电脑市场需求调查问卷"。

2. 问卷前言

问卷前言，也叫问卷说明或指导语，一般放在问卷的开头，包括问候语、主持调查机构或调查人员的身份、调查目的与意义、调查的主要内容、问卷填写的有关要求、恳请合作的语句、填写问卷的感谢语等。

3. 调查内容

调查内容是调查者所要了解的基本内容，通常以提问的形式提供给被调查者进行回答，涉及面非常广泛，这部分是调查问卷的主体，也是最重要的核心部分。

4. 编码

编码是将问卷中的调查项目以代码的形式表示出来，一般的问卷中均须对每个问题加以编码，以便分类整理，易于进行计算机处理与统计分析。

5. 被调查者基本情况

被调查者的基本情况主要反映被调查者的一些基本特征，如在消费者调查中，了解消费者的姓名、性别、年龄、收入、职业、文化程度、家庭状况等基本情况，便于对资料进行统计分组和分析。

6. 作业证明记载

作业证明记载在调查问卷的最后，主要记载调查人员的姓名、调查时间、调查地点等。

（二）设计调查问卷主体

1. 确定问题内容范围

问卷问题的内容范围取决于调查的目的与调查的项目和内容，要尽量避免提出与调查目的无直接关系的问题，同时尽量避免提出调查者不愿意回答的问题。

2. 确定问题类型

（1）开放式问题。开放式问题是指所提出的问题并不列出所有可能的答案，而是由被访者自由作答。

（2）封闭式问题。封闭式问题是指事先设计了各种可能的答案，被访者只要从中选定一个或几个现成答案的提问方式。

（3）半封闭式问题。半封闭式问题是上述两种问题的折中形式，虽然提供选择，应答者还可以创造自己的答案。

3. 确定问题措辞

在市场调查中，同一个问题，措辞不同调查的效果也会不同。在表述问卷问题时，应尽量使用语意具体、简明、清晰、准确的词语；尽量使用通俗语言，少用专业术语；尽量避免使用令人难堪的词语提问；避免使用带有倾向性、诱导性、断定性的词语。

4. 排列问题顺序

提问问题的顺序安排不同，被调查者回答的结果往往会产生差异。一般来说，问卷中的问题顺序要做到：先简单，后复杂；先次要问题，后主要问题；先事实性问题，后态度性问题；先总括性问题，后特定性问题；先封闭式问题，后开放式问题。

（三）问卷的定稿

1. 调整版面布局

问卷的形式以及体裁的设计，对于资料搜集效果的影响很大。版面布局要美观，力求纸质及印刷精美，开放式问题后面要留出充足的空间以便调查对象充分表达意见。

2. 试测

在设计市场调查问卷之后，有必要根据计划举行小规模的试验检查，以便发现问卷中的问题。

3. 修订及定稿

根据试测情况进行问卷的修订并定稿，大量印刷或发布在互联网调研平台，以备调查之用。

三 确定调查对象

确定调查对象是指根据调查目的、调查内容和调查方法，选择调查的目标群体。一般来说，确定调查对象的方法有四种：普查、重点调查、典型调查和抽样调查。普查又称全面调查，是指在某一时点上对所有的调查对象进行逐一的调查。重点调查、典型调查和抽样调查都属于非全面调查。重点调查是指从调查对象总体中选取少数重点单位进行调查，并以此推断总体的一种非全面调查方式。典型调查是指在对调查总体进行深入细致了解的基础上，选择具有代表性的单位进行调查，并对总体进行推断的一种调查方式。

抽样调查是按一定的方式，从总体中抽取部分样本进行调查，并根据调查结果推断总体的一种非全面调查。抽样调查是现代市场调查中非常重要的一种调查方式，已经得到国际公认，现在很多国家和地区的大部分信息都是通过抽样调查获得的。抽样调查的方式主要有随机抽样和非随机抽样两大类。

（一）随机抽样

随机抽样就是调查对象总体中每个部分都有同等被抽中的可能，是一种完全依照机会均等的原则进行的抽样调查，被称为是一种"等概率"。随机抽样有四种基本形式，即简单随机抽样、等距抽样、分类抽样和整群抽样。

1. 简单随机抽样

简单随机抽样是抽样方法中最简单、最基本的一种，这种方法是对调查总体不经过任何分组、排队，完全凭着偶然的机会从中抽取样本加以调查。具体抽取方法有直接抽取法、抽签法和随机数表法。简单随机抽样适合于总体数量不多，总体各单位之间差异比较小的情况。

2. 等距抽样

等距抽样又叫机械抽样或系统抽样。它先将调查总体的各单位按一定标志排列起来，然后按照固定顺序和一定间隔来抽取样本。

3. 分类抽样

分类抽样是将总体的各单位按某一主要标志进行分类，然后再按随机原则从各类中抽取一定的样本，进行调查的一种调查方法。分类抽样适用于总体庞大、内部结构又十分复杂的情况。

4. 整群抽样

整群抽样是先将总体划分为若干个群，然后以群为单位进行随机抽取，再对群内的各单位进行全面调查的一种调查方法。整群抽样一般适用于总体数量庞大、群内差异较大、群间差异较小的情况。

（二）非随机抽样

非随机抽样是指抽样时不是遵循随机原则，而是按照研究人员的主观经验或其他条件来抽取样本的一种抽样方法。非随机抽样也有四种基本形式，即便利抽样、判断抽样、配额抽样和推荐抽样。

1. 便利抽样

便利抽样又称任意抽样，是根据调查者的方便与否来抽取样本的一种抽样方法。"街头拦人法"和"空间抽样法"是便利抽样的两种最常见的方法。便利抽样的优点是简单易行，适用于总体中每个单元的差异很小的情况，或者用于探索性调查。

2. 判断抽样

判断抽样是凭调查人员的主观意愿、经验和知识，从总体中选择具有代表性的样本作为调查对象的一种抽样方法。它适用于调查者对调查对象比较了解，总体数量庞大，总体各单位之间的差异又比较明显，抽取的样本单位数量比较少的情况。

3. 配额抽样

配额抽样是非随机抽样中最流行的一种形式。配额抽样是首先将总体中的所有单位按一定的标志分为若干类（组），然后在每一类（组）中用便利抽样或判断抽样方法选取样本单位。与分类抽样不同的是，配额抽样不遵循随机原则，而是主观地确定对象分配比例。

4. 推荐抽样

推荐抽样又称为滚雪球抽样，它是利用随机方法选出起始受访者，然后从起始受访者所提供的信息去获得其他受访者。这个方法就像滚雪球一样，从一小点开始越滚越大。滚雪球抽样在难以找到特定的总体成员时最适用。

四 初创企业市场调查的简单方法

初创企业由于人力物力有限，可以采取一些简便易行的方法来调查市场需求。

（一）专家访问法

快速了解一个行业，最好的方法就是找到这个行业的专家，通过进行深入沟通获得大量的行业规则和内在规律信息。作为一般普通的创业者，在企业的实际经营过程中可能会涉及一些陌生的领域，创业者自己摸索会浪费大量的精力，如果访问这个行业的专家，就能大大提高工作效率。

（二）市场试销法

市场试销法是指企业将试销商品在小范围内进行销售实验，直接调查消费者对试销商品的反应和喜爱程度，并以此调查资料为依据进行市场预测的方法。这种方法应用范围广泛，凡是试制的新产品或老产品改变了性能、款式、花色、包装、价格等，在预测其市场销售前景时，均可采用此法。市场试销方式是多样的，如设立试销专柜或试销门市部，也可委托商店试销。

（三）垃圾调研法

垃圾调研法是指市场调查人员通过对家庭垃圾的观察与记录，搜集家庭消费资料的调查方法。这种调查方法的特点是调查人员并不直接地对住户进行调查，而是通过察看住户所处理的垃圾，进行对家庭食品消费的调查。这种无阻碍技术在消费者不愿诚实地报告自己对某些产品的使用时特别有用，同时，垃圾调研法对于许多包装类快速消费品如牛奶、饼干、方便面等的调研十分有效，不仅准确而且快速。

（四）探索调查法

当企业的目标是发现用户最重要的且未被满足的需求时，探索调查法是非常有效的。探索调查法包括情境访谈、参与设计会议以及产品概念测试。

(五) 现场观察法

现场观察法是指调查者到商场、门市部、各种展销会、交易会等现场，亲自观察和记录消费者的购买情况、购买情绪、踊跃程度、同类产品竞争程度以及各种商品的性能、样式、价格、包装等。通过现场观察也可以发现客户的需求，比如，肯德基的调研人员实施现场观察时发现，客户等餐时需要服务员大喊，于是设置了提醒器；发现客流多反而会影响客户体验，于是将只需要购买冰淇淋的客户安排在店门外即可购买，做到了很好的分流。

扫码观看初创企业市场调查的简单方法

做企业，要将诚信经营进行到底

一、案例导入

道德模范：宁可亏损也要守信

2019年7月16日，央视对甘肃天水企业家郑建军诚信经营的事迹进行了详细报道：郑建军自退伍后创办了网络销售平台，通过线上线下方式将当地的蜜桃、苹果销售到全国各地。2016年初，郑建军按照往年市场行情制定了当年蜜桃的预订价，前期共接到订单近2 000单。但到了蜜桃上市期，蜜桃的收购价格每斤比上年涨了近2元，加上快递费用，每一单要比预订价多出20元。此时很多人劝郑建军不如把蜜桃的出售标准降低些，这样收购价格就会降低，但郑建军并没有这样做。郑建军接受采访时说："生意肯定要以诚信为本，既然我们已经给人家答应了，已经签了合同了，这个就没有再含糊的，肯定要给人家发（货）。"

这一年，郑建军的蜜桃销售亏了4万多元，但是他却实实在在地得到了客户的尊重。多年来，郑建军的公司合同履约率和产品合格率达到100%，已在全国8个省、市、自治区终端市场设立营销网点，与100多个经销商建立了业务关系，年销售量达5 000多吨。郑建军积极探索现代农业发展新模式，建立"互联网＋果园基地连农户"网络平台，依靠诚信经营，赢得客户信任，不断壮大企业，成为诚信兴业的好榜样。郑建军荣获甘肃省道德模范称号和第七届全国道德模范候选人。

二、案例讨论

1. 以上案例对你有何启示？
2. 企业应如何将诚信经营进行到底？

三、分析与建议

俗话说"人无信则不立，家无信则不和，业无信则不兴，国无信则不盛"，诚信对于一家企业乃至一个行业的生存发展都是至关重要的。随着信息化的快速发展，世界会变得越来越小，而市场竞争却会越来越激烈，在这样一个大环境下，诚信经营是现代商人的必备素质。同时，实现诚信经营可以使销售成本、人力成本、生产成本、资本成本达到最低，给企业带来经济效益。

反之，企业失信行为也绝不是小事，企业一旦失去诚信，就必然要失去消费者、失去市场，并最终毁掉自己。有时候一家企业的失信行为可能会使一个行业蒙上阴影，对市场造成极大的负面影响。企业如果经营不善破产，还可以通过自己的努力再奋斗出一片天地，但是如果企业信用破产，那将是永远难以弥补的。

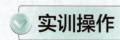

为所创企业设计制作一份消费者需求调查问卷

1. 实训目的

通过实训理解消费者需求调查的主要内容，掌握市场调查问卷的设计方法，培养市场调查问卷的设计技能。

2. 实训内容及步骤

（1）通过网络搜集5份本行业的市场需求调查问卷。

（2）撰写指导语。

（3）设计问句和答案。

（4）进行排版，并进行小范围的试测，根据试测情况进行相应修改，最后定稿。

3. 实训成果要求

每个小组提交一份本企业的市场调查问卷，包括电子版和纸质版。

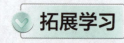

使用问卷星做调查的流程

步骤一：单击"创建问卷"，选择"问卷调查"，单击"创建"按钮，如图2-2所示。

图 2-2 创建问卷

步骤二：三种创建方式，以"导入文本"方式为例，将文本复制粘贴到文本框进行编辑，如图 2-3 所示。

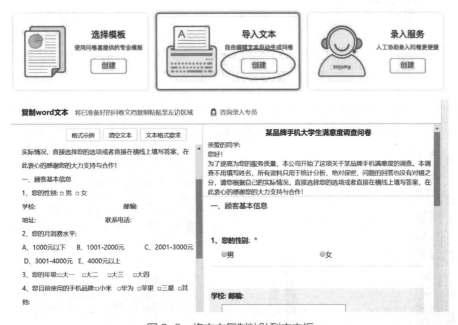

图 2-3 将文本复制粘贴到文本框

步骤三：进入问卷编辑页面进行编辑（见图 2-4），完成编辑之后发布问卷。

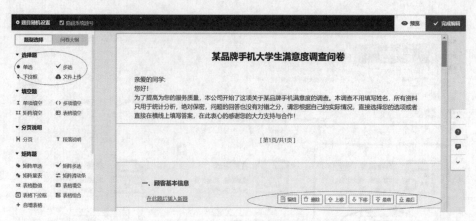

图 2-4　编辑文本

步骤四：发布之后生成问卷链接（见图 2-5），复制链接并发送给填写者作答。

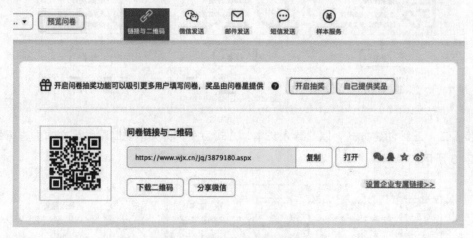

图 2-5　生成问卷链接并复制

步骤五：有了答卷之后可到"分析&下载"里查看结果，在"统计&分析"中可查看统计结果，在"查看下载答卷"中可下载原始数据，如图 2-6、图 2-7 所示。

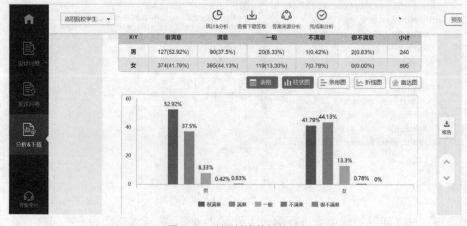

图 2-6　查看答卷统计结果

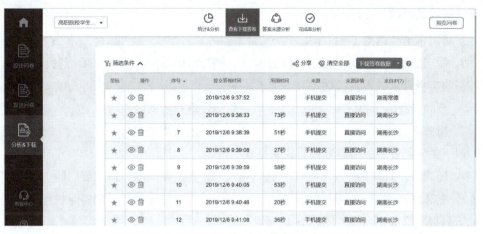

图 2-7　查看原始数据

课后练习

一、单项选择题

1. （　　）是指在一定地理区域、一定时间期限、一定营销环境下一定的消费者群体所购买特定产品的总量。

    A. 市场需求　　　　　　　　　　B. 市场需求总量

    C. 潜在市场需求　　　　　　　　D. 市场需求结构

2. （　　）是指事先设计了各种可能的答案，被访者只要从中选定一个或几个现成答案的提问方式。

    A. 开放式问题　　B. 封闭式问题　　C. 半封闭式问题　　D. 半开放式问题

3. （　　）是先将总体划分为若干个群，然后以群为单位进行随机抽取，再对群内的各单位进行全面调查的一种调查方法。

    A. 简单随机抽样　　B. 等距抽样　　C. 分类抽样　　D. 整群抽样

4. "您假期是旅游还是休息？"这个问题表述的不当之处在于（　　）。

    A. 涉及被调查者的隐私

    B. 提问内容交叉

    C. 问题超过了被调查者的知识、能力范围

    D. 与调查目的无直接关系

5. 当企业的目标是发现用户使用产品最重要的且未被满足的需求时，（　　）是非常有效的。

    A. 专家访问法　　　　　　　　　B. 垃圾调研法

    C. 探索调查法　　　　　　　　　D. 现场观察法

二、多项选择题

1. 市场需求结构包括（　　）。
   A. 需求总量结构　　B. 具体结构　　C. 市场结构　　D. 消费者结构
2. 影响市场需求的因素包括（　　）。
   A. 产品自身的价格　　B. 消费者的收入
   C. 相关产品的价格　　D. 消费者的偏好
3. 以下关于问卷中的问题顺序，说法错误的是（　　）。
   A. 先简单，后复杂　　B. 先主要问题，后次要问题
   C. 先态度性问题，后事实性问题　　D. 先总括性问题，后特定性问题
4. 下列提问措辞不合适的问题有（　　）。
   A. "您是否经常食用方便面？"
   B. "您对某商场的印象如何？"
   C. "您属于白领阶层还是蓝领阶层？"
   D. "您通常一周去超市几次？"
5. 以下抽样方法属于随机抽样的有（　　）。
   A. 分类抽样　　B. 便利抽样　　C. 判断抽样　　D. 等距抽样

三、判断题

1. 潜在需求也是消费者的隐性需求，多数属于消费者的情感需求。（　　）
2. 某一商品的价格越低，消费者对该商品的需求量越大；而商品的价格越高，消费者对该商品的需求量越小。（　　）
3. "电脑市场调查问卷"可以作为调查问卷的标题。（　　）
4. 在表述问卷问题时，应尽量使用语意具体、简明、清晰、准确的词语。（　　）
5. 提问问题的顺序安排无所谓，不会影响被调查者回答的结果。（　　）

四、简答题

1. 市场需求调查主要调查哪些内容？
2. 影响市场需求的因素有哪些？
3. 一份调查问卷应该包括哪些必要的部分？
4. 什么是抽样调查？抽样方法有哪些？

五、案例分析题

某公司为了解其产品的需求情况，组织了一次市场调研活动。按照调研计划，该企业首先进行了一次问卷调查，他们选取了北京、武汉和南宁三个城市作为代表城市，在这三个城市中随机发放调查问卷。他们向消费者所提供的调查问卷中，问答项目达几百个，而且十分具体。该调查所获得的数据被存入计算机，进行详细的分析。

同时，该公司为了改进其刚刚研制成功的产品，还邀请消费者担当"商品顾问"，让他们试用这种新的产品，然后"鸡蛋里挑骨头"，从他们那里收集各种改进的意见。该公司担

心"商品顾问"有时也会提供不真实的信息，因此，研究所的市场调查人员经常亲自逛市场，"偷听"消费者购买时的对话，或者干脆装扮成消费者，四处探听店员和顾客对产品的意见。市场调查人员的目的只有一个，就是一定要获得真正准确的信息，而不是虚假的赞誉。

在亲自获取市场信息的同时，该公司还从公开出版物、报纸、杂志、政府和有关行业获取统计资料，为该企业了解整个市场的宏观信息提供依据。

问题

1. 该公司运用了哪些方法进行市场需求调查？
2. 该公司的市场调查有哪些需要改进之处？

项目小结

市场调查是指运用科学的方法和客观的态度，有目的、有系统地搜集、记录、整理、分析有关市场信息，了解市场发展现状和趋势，为企业营销决策提供信息依据的活动。市场调查是为市场营销服务的。

一次完整的市场调查包括确定调查目标、制订调查方案、实施调查、整理分析资料、提交调查报告五个环节。

市场调查的方法主要有文案调查法、观察法、访问法和问卷调查法。

宏观环境指对企业营销活动带来市场机会和环境威胁的主要社会力量。对宏观环境因素进行分析，一般应对政治、经济、社会和技术这四大类影响企业的主要外部环境因素进行分析，简称PEST分析法。

波特五力模型认为行业中存在着决定竞争规模和程度的五种力量，这五种力量分别为同行业内现有竞争者的竞争能力、新进入者的威胁、替代品的替代能力、供应商的议价能力和购买者的议价能力。

SWOT分析法是企业环境调查的一种常用方法。SWOT分析通过分析与比较企业内部环境中的优势与劣势、企业外部环境中的机会与威胁，来扬长避短，寻找最佳营销决策。

初创企业进行市场营销环境调查的主要目的是发现营销机会，而未来市场营销机会的识别主要着眼于未来市场变化。初创企业为了能发现真正的营销机会，需要重点调查以下营销环境：市场发展趋势、时代潮流、科学技术创新、营销手段创新。

掌握当前市场需求和潜在需求及其变化趋势信息，是企业营销决策的前提。市场需求调查包括市场需求总量调查、市场需求结构调查、市场潜在需求调查、市场需求时间调查以及市场需求影响因素的调查。

影响需求的因素包含：产品自身的价格、消费者的偏好、消费者的收入、相关产品的价格、消费者对产品价格变化的预期等。

采用问卷进行调查是国际通用的一种调查方式,也是我国近年来发展最快、应用最广的一种调查方式。一份完整的调查问卷一般包括问卷标题、问卷前言、调查内容、编码、被调查者基本情况、作业证明记载等项内容。

设计调查问卷的步骤包括:确定问题内容范围、确定问题类型、确定问题措辞、排列问题顺序、调整版面布局、试测、修订及定稿。

抽样调查的方式主要有随机抽样和非随机抽样两大类。随机抽样包括简单随机抽样、等距抽样、等距抽样、分类抽样、整群抽样;非随机抽样包括便利抽样、判断抽样、配额抽样和推荐抽样。

初创企业由于人力物力有限,可以采取一些简便易行的方法来调查市场需求。比如专家访问法;市场试销法;垃圾调研法;探索调查法;现场观察法。

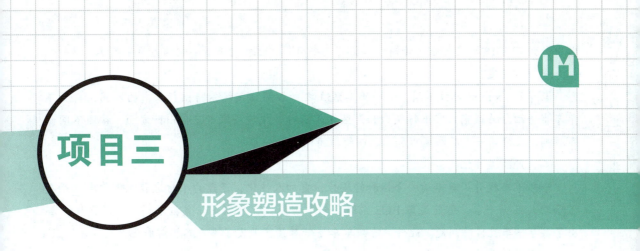

任务一 市场细分与定位

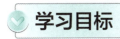

【知识目标】
- 理解市场细分的概念、方法和依据
- 理解市场定位、产品定位、品牌定位的概念与区别
- 掌握市场定位、产品定位、品牌定位的方法

【能力目标】
能为初创企业进行市场细分和定位

【素质目标】
培养学生共建文明社会的责任感和使命感

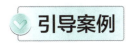

哈啰单车市场差异化营销策略分析

哈啰单车（Hellobike）自2016年9月成立以来，凭借着差异化策略、智能化技术、成本控制和优化客户体验，从共享单车激烈的市场竞争中突破重围，成为共享单车行业市场和用户口碑的领导者。2018年，哈啰单车正式更名为哈啰出行，成为一家包括哈啰单车、哈啰助力车、哈啰电动车、哈啰换电和哈啰顺风车等综合业务的专业移动出行平台。2019年，哈

啰出行荣获2018年度行业新营销领军奖"金牛角"。让我们来看看它的差异化策略。

一、市场定位

与摩拜、ofo的定位不同，哈啰单车成立之初按照使用场景与出行需求的不同，将共享单车市场细分为城市日常出行领域和景区休闲骑行领域。在城市日常出行方面，按照不同城市级别，又分为一、二线城市和三、四线城市两个细分市场。

二、产品差异化

哈啰单车提升了单车的安全性和舒适性，更加人性化，还致力于打造智能化单车，开发了哈勃大数据平台、智能运维BOS系统、单车智能锁，并利用信息技术划定停放区域，解决了共享单车乱停的问题。此外，哈啰单车还针对景区开发了多人车、智能化系统等。

三、价格差异化

哈啰单车率先全面推行免押金战略，这成为其在行业竞争中杀出重围、扭转战局的一个关键。2018年3月，哈啰单车宣布芝麻分超650分的用户可在全国任一城市免押金骑行，对于芝麻分不满650分的用户，也提供购买免押资格的月卡等其他免押方式。截至2018年5月13日，短短两个月里，哈啰单车注册用户增长70%，日骑行订单量翻了一番。

四、渠道差异化

除了2C销售，哈啰单车还采取与地方政府和监管部门深度合作的方式进行产品推广，帮助建立城市公共出行体系，成功地让政府成为其大客户。哈啰单车也瞄准了竞争较小的景区休闲骑行市场。据哈啰单车发布的报告显示，哈啰景区单车的使用率高达70%，平均骑行时长35.2分钟。这项指标明显优于其他共享单车企业。与支付宝的合作也为哈啰单车带来了大量的用户流量。

五、促销差异化

在促销策略上，哈啰单车采用"线上+线下"的一体化促销策略。在线上，哈啰单车联合"美拍"跨平台合作，还与京东跨界合作；在线下，哈啰单车在杭州地铁1号线发起"骑时，我在等你说哈啰"的创意广告营销活动，提高了哈啰单车的知名度。

> **问题**
> 1. 哈啰单车是如何进行市场定位的？
> 2. 哈啰单车的营销策略组合是如何配合市场定位的？

为了有效地进行竞争，企业必须进行市场细分，选择有利可图的目标细分市场，集中企业的资源，制订有效的竞争策略，以取得和增强竞争优势。如何进行市场细分、选择目标市场以及产品定位呢？这是本次任务要探究和训练的内容。

知识储备

一 市场细分

市场细分的概念是由美国市场学家温德尔·史密斯（Wendell R.Smith）于1956年提出来的，按照消费者欲望与需求，把因规模过大导致企业难以服务的总体市场划分成若干具有共同特征的子市场，处于同一细分市场的消费群被称为目标消费群，相对于大众市场而言，这些目标子市场的消费群就是分众了。

（一）消费者市场细分的依据

概括起来，细分消费者市场的变量主要有地理变量、人口变量、心理变量和行为变量这四大类。企业是组合运用有关变量来细分市场的，而不是单一采用某一变量。以这些变量为依据来细分市场就产生了地理细分、人口细分、心理细分和行为细分四种市场细分的基本形式。

1. 按地理变量细分市场

按地理变量细分市场即按照消费者所处的地理位置、自然环境来细分市场。例如，根据国家、地区、城市规模、气候、人口密度、地形地貌等方面的差异，将整体市场分为不同的小市场。

2. 按人口变量细分市场

按人口变量细分市场即按人口统计变量，如年龄、性别、家庭规模、家庭生命周期、收入、职业、受教育程度、宗教、种族、国籍等细分市场。

（1）性别。由于生理上的差别，男性与女性在产品需求与偏好上有很大不同。例如，二者在服饰、发型、生活必需品等方面的需求与偏好差别较大。

（2）年龄。不同年龄的消费者有不同的需求特点。例如，青年人对服饰的需求与老年人的需求就有差异，青年人需要鲜艳、时髦的服装，老年人则需要端庄、素雅的服饰。

（3）收入。低收入消费者和高收入消费者在产品选择、休闲时间的安排、社会交际等方面都会有所不同。

（4）职业与教育。消费者职业的不同、所受教育程度的不同也会导致所需产品的不同。例如，农民购买自行车偏好载重自行车，而学生、教师则喜欢轻型、样式美观的自行车。

（5）家庭生命周期。一个家庭，按年龄、婚姻和子女状况可分为单身、新婚、满巢、空巢和孤独五个阶段，在不同阶段，家庭购买力、家庭成员对商品的兴趣与偏好也会有很大的差别。

3. 按心理变量细分市场

按心理变量细分市场即根据购买者所处的社会阶层、生活方式、个性等心理因素细分市场。

（1）社会阶层。这是指在某一社会中具有相对同质性和持久性的群体。处于同一阶层的成员具有类似的价值观、兴趣爱好和行为方式，而不同阶层的成员对所需的产品也各不相同。

（2）生活方式。人们生活方式的不同也会影响他们对产品的选择。例如有的追求时髦、有的追求恬静、简朴；有的追求刺激、冒险，有的追求稳定、安逸。

（3）个性。这是指一个人比较稳定的心理倾向与心理特征，它会导致一个人对其所处环境做出相对一致和持续不断的反应。一般地，个性会通过自信、自主、支配、顺从、保守、适应等性格特征表现出来。

4. 按行为变量细分市场

按行为变量细分市场，是指根据购买者对产品的了解程度、态度、使用情况及反应等将他们划分成不同的群体。很多人认为，行为变量能更直接地反映消费者的需求差异，因而成为市场细分的最佳起点。

（二）生产者市场细分的依据

很多用来细分消费者市场的标准同样也可用于细分生产者市场。例如，根据地理变量加以细分。不过，由于生产者与消费者在购买动机与行为上存在差别，除了运用前述消费者市场细分标准外，还可用一些新的标准来细分生产者市场。

1. 用户规模

在生产者市场中，有的用户购买量很大，而另外一些用户的购买量则很小。企业应当根据用户规模大小来细分市场，并根据用户或客户的规模不同，制订不同的营销组合方案。例如，对于大客户，适宜直接联系、直接供应，在价格、信用等方面给予更多优惠；而对于众多的小客户，则适宜让产品进入商业渠道，由批发商或零售商去组织供应。

2. 产品的最终用途

产品的最终用途不同也是生产者市场细分的标准之一。例如，工业品用户购买产品，一般都是供再加工之用，对所购产品通常都有特定的要求。

3. 生产者购买方式

生产者购买的主要方式包括直接重购、修正重购及新任务购买。不同购买方式的采购程度、决策过程等各不相同，因而可将整体市场细分为不同的子市场。

（三）市场细分方法

市场细分的方法主要有单一变量法（单因素细分法）、双因素细分法、多因素细分法3种，无论是消费者市场还是生产者市场都适用。

1. 单一变量法

所谓单一变量法，是指根据市场营销调研结果，选择影响消费者或用户需求最主要的因素作为细分变量,从而达到市场细分的目的。这种细分法以企业的经营实践、行业经验和对组织客户的了解为基础,在宏观变量或微观变量间,找到一种能有效区分客户并使公司的营销组合产生有效对应的变量。例如,玩具市场需求量的主要影响因素是年龄,可以针对不同年龄段的儿童设计适合不同需要的玩具。

2. 双因素细分法

双因素细分法是根据影响市场需求的两种因素的组合对整体市场进行细分。如玩具市场按照性别和年龄两个因素进行细分,如表3-1所示,共划分为10个细分市场,玩具制造商可以根据自身优势选择合适的细分市场。

表3-1　玩具市场的双因素细分市场

	婴儿	儿童	青年	中年	老年
男	男婴市场	男童市场	青年男性市场	中年男性市场	老年男性市场
女	女婴市场	女童市场	青年女性市场	中年女性市场	老年女性市场

3. 多因素细分法

多因素细分法即用影响消费需求两种以上的因素对整体市场进行综合细分。例如,按性别、年龄和家庭收入水平三个因素,可将玩具市场划分为不同的细分市场,如图3-1所示。

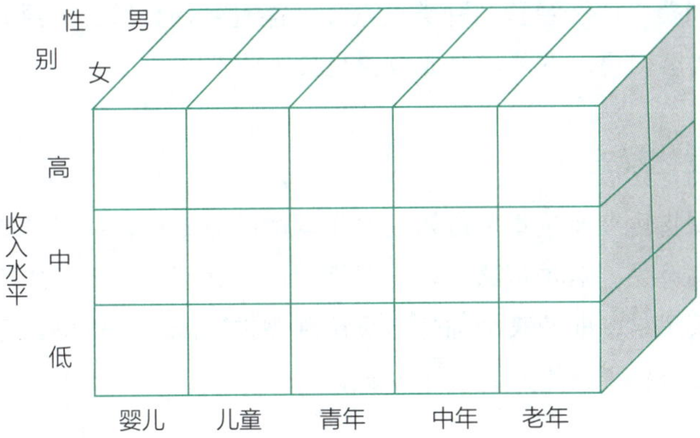

图 3-1　玩具市场的多因素细分法

二　市场定位

市场定位是企业对目标消费者或者目标市场的选择。所谓目标市场是指在市场细分的基础上,企业经过分析和比较,选择作为自己服务对象的一个或几个子市场。市场细分是市场定位的前提和条件,而市场定位是市场细分的目的和归宿。根据企业发展阶段不同,目标市场的选择一般有五种模式。

（一）产品市场集中化模式

产品市场集中化模式，顾名思义，就是企业选择主要生产或者只生产一种产品，并且只供应给一种客户群体，进行集中营销。如玩具制造商只生产男婴玩具，满足男婴玩乐的需求。企业通过集中营销，可以更加了解市场的需要，并树立特别的声誉，在该细分市场上建立牢固的市场地位，并且通过专业化分工可以提升效率、降低成本。但是，产品市场集中化模式只适合作为进入市场的方式，不能作为长期发展方式，因为市场过于狭小，企业很难得到大规模的发展。

（二）产品专业化模式

产品专业化模式指的是公司生产一类产品，但这类产品具有多种款式、质量、档次等，因此能够匹配多类客户。如玩具制造商只生产拼图玩具，但男女老少皆可使用。产品专业化的特点是企业专注于某一种或一类产品的生产，有利于形成和发展生产和技术上的优势，在该专业领域树立企业专业化形象。

（三）市场专业化模式

市场专业化模式指的是企业选定了一种客户群体作为目标，生产各种各样的产品来满足该目标客户的多样化的需求。如玩具制造商将儿童作为目标客户，生产各式各样的玩具来吸引该客户群体进行消费。由于经营品种类型众多，能有效地分散经营风险。但由于专注于某一类客户，如果这类客户需求下降，企业收益也会因此下降。

（四）选择专业化模式

选择专业化模式指企业有选择地进入几个不同的细分市场，并且选择不同的客户群体来提供不同性能的同类产品。这种策略中，各个细分市场之间较少或基本不存在联系。其优点是可以有效分散经营风险，即使某个细分市场出现需求下降，企业仍然可以在另外的市场盈利，但它对企业的资源和营销能力要求都较高。

（五）全面进入模式

全面进入模式指企业提供各式各样的产品来满足不同客户群体各式各样的需求。这对企业要求非常高，需要企业拥有各种不同领域的生产体系。

三、产品定位

产品定位就是确定产品差异化，使企业所提供的产品具有一定特色，适应一定客户的需要和偏好，并与竞争者的产品有所区别。产品定位的内容包括：基本产品类别定位、基本产品档次定位、产品构成定位、产品功能定位、产品线长度决策、产品线宽度和深度决策、产品外形及包装决策、产品的独特利益点决策。产品定位的关键是寻找差异性，可以和目标市场的竞争对手进行对比后，找出那些未被满足或可以使本品更加突出的需求，确定产品的差异性。

在市场上树立起本企业产品形象并非易事，企业必须采用恰当的产品定位策略。通常可供选择的定位策略有以下几种：

（一）从企业自身特点出发进行定位

1. 产品差异化策略

产品差异化是指企业从产品原料、质量、功能、工艺、设计、概念、时尚、品味、文化品性等方面实现差异化。

2. 服务差异化策略

当产品实体与竞品差异不大时，可以从服务差异化入手。服务差异化包括产品的送货、安装、用户培训、咨询、维修等方面，不同行业的服务有不同的内容和重点，企业可以根据客户、竞争对手等的特点来确定服务差异化定位。

3. 形象差异化策略

形象是公众对企业及其产品的认识和看法。企业或品牌独特的形象可以对目标客户产生强大的吸引力和感染力，促其形成独特的感受。

4. 渠道差异化策略

企业还可以通过设计分销渠道的覆盖面、发挥分销渠道专长和提升效率，实现渠道差异化。

（二）从目标群体出发进行定位

1. 填空补缺定位

寻找新的、尚未被占领的，但为许多消费者所重视的位置进行定位，即填补市场上的空白。例如，"金利来"进入市场时，就是填补了男士高档衣物的空白。

2. 使用者类型定位

企业常常试图把其产品推介给适当的使用者即某个细分市场，以便根据该细分市场的看法塑造恰当的形象。如我国康佳集团针对农村市场的特点，充分考虑农民消费者的特殊需求，将产品定位为质量过硬、功能简单、价位偏低，同时了解到农村市场电压不稳，研制了宽频带稳压器等配件产品。

（三）从竞争对手出发进行定位

1. 针锋相对定位

把本企业的产品定位在与竞争者相似或相近的位置上，与竞争者争夺同一细分市场。实行这种定位策略的企业，必须具备以下三个条件：一是能比竞争者生产出更好的产品；二是该市场容量足以吸纳两个以上竞争者的产品；三是有比竞争者更多的资源和更强的实力。

2. 另辟蹊径定位

企业意识到自己无力与同行强大的竞争者相抗衡，从而获得绝对优势地位时，可根据自己的条件取得相对优势，即突出宣传自己与众不同的特色，在某些有价值的产品属性上取得领先地位。

3. 对比定位

这是指定位于与其相似的另一种类型的竞争者或产品的档次，以便与之对比。例如，有一种冰淇淋，该企业广告称其与奶油的味道一样。对比定位方式也可通过强调与同档次的产品并不相同进行定位，特别是当这些产品是新产品或独特产品时。

4. 比附定位

比附定位是通过与竞争者或产品的比较来确定自身市场地位的一种定位策略。即借竞争者之势，衬托自身的品牌形象。一般来说，只有与知名度、美誉度高的品牌进行比较，才能借势提升自己的品牌形象。

四 品牌定位

品牌定位是企业在市场定位和产品定位的基础上，对特定的品牌在文化取向及个性差异上的商业性决策，它是建立一个与目标市场有关的品牌形象的过程和结果。企业一旦选定了目标市场，就要设计并塑造自己相应的产品、品牌及企业形象，以争取目标消费者的认同。由于市场定位的最终目标是为了实现产品销售，而品牌是企业传播产品相关信息的基础，品牌还是消费者选购产品的主要依据，因而品牌成为产品与消费者连接的桥梁，品牌定位也就成为市场定位的核心和集中表现。

（一）确定品牌个性

品牌个性是品牌人格化后的个性体现。消费者与品牌建立关系时往往会把品牌视作一个形象、一个伙伴或一个人，甚至会把自我的形象投射到品牌上。一个品牌个性与消费者个性或期望个性越吻合，消费者就越会对该品牌产生偏好。按照中国人的传统，人的个性分为五种：仁，形容人具有的优良品行和高洁品质，比如务实、诚实、正直等；智，形容人的聪慧、沉稳、可靠和成功等品质；勇，形容人强壮、坚韧、勇敢；乐，形容人积极、自信、乐观、时尚；雅，形容人有品位、有教养、有气派等。品牌个性可以与目标消费者的个性一致、相似、互补，也可成为目标消费者崇拜和希望成为的那种人的个性。

（二）选择品牌定位方式

品牌定位方式的选择取决于企业所处的市场地位和要采取的竞争战略。一般可以采取以下四种定位方式。

1. 开拓性定位

如果消费者心智中某个有价值的品类定位尚未形成，品牌可以通过品类概念的推广，去开拓和拥有这一尚未形成的细分市场，并成为该品类的领导品牌。

2. 细分性定位

如果消费者心智中的某个品类定位已被别人占据，企业可通过主攻其中的细分市场或强调某样特性，来确立自己的品牌定位。

3. 补充性定位

补充性定位指企业将自身品牌努力与消费者心智中的优选品牌或优选产品发生关联，成为补充选择。

4. 取代性定位

如果消费者心智中的品类定位品牌有潜在弱点，新品牌可以由此突破，重新定义它为不当的选择，从而取而代之。

五 初创企业定位方法

初创企业一般按照市场定位→产品定位→品牌定位的步骤进行定位，有时也会先做产品定位再找市场定位，可以根据企业需要进行调整。

（一）市场定位方法

1. 用多因素细分法细分市场

初创企业应该运用多因素细分法，对市场进行多次细分，然后找准小众细分市场。初创企业要想存活，一定要尽量找准市场定位，做垂直细分的小众领域。这些细分领域是相对于主流市场而言的小众市场，因为市场的产品服务面比较窄，市场容量不大，没有形成规模，因此很多大企业都不愿意插足该领域，就给初创企业留下了机会。只要企业做到定位精准，加上用户的购买能力较强，就可能开辟出一块新的市场。

2. 用产品市场集中化模式选择目标市场

市场定位就是找到适合自己企业的目标市场，如上所述，常用的模式有五种：产品市场集中化模式、产品专业化模式、市场专业化模式、选择专业化模式、全面进入模式。由于初创企业资源有限，通常选择产品市场集中化模式，即只生产一种产品供应一个细分子市场。

（二）产品定位方法

初创企业可以使用"产品特色定位"方法，从产品角度出发，利用产品本身具有的优势和特点，打造产品特征形象。产品特色定位是根据其本身特征，侧重介绍产品的特色或优于其他产品的性能，使之与竞争产品区别开来。在具体定位时，可以把构成产品内在特色的许多因素作为定位的依据，如产品质量、档次、价格、利益等。

（三）品牌定位方法

1. 寻找市场空白

消费者购买一个品牌的商品而不购买另外品牌的商品，是因为产品的某个利益点满足了他的最重要的诉求，比如价格便宜。消费者一般只会在意最重要的因素，而忽略其他细节对产品的影响。对于初创企业来说，往往并不是要将自己的产品打造得多么优秀，而是要寻找用户脑海中的市场空白，想尽办法在那个空白点上做文章，这才能达到事半功倍的效果。初创企业可以从产品大小、尺寸、价格、消费者性别、年龄、消费时间段、销售渠道等方面去寻找空白点。如有的公司就找到了女性市场这个空白点，开发了胶原蛋白水，定位为女性轻补给功能性饮料。

2. 创建新品类

针对同一个品类，每个用户一般只能记住五个左右的品牌，并且这五个左右的品牌是有顺序的，而且品牌印象一旦形成，几乎无法改变。品类是消费者在购买决策中所涉及的最后一级商品分类，由该分类可以关联到品牌，并且在该分类上可以完成相应的购买选择。当初创企业发现在某一品类消费者的心智中已经有了五个左右的品牌，或者有了排名第一和第二的品牌，无法占据消费者的心智了，这时可以创造一个新品类，并成为新品类的领导品牌，如某集团新推出了一个凉茶的品类，并且销量不俗。

扫码观看初创企业定位方法

思政园地

共享经济，更要共建文明

一、案例导入

共享单车乱象引人深思

在城市中，我们随处可以看到这些现象：共享单车随意停放在人行道上、公交车候车区、绿化带、地铁口；共享单车惨遭破坏，有的少了前后轮、有的少了智能锁、有的根本立不起来；各种各样的共享单车堆积成山，被人称为"叠罗汉"；还有些人将共享单车加上锁据为己有……

共享单车的出现，解决了人们"最后一公里"出行难题，对一个城市来说，起到了缓解交通压力、保护自然环境的作用。但是，随着共享单车的快速发展，上述不文明现象成为城市的污点。究其原因，主要有三个：一是共享单车企业盲目投放，缺少规划，超出了市场的容量；二是政府缺乏监管，进入机制、退出机制、管理机制滞后；三是部分市民缺乏文明意识，只顾自己方便，不遵守停放要求。

面对共享单车乱停乱放现象，各地各部门相继出台了管理措施，科学评估市场需求量，制定准入和退出机制，以及惩罚措施。共享单车企业也积极创新举措，如线上加强文明宣传引导，线下加强对本公司共享单车停放的干预，比如企业内部专设单车清理人员进行管理等。最后，就是每一位使用者要提高文明素养，自觉做到规范停车，善待共享单车。

二、案例讨论

1. 如何看待共享经济这一新兴经济模式？
2. 为共建文明社会，政府、企业和消费者应如何各司其职呢？

三、分析与建议

共享经济，是指以获得一定报酬为主要目的，基于陌生人且存在物品使用权暂时转移的一种新的经济模式。近年来，我国共享经济创新创业活跃、发展迅速，已成为推动大众创业、万众创新向更广范围、更深程度发展的重要抓手和经济社会发展的"生力军"。大力发展共享经济，有利于提高资源利用效率和经济发展质量，有利于激发创新创业活力和拓展扩大就业空间，对于推进供给侧结构性改革，深入实施创新驱动发展战略，促进大众创业、万众创新，培育经济发展新动能和改造提升传统动能具有重要意义。

但是，社会经济的发展与道德文明的提升从来都是分不开的，二者相辅相成，缺一不可。共享经济的兴起和发展需要社会文明做坚实后盾。文明不会凭空产生，它需要全民参与、共享共建。文明无小事，文明难速成，只有齐心协力才能建成文明社会。共享经济下，我们既要共享资源，也要共建文明。

💚 实训操作

为初创企业确定市场定位

1. 实训目的

通过实训，理解市场细分、目标市场和市场定位的含义与方法、流程，从而能为初创企业进行市场细分、选择目标市场并准确进行市场定位。

2. 实训内容及步骤

（1）选择一个市场细分变量对客户进行细分。

（2）选择一个合适的目标市场。

（3）选择一个合适的市场定位。

3. 实训成果要求

提交 PPT，介绍初创公司的市场细分、目标市场和市场定位。

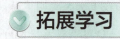

定位理论的产生与发展

2001 年，美国营销学会评选"定位理论"为有史以来对美国营销影响最大的思想理论，因为定位理论引发了营销界和传播界的一次大的颠覆性的变革。定位理论从创立到发展至今天，已有近五十年的历史，进入中国已有三十年，定位理论正在逐步形成一套成熟完整的理论体系。

一、定位的诞生

"定位"最早于 1969 年 6 月提出。当时美国营销领域的权威杂志《工业营销》刊载了由美国两位著名的广告营销专家艾·里斯和杰克·特劳特创作的总标题为"定位时代"的系列文章。文章指出，定位从产品开始，可以是一件商品、一项服务、一家公司、一个机构，甚至是一个人，但是定位不是围绕产品进行的，而是围绕潜在客户的心智进行，也就是说，将产品定位于潜在客户的心智中。定位就是如何让其在潜在客户的心智中与众不同。"定位理论"最重要的贡献就是在营销史上指出营销的竞争是一场关于心智的竞争，营销竞争的终极战场不是工厂也不是市场，而是心智。心智决定市场，也决定营销的成败。

二、营销战

20 世纪 70 年代末期，伴随着经济的发展，产品的同质化和市场竞争也在加剧。1985 年，艾·里斯和杰克·特劳特联合出版了《商战》，被誉为营销界的"孙子兵法"。本书将军事战争思维运用于市场营销之中，提出的"防御战""进攻战""侧翼战""游击战"四种战略，被全球著名商学院广泛采用。书中指出，企业单纯地满足客户需求已经远远不够，当下企业之间的市场竞争已经演化为没有硝烟的战争，而战场正是潜在客户的心智。因此企业为了谋求发展，必须从竞争的角度制定战略，不仅仅要考虑潜在客户的心智，还要考虑到竞争对手，根据潜在客户心智和竞争对手的情况来制定战略。

三、聚焦

从 20 世纪 80 年代末开始，受来自华尔街的股市增长压力的影响，美国的许多大企业纷纷开始了多元化的发展，希望通过增加产品线和多种经营来分散经营风险，但是 IBM、通用汽车等大企业纷纷遭遇了亏损带来的危机。1994 年艾·里斯与他的女儿劳拉·里斯共同出版了《聚焦：决定你企业的未来》，书中指出企业应该在客户心智中寻找一个焦点并切入。

四、开创新品类

2004 年,里斯父女联合出版了《品牌的起源》,认为品类必然会分化,由分化产生的新品类会产生打造品牌的机会。因此通过分化来创造一个新品类是创造一个强大品牌的核心力量。此外,该书还定义了隐藏在品牌背后真正的关键力量:品类。品牌是品类的代表,如果一个品类在客户的心智中失去了位置,那么代表该品类的品牌也就失去了生存的基础。因此创建并主导一个品类,并将品类植入客户的心智中才是创建强大品牌的关键。

五、STP 定位方法

菲利普·科特勒同样发展了定位理论,提出了著名的 STP 定位方法,STP 即市场细分(Segmenting)、选择目标市场(Targeting)和产品定位(Positioning)。STP 理论系统地阐述了市场细分的方法和在此基础上选定目标市场并进行市场定位的策略。

课后练习

一、单项选择题

1. 某企业根据国内东西部地区人们口味的不同,推出味道不同的饼干,这属于(   )。
   A. 地理细分　　　B. 人口细分　　　C. 心理细分　　　D. 行为细分
2. (   )是企业对目标消费者或者目标市场的选择。
   A. 市场定位　　　B. 产品定位　　　C. 市场细分　　　D. 品牌定位
3. (   )是确定产品差异化,使企业所提供的产品具有一定特色,适应一定客户的需要和偏好,并与竞争者的产品有所区别。
   A. 市场定位　　　B. 产品定位　　　C. 市场细分　　　D. 品牌定位
4. (   )是企业在市场定位和产品定位的基础上,对特定的品牌在文化取向及个性差异上的商业性决策,它是建立一个与目标市场有关的品牌形象的过程和结果。
   A. 市场定位　　　B. 产品定位　　　C. 市场细分　　　D. 品牌定位
5. (   )指企业有选择地进入几个不同的细分市场,并且选择不同的客户群体来提供不同性能的同类产品。
   A. 产品市场集中化模式　　　　B. 产品专业化模式
   C. 市场专业化模式　　　　　　D. 选择专业化模式

二、多项选择题

1. 生产者市场细分的依据包括(   )。
   A. 用户规模　　　　　　　　　B. 产品的最终用途
   C. 生产者购买方式　　　　　　D. 地理细分

2. STP营销战略包括（　　）。
   A. 市场细分　　　　B. 选择目标市场　　　C. 市场定位　　　　D. 集中资源
3. 产品定位的策略有（　　）。
   A. 从企业自身特点出发进行定位　　　B. 从目标群体出发进行定位
   C. 从竞争对手出发进行定位　　　　　D. 根据竞争需要定位

三、判断题

1. 采用无差异市场营销策略时，企业只考虑消费者在需求方面的共同点，而不管他们之间存在的差别。　　　　　　　　　　　　　　　　　　　　　　　　　　（　　）
2. 市场细分中只选用一个因素进行细分即为单因素细分法。　　　　　　（　　）
3. 行为变量能更直接地反映消费者的需求差异，可以作为市场细分的最佳起点。（　　）
4. 一个有效的目标市场必须有足够的市场需求。　　　　　　　　　　　（　　）
5. 企业一旦选定了目标市场，就要设计并塑造自己相应的产品、品牌及企业形象，以争取目标消费者的认同。　　　　　　　　　　　　　　　　　　　　　（　　）

四、简答题

1. 市场细分的方法有哪些？
2. 目标市场的选择模式有哪些？
3. 品牌定位可以采用哪些定位策略？
4. 初创企业如何进行品牌定位？

五、案例分析题

××胶原蛋白水为何能突出重围

据官方调研发现，女性功能饮料市场是值得挖掘的一片蓝海，在健康功能饮料市场上，几乎没有专门针对女性的产品，这也表明市场还有大量空白。现代社会中，女性有很多专属的商品，如服装、护肤品、高跟鞋等，而在功能饮料市场中，虽然瞄准女性市场的饮品有很多，却罕有深度满足女性诉求的产品。发现这一市场空白之后，××公司研发了一款轻补给胶原蛋白水，定位为中国女性功能饮料品牌。

2019年3月，××品牌面市，作为国内女性"轻补给"饮品的新兴品牌，××轻补给胶原蛋白水定位于女性轻补给功能饮料。××公司研究后认为影响女性消费者消费的三大主要因素是颜值、健康和潮流，因此，为了抓住女性目光，公司设计了三款高颜值产品，设计专属配方，还邀请明星代言，引爆社交电商。产品从2019年上市，5个月售出50多万瓶，现在已经覆盖杭州、成都、苏州、重庆、深圳和广州等一二线城市。

问题
1. 该品牌定位运用的定位策略是什么？
2. 你还知道哪些品牌定位策略？

任务二　企业形象设计

学习目标

【知识目标】
- 理解企业形象识别系统的含义与构成
- 掌握设计企业形象识别系统的基本程序
- 掌握初创企业形象设计的步骤

【能力目标】
能为初创企业命名、设计标志和口号

【素质目标】
培养工匠精神，使学生树立精益求精做营销的长远目标

引导案例

年轻、时尚、个性、新潮的小米企业形象

一、理念识别系统（MI）

（一）经营目标

小米的经营目标是使手机取代电脑，做高端智能手机。

（二）经营理念

小米的经营理念是为发烧而生，双方共赢。

（三）企业精神

小米的企业精神包括自由（Freedom）、创新（Creativity）、极客（Geek）、团队（Team）。

（四）企业文化

小米的企业文化为以人为本。

（五）企业特性

小米公司要做一家移动互联网公司，手机只是小米公司业务的一部分，小米公司更重要的是做移动互联网。

二、行为识别系统（BI）

（一）全面的便捷、快速咨询服务

小米公司设置了24小时电话客服、小米之家、微博、米聊等一系列的服务方式，客户可以获得关于小米官方产品最全面的产品信息。

（二）快速、省心的售后服务

当客户的产品出现问题时，小米之家为客户提供快速、省心、贴心的售后服务。客户只需要提供凭证并告诉小米之家自己的需求，剩下的问题由小米之家全面解决。

（三）有爱的米粉俱乐部

小米之家不仅仅提供售后服务，更是一个让米粉自由分享和沟通的平台。

三、小米品牌标志

（一）小米品牌标志简介

1. 小米标志的内涵

小米的标志是一个"MI"形，MI是Mobile Internet的缩写，代表小米是一家移动互联网公司；MI还是Mission Impossible，代表小米要完成不能完成的任务。另外，小米的标志倒过来看是一个心字，少一个点，意味着小米要让用户省一点心，如图3-2所示。

图3-2　北京小米科技有限责任公司的标志

2. 企业标准色

小米的企业标准色为橘色，同标志颜色，代表小米的活力、创造力、竞争力。

3. 包装设计

包装盒采用环保材料，且坚固耐压，特点是：简洁大方、经济环保。

4、吉祥物米兔

米兔来源于英文"me too"的谐音，是指"我也是"的意思，小米公司设计的戴雷锋帽的兔子形象也叫米兔，代表"我也是米粉"。

（二）应用层面

1. 小米之家

小米之家是小米公司成立的集销售和服务于一体的直营店，无论是外部装饰、标志布置，还是室内装饰、柜面、产品展示，都秉承了小米产品和品牌的一贯风格。

2. 小米品牌广告

小米手机首部微电影《小米公司的150克青春》已上映，未来小米公司将以米兔为设计原型，制作米兔系列动画来完善企业形象，增长人气。

3. 小米品牌口号

小米有名的口号如"探索黑科技，小米为发烧而生""新国货""国民手机""让每个人都能享受科技的乐趣""将性价比进行到底""年轻人的第一台电视""Are you Ok？"用最简单明了的话语，以极低的成本，准确表达出自己的品牌形象，无一不是非常成功的宣传文案，在小米发展的各个阶段发挥了重要的作用。

问题

1. 小米创业团队为什么要将公司名称定为"小米"？
2. 初创企业可以从哪些方面树立企业形象？

现在的市场竞争，首先是形象的竞争，企业形象是企业的综合素质、整体实力和社会表现在社会公众中获得的认知和评价。为了统一和提升企业的形象力，使企业形象符合社会价值观的要求，企业就必须进行形象设计和管理。企业应该如何进行形象设计与管理呢，这是本次任务要探究和训练的内容。

知识储备

一 企业形象识别系统的构成

企业形象识别系统，英文为 Corporate Identity System，简称 CIS。CIS 可对企业理念、企业精神及文化内涵进行系统、全面、创新的整合，并为企业搭建卓有成效的营销传播平台和售后服务系统。CIS 设计是企业有意识、有策略地将企业理念、企业特点、企业信息进行系统化、规范化、可视化的整合，并传递给公众，使公众对企业形成一个标准的、有差别的个性化视觉印象，从而提升企业形象。CIS 作为企业形象识别系统，主要由三个部分组成。

（一）MI——企业理念识别

MI 是 Mind Identity 的缩写，即企业理念识别，就是企业经营的观念。在完整的企业形象识别系统中，理念是企业识别的核心价值所在。企业的建立与发展以盈利为首要目的，因此对于如何使企业良性发展、如何推销产品、如何营销，企业经营者要有一个宏观的展望与全局性的战略规划。这种展望和规划可以理解为对企业发展的"想法"。

企业理念识别是企业未来发展的导向，具有前瞻性战略意义。它是企业生存的原动力，是企业经营的大脑，是企业的灵魂。成功的企业理念识别可以充分体现企业的活力与生机，振奋企业精神，提升企业和品牌价值，并在员工中形成责任心和凝聚力。企业理念识别是企业形象的核心，影响着企业行为识别和视觉识别的实施。

(二) BI——企业行为识别

BI 是 Behavior Identity 的缩写，即企业行为识别。它是对理念识别的实践，是一种动态识别方式。企业自内而外塑造形象，是一种系统做法，一种周密行动。相对于理念识别而言，行为识别更具体，实践性更强。

行为识别包括对内行为识别和对外行为识别两类。对内的组织建设管理、对外的营销策略实施都属于行为识别的范畴。对内行为识别包括企业日常管理、工作安排、员工培训学习、工作流程与操作规范、产品研发、企业环境与形象维护等。对外行为识别包括企业的市场调查、公共关系、营销活动、广告宣传等。对内和对外行为严格执行企业理念信条，与企业理念保持一致。

(三) VI——企业视觉识别

VI 是 Visual Identity 的缩写，即企业视觉识别。企业视觉识别是企业理念识别的具体视觉表现，是对企业理念识别形象化的实施方式，通过具体的视觉符号表达抽象的企业理念。视觉识别是外在的、形象化的、可操作的识别方式，使公众通过看的过程对企业形象产生印象，并形成记忆。

企业视觉识别是将企业理念、文化内涵转化为有形的、可视的视觉符号后进行广泛的有效传播。视觉形象的设计注重艺术美，但美不是企业形象唯一的表达诉求，真正好的形象是能准确传递企业理念、表达企业文化、体现企业精神的形象。

企业视觉识别包括基础要素与应用要素两部分，基础要素用于建立企业形象并设定执行标准，应用要素用于将企业形象通过不同事物内容进行推广应用。企业通过形象应用呈现企业理念，进而做到对企业的宣传与推广。

■ 二 设计企业形象的基本程序

CIS 设计是一个全面、整体的形象开发系统工程，它将企业的理念、发展规划、产品规划、行为规范、形象塑造等方面作为一个相互联系的有机整体进行策划与设计。理念决定企业的发展，行为体现企业的形象，视觉形象加深消费者的印象。每个部分都是企业发展不可缺少的，不能分割开来。同时，部分与部分之间存在着有序关系，不能逆向，是一个有序的、有层次的系统。

(一) 企业理念设计

据美国《财富》杂志报道，我国中小企业的平均寿命仅为 2.5 年，集团企业的平均寿命仅为 7~8 年。导致这一现象的原因是多方面的，其中，企业管理者对外部环境的变化缺少关注与应变力，缺少科学的发展规划与设想和长期发展的理念，盲目追求资金投入，轻视企业文化建设，使企业缺乏持续发展的文化基础是一个重要的原因。

1. 企业理念的构成

（1）企业愿景。企业愿景即对未来发展的展望以及使命达成时的景象，体现了企业家的立场与信仰。企业愿景由企业的核心理念与未来前景组成，核心理念包括企业价值观与企业使命，未来前景是企业未来数十年乃至数百年发展的宏伟目标。

（2）企业使命。企业使命回答"企业为什么存在？"这个问题，是企业存在的目的和理由，是企业理念识别的出发点与原动力。企业使命是企业的社会责任，是企业发展的经营哲学，也是企业的经营观念，既说明了企业的经营领域与经营思想，也为企业目标的确立与战略的制定提供有效依据。

（3）经营哲学。经营哲学也称为企业的经营思想，是企业经营过程中所依据的经营基本政策和价值观，指导企业在经营过程中"怎样做、如何做"，同时也是企业生产经营中的价值标准和指导原则。

（4）企业价值观。企业价值观是企业在经营过程中所信奉与推崇的基本观念。企业价值观必须是得到企业及绝大多数员工认同的价值取向和共同观念，是企业日常经营与管理行为的内在依据。

（5）经营方针。经营方针是企业理念的细化，是企业设定的基本发展方向的体现。经营方针是企业理念的一种表现方式，是贯彻企业经营思想与实现企业目标的基本途径。

（6）经营道德。企业的经营道德是指企业在经营活动中处理与消费者、竞争者、供应商、中间商、政府、媒体等相关公众以及社会环境之间的相互关系时，应该遵循的道德与行为规范。

2. 企业理念的定位模式

（1）目标型定位。企业将经营过程中所要达到的目标作为企业理念。
（2）团结型定位。企业将团结进取、互助合作精神作为企业理念。
（3）品质型定位。企业将注重质量、品质、品牌信誉作为企业理念。
（4）技术型定位。企业将创新意识作为企业理念。
（5）服务型定位。企业将为客户提供优质服务作为企业理念。

（二）企业行为设计

企业行为识别涵盖企业经营管理活动的全部内容，包括对内行为识别和对外行为识别两部分。对内行为识别包括企业日常管理、工作安排、员工培训学习、工作流程与操作规范；企业环境与形象维护等。对外行为识别包括市场环境调查、公共关系、营销活动、广告宣传等。

1. 企业内部管理制度与规范

企业的管理制度与规范为企业规范自身组织建设，加强经营成本控制，维护工作秩序，提高工作效率和公司利润，提升企业形象和品牌影响力，提供了科学的依据和准则。

2. 企业员工行为规范

员工行为规范是指企业员工应该具有的共同的行为特点和工作准则。它带有明显的导向性和约束性，通过倡导和推行员工行为规范，在员工中形成自觉意识，起到规范员工的言行举止和工作习惯的效果。

3. 企业内部活动识别

企业内部活动内容大体包括：关心员工的生活、利益、前途，在企业内部开展宣传、教育、培训活动，制作并发行公司内部报刊、员工手册、宣传海报，创作并推广企业歌曲，以及其他公司内部活动。

4. 企业外部行为识别

企业通过外部活动向社会公众传达企业形象，提升企业认知度，主要包括市场调查、营销活动、公共关系、广告宣传等。

（三）企业视觉识别设计

1. 企业标志

企业标志（Logo）是企业视觉识别系统的核心，高度浓缩了企业理念，是企业精神的形象化身。企业标志以非语言的形式承载着企业管理者对企业的美好愿景。

2. 企业标准色

企业标准色是指企业标志色彩。企业标志色彩的设定是将企业理念及精神内涵通过色彩进行品牌形象定位，把色彩的视觉强化功能作为企业或产品营销的有效手段之一，增强企业品牌识别力。

3. 企业标准字

企业标准字的设计是根据企业精神和经营理念进行的企业专用字体的设计。标准字是具有本企业特性的字体样式，并且与普通印刷字体相区别。

4. 辅助图形

辅助图形是对品牌标志的延伸，是标志释义的补充，更是对完整企业形象塑造的提升，它能促使品牌形象的诉求力增强。辅助图形的设计有三种形式：一是以标志为基础，借用标志轮廓、局部进行改变，或将标志拆分重组；二是根据标志整体造型进行形式上的模仿设计，与标志在视觉效果上形成系列感、统一感，在设计理念上强化品牌的性格；三是根据企业理念进行图形装饰设计，与标志造型无直接关系。

5. 企业吉祥物

企业吉祥物，无论采用动物、植物还是物品，在设计时无一例外均赋予其人性化、情感化的拟人特征，以增加企业及品牌的亲和力，有效拉近与受众之间的距离。吉祥物的设计要注意以下几点：第一，要具有品牌精神和品牌性格；第二，吉祥物自身形象突出，有鲜明的个性；第三，赋予吉祥物积极向上，乐观健康的价值观；第四，吉祥物形象设计简单，具有现代化审美风格的同时又不失本土化、民族化特点；第五，吉祥物的设计为企业品牌后续研发带来可能性。

6. 包装

在设计包装时，要注意品牌形象在包装画面上的诉求精确完整。色彩的运用既要符合消费者的心理需求，又要能体现企业精神与理念；文字的使用要充分考虑企业标准字体的功能，包装上的文字要简洁规范，品牌及广告语的文字要言简意赅，尽量使企业标准字更具有形象说服力。

7. 员工服饰

员工服饰应具有较好的识别性、实用性、艺术性。带有企业识别形象的，统一而又有差别的服装服饰，对内可以提升员工凝聚力、归属感、荣誉感，对外可以展示员工精神面貌和企业特定形象。

三 品牌形象设计

（一）品牌命名

企业品牌名称是用来区分和概括信息的，本质上是一个符号，目的是为了降低消费者的选择成本。美国营销专家艾·里斯和杰克·特劳特在《品牌定位》中写道："名字是信息和人脑之间第一个接触点。在定位时代，最重要的营销决策是为产品命名，一个良好的名称是获得长期成功的良好保证。"好的品牌名字价值重大，能反映产品或品牌特点，提升产品或企业形象，还能传达独一无二的识别信息。那么如何为企业品牌命名呢？

1. 以已有事物名称命名

（1）以创始人或制作人名字命名。如"褚橙""张小泉剪刀""李宁""Nescafe 雀巢咖啡"［创始人 Henry Nestle（亨利·内斯特）］"Gillette 吉列"［创始人 King Camp Gillette（金·坎普·吉列）］等，以这种方法命名的商品，给人以货真价实、质量可靠、值得信赖的感觉。

（2）以产地命名。如"茅台酒""龙井茶""北京烤鸭""青岛啤酒""蒙牛""安化黑茶"，又如"湖笔""宣纸""徽墨""端砚"等。这种命名方法多用于土特产品，突出产品的独特地方风味和悠久的历史。

（3）以动植物名称命名。以已有事物名称进行命名，最大的优点就是好记，因为这些名称已经存在，大众都非常熟悉，而初创企业命名的第一要求就是要好记，所以这种命名方法可以成为初创企业命名的参考方法。如"三只松鼠""七匹狼服饰""白猫洗涤剂""苹果电脑""小米手机"等都是以动植物名称命名的。人们往往更容易记住形象化的东西，看到这些动植物的名字，人们脑海里马上会浮现出这些动植物的形象，让人一下记住产品。

2. 以企业产品定位命名

（1）以企业目标群体命名。以企业目标群体命名就是将企业（产品）名称和目标群体联系起来，进而使目标客户产生认同感。如"太太口服液"是太太药业生产的女性口服液，客户一看到该名称，就知道这是专为女性设计的产品；同样，"娃哈哈"品牌，就会使人马上联想起这是给孩子设计的饮品。还有"好孩子"童车，也是适合儿童产品的商标名；再如著名的品牌"商务通"，目标客户直指那些在商场上"大有作为"的老板，创造了一个电子产品的奇迹。

（2）以企业价值理念命名。以企业价值理念命名，就是把企业的追求凝练成语言来作为品牌的名字，使消费者看到产品的商标名，就能感受到企业的价值理念。如上海"盛大"网络发展有限公司、湖南"远大"企业，突出了企业志存高远的价值追求；"兴业"银行，就体现了"兴盛事业"的价值追求；武汉"健民"品牌突出了为民众健康服务的企业追求；北京"同仁堂"、四川"德仁堂"品牌，突出了"同修仁德，济世养生"的药商追求。

（3）以企业所处行业命名。企业处于什么行业、什么品类领域，企业名字可以与之有关联。比如宝洁，很容易让人联想到该产品属于日用消费品；微信，很容易让人联想到与信息沟通有关；脑白金，很容易让人联想到是与大脑有关的产品。

（4）以企业或产品特征命名。和人的名字一样，大部分企业都存在明显的性别或年龄特征，其优势在于能缩短交易时间。比如，"小护士""雅倩""雅诗兰黛"等品牌就有明显的女性特征；带"堂"字、"慈"字的品牌，人们自然会把它们归为老年人的产品；而带"乖""眯""郎""儿"字的品牌则多为儿童用品。

3. 以故事文化元素命名

（1）以企业创业故事命名。如果产品在打造过程中有故事、有情怀，不妨将其体现在企业品牌名称里，这样对之后的营销推广更有利，一个有故事、有情怀的产品通常更容易引起消费者的兴趣。2011年4月6日，在北京北四环的银谷大厦里，小米科技创业团队最早加入的14个人，一大早围在一起喝了一锅小米粥。而小米是中国人主要的食粮，大家都离不开，一提起来就觉得有亲近感，最后在众人商讨之下，决定把新公司命名为小米公司。

（2）以民俗文化命名。如"金六福""福临门""金利来"等品牌名称，能适应目标客户心理需求，让人联想到想要的东西。成功利用品牌联想的案例就是"福临门"食用油，它在短短几年里就坐上了国内瓶装油的第二把交椅，究其原因，除了其成功的销售策略外，这个迎合主妇们"祈福"心态的名字具有很大的销售引导力。

（3）以数字命名。所谓数字命名，就是用数字来为品牌起名字，借用人们对数字的联想效应，突出产品的特色。如"三九药业"的品牌，其含义就是"999"健康长久、事业恒久、友谊永久；"7-11"是世界知名零售商和便利店特许商，在北美和远东地区有2万多家便利店，该公司的名称"7-11"，源于早7点到晚11点的营业时间，目前已成为世界著名的商标名。其他例子还有"001天线""502胶水""三星电子""三一重工"等。运用数字命名，可以增强消费者对商标名的差异化识别意识。

（二）品牌口号设计

品牌如人，它需要以代表其自身价值主张的短小、清晰、富有感染力的口号来宣扬和塑造。品牌口号（Brand Slogan）是用来传递有关品牌的描述性或说服性信息的短语，常出现在广告、标语、手册、产品目录中。品牌口号对一个品牌而言起着非常重要的作用，可以宣传品牌精神、反映品牌定位、丰富品牌联想、清晰品牌名称和标志等。可以从以下角度设计品牌口号：

1. 解释品牌名称和定位

企业取了一个独特的品牌名称，要设法让消费者理解品牌的名称和定位，这时可以用一句口号将二者关联起来，如"361°，多一度热爱""拼多多，拼的多，省的多""再小的个体，也有自己的品牌，微信""百度一下，你就知道"等。

2. 宣传企业理念和文化

企业理念包括企业愿景、企业使命、经营哲学、价值观、经营方针和经营道德等。企业理念和文化需要宣传，使企业内部员工将企业理念内化于心、外化于行，使社会公众理解信任企业理念，起到刺激消费者和员工的作用，如海尔："真诚到永远"；格力："掌握核心科技"；淘宝："让天下没有难做的生意"；小米："为发烧而生"。

3. 倡导生活方式

在产品日益趋于同质化的今天，要做到让消费者认可，使自己在行业中出类拔萃，品牌口号就要贴近生活现实，并起到一定的引导作用。如百事可乐："新一代的选择"；欧莱雅："你值得拥有"；宝马："驾乘乐趣，创新极限"。

四 初创企业形象设计

企业在不同发展阶段形象设计的重点是不同的。在企业筹建或创业初期，市场知名度低，各方面运营起步艰难，此时整体市场战略与企业发展计划的导入显得尤为重要，可利用企业"新"的特点，在消费者对企业认识空白时，迅速建立良好的认同感。初创企业可以按以下五个步骤来打造企业形象：

（一）确定企业核心价值观

企业核心价值观是指企业在经营过程中坚持不懈，努力使全体员工信奉的信条。核心价值观是企业哲学的重要组成部分，它是解决企业在发展中如何处理内外矛盾的一系列准则，如企业对市场、对客户、对员工等的看法或态度，它是企业表明企业如何生存的主张。

初创企业要将企业核心价值观作为一面镜子，将企业核心价值观体现在每一项决策、每一个行动和每一个细节里，直至成为团队人格的自然组成部分。要在团队协作和具体工作中贯彻企业核心价值观，而不是简单地学习，或将企业核心价值观作为口号写在墙上或文件里。要将企业核心价值观作为管理者行为的基本准则，而不是管理者事后用来训导的依据。

（二）确定产品的独特价值

初创企业名气小、资金不充裕，第一要务就是把产品卖出去、活下去，但是产品或品牌不被人所知的话就很难卖出去，因此初创企业需要通过广告或口号，将产品的属性、功能、好处及适用场景告知消费者，让消费者产生购买欲望。

1. 产品的独特属性

用一句口号来呈现产品的独特属性，包括产品名称、产品功能、产品产地、生产过程、原料来源、物理属性、产品外观等，使消费者脑海里呈现直观具体的画面，然后产生信任并记住。

2. 产品的独特好处

用一句口号直接告知消费者，购买此产品能获得哪些好处，从而刺激其购买欲望。

3. 产品的适用场景

用一句口号告知消费者本产品适用的场景，让消费者遇到这种场景时就会想到该产品。

（三）创建企业名称

初创企业一般都会专注于一个品类，先主打一个拳头产品，然后才会慢慢扩张产品线，进行产品布局，因此初创企业名称就是品牌名称。初创企业命名可以采用前面所讲的命名方法，同时还要注意以下三点：

1. 避免缩写

不要用英文字母缩写的形式为企业命名。企业只有在广为人知之后才能使用缩写。初创企业知名度低，如果使用字母缩写，虽然显得比较新潮，但是消费者并不能理解，也就达不到传递企业理念、产品属性信息等的作用了。

2. 听觉检验

企业取名不仅要给消费者看，更要给消费者听，朗朗上口的名字更容易进入消费者的心智，更容易被消费者记住。人们在阅读文字时，书面词语只有通过大脑的视觉—听觉转化机制转化成听觉信息才能被理解。因此，初创企业要对初步拟定的名字进行听觉检验，选取"听上去更好"的名字。

3. 能注册域名

互联网时代，企业一定要有自己的官方网站。网址最好使用企业或产品名称对应的中文名称全拼。注册域名有利于企业通过网络宣传自己的产品、树立企业品牌，从众多竞争对手中脱颖而出，因此企业名称一定要能注册域名。

（四）讲好品牌故事

没有引人入胜的品牌故事，初创企业很难给人留下深刻的印象。任何品牌的诞生都一定有其独特之处，企业可以把它提炼成为品牌故事来传达企业的核心价值观和独特价值，并与目标受众建立联系。好的品牌故事是消费者和品牌之间的"情感"切入点，赋予品牌精神内涵和灵性，使消费者受到感染或冲击，全力激发消费者的潜在购买意识，让消费者忠诚于本品牌。

讲好初创企业的品牌故事，要找好一个切入点，例如：从品类的历史和故事切入，比如做灯具的可以从发明电灯的故事中找到切入点；从创始人的创业故事切入，表现创始人对品牌和行业的热爱，对希望通过自己的品牌和产品为人们创造幸福的执着；从标志或品牌名称切入，一个好的标志或命名，一定是蕴含着一个好故事的；从当地的风土人情、文化特征切入，这样的品牌故事对于本地人来讲会产生认同感和共鸣，对于外地人来说会觉得好奇，并觉得这个品牌是有文化内涵的。

（五）VI 设计与应用

初创企业进行 VI 设计，最重要的是要有清晰的企业理念和定位。创业者或者高层团队先将企业理念和企业定位整理成义，还可以先行设计草图，然后邀请专业设计人员或营销专家共同设计企业 VI。一般先设计基础要素，再进行应用系统设计。然后不断沟通、修改，直至满意为止。接下来测试、打样、批量制作成品，最后编制 VI 手册。

扫码观看初创企业形象设计方法

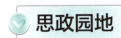

秉承工匠精神，当好企业的营销人

一、案例导入

褚橙：热卖的背后是对精神的认可

2012 年 11 月 5 日，褚橙进京了。这种由昔日"烟王"褚时健种出来的橙子从云南来到北京，5 天里，20 吨褚橙一售而空。11 月 11 日，在线销售褚橙的本来生活网又到货 20 吨，在 11 月 12 日一天就卖出 1 500 多箱，约有 7 吨多。历经 10 年的种植栽培准备，到 2012 年橙子终于上市了，并定名为"云冠橙"，刚开始卖得并不好，知名度低，后来打出"褚时健种的橙子"，才打开了销路，而"人生总有起落，精神终可传承！"这句话更是传遍中国，褚橙变成了励志橙。发展到今日，橙园面积已经达到了 8 000 多亩（1 亩 =666.6 平方米），55 万株橙树。公司旗下共有 3 个品牌：褚橙、实建橙、实建柑，其中，褚橙一年的销量就达 1 万吨。

褚橙为什么这么好卖？除了成功的营销外，其实更多的还是靠品质。褚时健从未种过橙子，他一切从头学起，不懂的自己翻书看、找专家问，长此以往，他俨然成为种橙专家了，很多问题掌握得比农民还仔细。从肥料配比、浇水频次再到开花时间控制，每一个细节他都很认真地去抓。比如鸡粪肥料，褚时健会用手抓一把揉，闻，看看水分有多少。他的努力很快结出了硕果，人们现在吃到褚橙都会说"酸甜比例合适、味道好，果肉化渣"，这就是一颗好橙子的标准，而这是褚时健花了 10 年的时间一点一点调出来的。现在他们会用糖度分析仪检测橙子的糖分含量，达到标准的才叫褚橙，达不到的做橙汁。"人生总有起落，精神终可传承！"褚时健经营理念的核心就是要精益求精、一丝不苟，这不就是当代的工匠精神吗！

二、案例讨论

1. 什么是工匠精神？
2. 营销人如何继承发扬工匠精神？

三、分析与建议

工匠精神是追求卓越的创造精神、精益求精的品质精神、用户至上的服务精神。其基本内涵包括敬业、精益、专注、创新。敬业是从业者基于对职业的敬畏和热爱而产生的一种全身心投入的认认真真、尽职尽责的职业精神状态；精益是从业者对每件产品、每道工序都凝神聚力、精益求精、追求极致的职业品质；专注就是内心笃定而着眼于细节的耐心、执着、坚持的精神；创新即追求突破、追求革新。工匠精神是我国的优良文化传统，在现代社会更应发扬光大。

继往开来，营销工作也需要工匠精神。从实事求是的调查做起，从精益求精塑造产品做起，从耐心服务好每一位顾客做起，从专注每一个细节做起，从坚持创新、不断突破做起。营销既是一门科学，也是一门艺术，只有通过科学的方法，以工匠精神将营销的每一项工作、每一个细节都做到极致，才能让营销成为一门艺术。营销有道，匠心以致，让我们每一个营销人用赤诚的匠心把企业品牌擦得更亮！

实训操作

为初创企业设计品牌形象

1. 实训目的

通过实训理解企业命名的要求，理解企业标志设计的内容、步骤和原则，培养企业形象设计的初级技能，树立重视品牌设计和推广的意识。

2. 实训内容与步骤

（1）各小组讨论，确定一种家乡特产或特产系列，以此为基础创立一家初创企业。
（2）为自己的初创企业命名。
（3）为自己的企业设计标志、标准字、标准色等视觉标志。
（4）为自己的企业设计一条广告语。

3. 实训成果要求

提供 10 张左右的 PPT，内容要求包含企业名称及简介、企业的标志设计思路、标志、广告语等。

 拓展学习

规范企业名称，不要触及红线

2017 年，国家工商总局印发《企业名称禁限用规则》《企业名称相同相近比对规则》，对企业名称进行规范。

一、企业名称基本规范

企业只能使用一个名称，在登记主管机关辖区内不得与已登记注册的同行业企业名称相同或者近似。根据国家有关法律、法规的规定，企业名称应当由行政区划、字号、行业、组织形式依次组成。

（一）行政区划

企业名称中的行政区划是本企业所在地县级以上行政区划的名称或地名。市辖区的名称不能单独用作企业名称中的行政区划。名称的行政区划一般表述为"湖南"或"湖南省"，"湖南"也可以在名称中间使用，但应加上括号，例如：湖南德努门窗科技有限公司、德努门窗（湖南）科技有限公司。

企业名称也可以不使用行政区划。申请设立登记时，如名称不使用行政区划，则需要到国家工商行政管理总局申请办理。

（二）字号

字号也就是商号。企业名称中的字号应当由两个以上的符合国家规范的汉字组成，行政区划、行业、组织形式不得用作字号。

（三）行业

企业应当根据其主营业务，依照国家行业分类标准划分的类别，在企业名称中标明所属行业或者经营特点。国家法律、法规以及国务院决定等对企业名称中的行业有特殊要求的，应当在企业名称中标明。不得在企业名称中标示国家法律、法规以及国务院决定等禁止经营的行业。

（四）组织形式

组织形式是企业组织结构或者责任形式的体现。企业应当根据其组织结构或者责任形式在名称中标明符合国家法律、法规以及国务院决定规定的组织形式，不得使用与其组织结构或者责任形式不一致的组织形式。

二、法律法规对企业名称的禁止性规定

（1）企业名称不得与同一企业登记机关已登记注册、核准的同行业企业名称相同。以

下情形适用于本条款规定：

①与同一登记机关已登记，或者已核准但尚未登记且仍在有效期内，或者已申请尚未核准的同行业企业名称相同。

②与办理注销登记未满1年的同行业企业名称相同。

③与同一登记机关企业变更名称未满1年的原同行业名称相同。

④与被撤销设立登记和被吊销营业执照尚未办理注销登记的同行业企业名称相同。

（2）企业名称不得含有有损于国家、社会公共利益的内容和文字。以下情形适用于本条款规定：

①有消极或不良政治影响的。如"支那""黑太阳""大地主"等。

②宣扬恐怖主义、分裂主义和极端主义的。如"九一一""东突""占中"等。

③带有殖民文化色彩，有损民族尊严和伤害人民感情的。如"大东亚""大和""福尔摩萨"等。

④带有种族、民族、性别等歧视倾向的。如"黑鬼"等。

⑤含有封建文化糟粕、违背社会良好风尚或不尊重民族风俗习惯的。如"鬼都""妻妾成群"等。

⑥涉及毒品、淫秽、色情、暴力、赌博的。如"海洛因""推牌九"等。

（3）企业名称不得含有可能对公众造成欺骗或者误解的内容和文字。以下情形适用于本条款规定：

①含有党和国家领导人、老一辈革命家、知名烈士和知名模范的姓名的。如"董存瑞""雷锋"等。

②含有非法组织名称或者反动政治人物、公众熟知的反面人物的姓名的。如"法轮功""汪精卫""秦桧"等。

③含有宗教组织名称或带有显著宗教色彩的。如"基督教""佛教""伊斯兰教"等。

（4）企业名称不得含有外国国家（地区）名称、国际组织名称。

（5）企业名称不得含有政党名称、党政军机关名称、群团组织名称、社会组织名称及部队番号。

（6）企业名称应当使用符合国家规范的汉字，不得使用外文、字母和阿拉伯数字。

（7）企业名称不得含有其他法律、行政法规规定禁止的内容和文字。

课后练习

一、单项选择题

1. CIS 的灵魂与核心是（　　）。

    A. MI　　　　　　B. VI　　　　　　C. BI　　　　　　D. OI

2. CIS 的英文词组翻译是下列哪一个（　　）。
　　A. Corporation Identity System　　　　B. Corporate Identity System
　　C. Corporate Idea System　　　　　　　D. Corporation Idea System
3. 在企业整体形象设计中影响力最广、宣传效果最直接的系统是（　　）。
　　A. 理念识别系统　　　　　　　　　　　B. 视觉识别系统
　　C. 行为识别系统　　　　　　　　　　　D. 文化识别系统
4. "好孩子"童车采用的品牌命名办法是（　　）。
　　A. 动植物命名　　　　　　　　　　　　B. 品牌定位命名
　　C. 目标群体特征命名　　　　　　　　　D. 文化习俗命名
5. 品牌口号"361°，多一度热爱"的设计角度是（　　）。
　　A. 解释品牌名称　　　　　　　　　　　B. 宣传企业文化
　　C. 宣传企业理念　　　　　　　　　　　D. 倡导生活方式

二、多项选择题

1. 根据实施时的作用不同，视觉识别系统设计的构成包括（　　）。
　　A. 基本设计　　　　B. 主要表现　　　　C. 基础要素　　　　D. 应用要素
2. 初创企业可以从以下（　　）角度来宣传产品的独特价值。
　　A. 产品的独特属性　　B. 产品的独特好处　　C. 产品的适用场景　　D. 产品的价格
3. 品牌口号的设计要求是（　　）。
　　A. 短小　　　　　　B. 清晰　　　　　　C. 富有感染力　　　　D. 富有诗意
4. 企业理念的定位模式有（　　）。
　　A. 目标型定位　　　　B. 团结型定位　　　C. 品质型定位　　　　D. 技术型定位
5. 工匠精神的基本内涵包括（　　）。
　　A. 敬业　　　　　　B. 精益　　　　　　C. 专注　　　　　　　D. 创新

三、判断题

1. 企业形象战略是一种全方位的信息传达体系。　　　　　　　　　　　　（　　）
2. 企业导入 CIS 是重新塑造企业形象。　　　　　　　　　　　　　　　　（　　）
3. 企业导入 CI 必须根据"产出"来考虑"投入"。　　　　　　　　　　　（　　）
4. 企业形象策划具有互补性、互融性和一致性。　　　　　　　　　　　　（　　）
5. 企业形象策划过程是企业实现自我统一性和人格统一性的过程。　　　　（　　）

四、简答题

1. 企业形象识别系统的构成要素有哪些？
2. 企业理念识别系统包括哪些要素？
3. 企业行为识别系统包括哪些要素？
4. 企业品牌命名的方法有哪些？
5. 初创企业形象设计的重点步骤有哪些？

五、案例分析题

湖南德努门窗科技有限公司是一家专注于中高端系统金属门窗研发、制造、销售、服务的，拥有自主知识产权、自主品牌的企业。公司注册地址在美丽的洞庭湖之滨——湖南岳阳经济开发区南翔万商，注册时间为 2017 年 6 月。企业标志如图 3-3 所示。

标志释义：半开着的门窗，圆中包含方形，包容中不忘开放，刚中有柔，体现门窗既要刚毅安全又不失柔和时尚的诉求，红色圆形如一轮旭日东升，展示德努门窗与合作各方蒸蒸日上，共同携手走向全国，走向世界。整个标志犹如一枚逗号，取永不止步、锐意进取、追求卓越之意。

图 3-3　湖南德努门窗科技有限公司的标志

公司愿景：为客户提供一流的中高端系统门窗是我们永恒的追求，与上下游合作伙伴、公司员工、社会各方在发展的过程中实现价值共享是我们始终如一的初心！

公司经营宗旨：诚信守法、质量至上、科技创新、价值共享。

公司创新观：推广以人为本的技术创新，技术创造价值。

公司质量观：精益求精，质量提升永远在路上。

公司服务观：客户满意度是衡量我们服务水平的唯一准绳。

公司人才观：玉不琢不成器、人不育不成才。

公司道德观：德、勤、俭、和。

公司行动观：拒绝借口，立即行动，我是第一责任人

问题

1. 企业 CIS 设计的基本程序有哪些？
2. 试分析该企业的 CIS 设计还有哪些需要补充的？

项目小结

市场细分是现代市场营销战略的核心。STP 即市场细分（Segmenting）、选择目标市场（Targeting）和产品定位（Positioning）。

消费者市场细分的依据有：地理细分、人口细分、心理细分和行为细分四种基本形式。

市场细分的方法主要有单一变量法（单因素细分法）、双因素细分法、多因素细分法 3 种，无论是消费者市场还是生产者市场都适用。

根据企业发展阶段不同，目标市场的选择一般有五种模式：产品市场集中化模式、产品专业化模式、市场专业化模式、选择专业化模式、全面进入模式。

产品定位就是确定产品差异化，使企业所提供的产品具有一定特色，适应一定客户的需要和偏好，并与竞争者的产品有所区别。产品定位的关键是寻找差异性，可以和目标市场的竞争对手进行对比后，找出那些未被满足或可以使本品更加突出的需求，确定产品的差异性。

品牌定位是企业在市场定位和产品定位的基础上，对特定的品牌在文化取向及个性差异上的商业性决策，它是建立一个与目标市场有关的品牌形象的过程和结果。品牌定位方式主要有开拓性定位、细分性定位、补充性定位和取代性定位。

初创企业应该运用多因素细分法，对市场进行多次细分，然后找准小众细分市场，并以产品市场集中化模式进入目标市场。初创企业可以使用"产品特色定位"方法，从产品角度出发，利用产品本身具有的优势和特点，打造产品特征形象。适合初创企业的品牌定位方法主要有寻找市场空白和创建新品类两种。

CIS作为企业形象识别系统，主要由三个部分组成：MI——企业理念识别，BI——企业行为识别，VI——企业视觉识别。

CIS设计是一个全面、整体的形象开发系统工程，它是将企业的理念、发展规划、产品规划、行为规范、形象塑造等方面作为一个相互联系的有机整体进行策划与设计。

企业理念包括：企业愿景、企业使命、经营哲学、企业价值观、经营方针、经营道德。企业理念的定位模式有五种：目标型定位、团结型定位、品质型定位、技术型定位、服务型定位。

企业行为识别涵盖企业经营管理活动的全部内容，包括对内行为识别和对外行为识别两部分。对内行为识别包括日常管理、工作安排、员工培训学习、工作流程与操作规范、企业环境与形象维护等。对外行为识别包括市场环境调查、公共关系、营销活动、广告宣传等。

企业视觉识别设计主要包括：企业标志、企业标准色、企业标准字、辅助图形、企业吉祥物、包装、员工服饰等。

企业品牌命名的方法主要有：以创始人或制作人名字命名、以产地命名、以动植物名称命名、以企业目标群体命名、以企业价值理念命名、以企业所处行业命名、以企业或产品特征命名、以企业创业故事命名、以民俗文化命名、以数字法命名。

品牌口号（Brand Slogan）是用来传递有关品牌的描述性或说服性信息的短语，常出现在广告、标语、手册、产品目录中。可以从以下角度设计品牌口号：解释品牌名称和定位、宣传企业理念和文化、倡导生活方式。

初创企业塑造企业形象的五个重点步骤是：确定企业核心价值观、确定产品的独特价值、创建企业名称、讲好品牌故事、VI设计与应用。

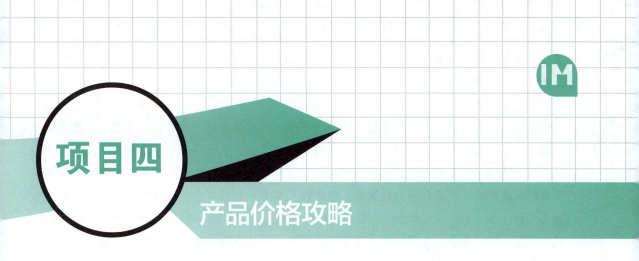

项目四 产品价格攻略

任务一　布局产品组合

学习目标

【知识目标】
- 理解产品层次概念
- 掌握产品组合概念和策略
- 理解产品生命周期理论
- 掌握新产品开发策略

【能力目标】
- 能为初创企业设计产品层次
- 能为初创企业进行产品组合布局

【素质目标】
培养学生的奋斗精神，树立奋斗就是幸福、奋斗创造幸福的价值观

引导案例

王饱饱麦片：互联网时代的爆品养成记

2018年5月上线的新品牌——王饱饱麦片，是一款专为年轻人而生的麦片食品品牌，上线20天，其产品销售额超过200万元，在2018年小红书美食排行榜上排名第一。2019年"双十一"，王饱饱麦片69分钟销量突破1 000万元，击败了桂格、卡乐比等麦片老品牌，一举

拿下天猫麦片销售排行第一。2020年2月，王饱饱麦片销量全网品类居首。无疑，王饱饱麦片是互联网时代的网红爆品。这一爆品是如何养成的呢？

一、品类创新

做消费品，成功的一大标志是让消费者将品牌与品类强关联。星巴克、肯德基，这些品牌做到这一点用了数十年。王饱饱开辟了非膨化麦片市场，这种创新无异于滋源开创了无硅油洗发水，植观推出了氨基酸洗发水。国内麦片市场的产品大致可分为两类，一类是以桂格为代表的西式裸燕麦，高纤维、低淀粉，但年轻人不喜欢它的口感，觉得那不过是中老年人的养生代餐；另一类是以日本卡乐比为代表的膨化燕麦，主要配料是淀粉和大米粉，味道好，但吃了容易长胖。王饱饱采用并改进了美国制作麦片所使用的烘焙技术，将蜂蜜更换为低脂果糖，制作出比裸燕麦口感好，比膨化燕麦更健康的麦片，在健康与美味之间找到了平衡点。

二、产品创新

创业之初，新的烘焙技术遭遇了生产上的困难，国内没有一家工厂愿意代为生产，王饱饱麦片的创始人及其团队就决定自己建厂。自建工厂的弊端在于资金投入较大，好处是在产品生产方面较为灵活。工厂设备配齐、装修完成后，团队将之前研发的100多款配方投入生产，甜的、不甜的、脆的、不脆的、低温烘焙的、高温烘焙的，每周要做二十几个版本，然后剔除掉不喜欢的，最后确定了4个产品配方。她们将这4款产品打折销售给线上粉丝试吃，收到反馈后，最终确定了产品配方。现在，王饱饱麦片以即食干吃麦片为主，配以丰富的辅料，并且每两个月推出一款新品。现已推出：酸奶果然多、果然多、坚果墙、抹茶逗、肉松控等干吃麦片；抹茶魔芋羹、果然多魔芋羹等热量更低的冲泡麦片；杜果膏、肉松脆、酸奶冻、麦片等新宠衍生产品。同时，王饱饱麦片非常注重产品的颜值，满足年轻女性的需求，打造了兼具"健康美味""安全营养""便携快捷""个性时尚"特性的新产品系列。

三、营销创新

王饱饱麦片结合互联网用户获取信息和消费购物的方式，配以"网红+社交"的方式进行传播，致力于打造互联网新生代麦片品牌。事实上，在成立王饱饱品牌之前，团队的三位联合创始人都是对互联网敏感的自媒体人，她们都分别经营着多个美妆和美食类的自媒体账号，在短时间内就已积累超过30万粉丝。据了解，王饱饱麦片合作的网红、达人共计200多位，全面覆盖微博、抖音、B站、下厨房、小红书等热门平台，粉丝多达4 000多万。借助各个领域的KOL推广产品是王饱饱麦片打造爆款的捷径。

问题

1. 王饱饱麦片是如何成为互联网时代的爆品的？
2. 初创企业如何布局产品组合呢？

产品是市场营销的基础，其他各种市场营销策略都是以产品为核心展开的。企业要在分析市场机会、了解消费者需求的基础上，进行市场定位、产品定位和品牌定位，研发适合消费者需求的产品，为市场营销奠定坚实的基础。那么，什么是营销学范畴内的产品呢？企业该如何打造主要产品及如何布局产品组合呢？这是本次任务需要探究和训练的内容。

知识储备

一 产品的层次与分类

现代营销学对产品的定义是：企业提供给市场的能够满足消费者某种需要或欲望的任何有形实物或无形服务，包括有形产品、服务、体验、事件、人物、地点、财产、组织、信息和想法等。

（一）产品的层次

顾客根据产品特征和质量，服务组合和质量，以及价格是否合适这三个基本标准判断产品的吸引力。因此，营销必须仔细决定将产品的属性、利益和质量定在何种水平上。企业在规划给市场提供的产品时，需要考虑五个产品层次。每个层次都增加了更多的顾客价值。这五个产品层次构成了顾客价值层级，如图 4-1 所示。

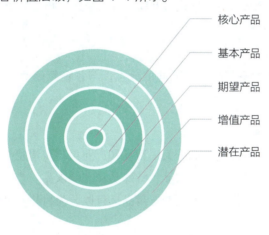

图 4-1　五个产品层次

1. 核心产品

核心产品，又称为核心利益，它是产品的最基本层次，指产品能为消费者带来的基本利益，是消费者购买的核心所在。因为消费者购买某种产品，不仅仅是获得它的所有权，而是由于它能满足自己某一方面的需求或欲望，如酒店消费者是购买休息和睡眠。营销人员的任务就是要从满足消费者需求或欲望出发，揭示消费者购买产品的真正目的。

2. 基本产品

基本产品，又称为形式产品，它是核心产品的外在表现形式，指消费者所需产品实体的具体外观形状和特色。形式产品一般通过产品款式、质量、品牌、包装、材质等反映出来，它是消费者选择产品的直观依据，如酒店的形式产品包括床、卫生间、毛巾、办公桌椅、电视、Wi-Fi 网络等。

3. 期望产品

期望产品指消费者在购买产品时一般会期望得到的一组特性和条件。一般消费者在购买产品时，往往会根据以往的消费经验和企业的营销宣传，对所购买的产品形成一种期望，如酒店消费者期望相对安静的房间、干净的床单、免费的洗漱用品、适宜的水温等。

4. 增值产品

增值产品，又称为附加产品，指消费者购买形式产品和期望产品时，获得的超出消费者期望的附加利益。提供增值产品是企业差异化竞争的重要手段，但每一项附加利益都会增加产品成本。当业内很多企业均提供相同的附加利益时，该项增值产品就会变成期望产品。例如，当Wi-Fi网络不普及时，酒店若能给消费者提供Wi-Fi网络，则此时Wi-Fi网络属于增值产品，而现如今Wi-Fi网络已成为酒店提供给消费者的期望产品。

5. 潜在产品

潜在产品是指现有产品包括的所有可能实现的附加部分和未来可能发展成为现实产品的处于潜在状态的部分。企业从中寻找新的方式来满足消费者和区分自己的产品。

（二）产品的类型

按照不同的依据可以将产品进行不同的分类，与营销策略有关的产品分类方法主要有三种。

1. 消费品和产业用品

按照产品用途不同，可以将产品分为消费品和产业用品。消费品是直接用于最终消费的物品，消费品又可以分为便利品、选购品、特殊品和非渴求品。产业用品是企业购买后用于生产其他产品的物品，也称为工业品。产业用品又可以分为材料和部件、资本项目、供应品与业务服务。

2. 有形产品和无形产品

按照产品的耐用性和有形性可以将产品分为有形产品（即耐用品和非耐用品）和无形产品（即服务）。耐用品是指在正常情况下能多次使用，无须经常购买的有形物品，消费者在购买这些产品时会较为慎重。非耐用品是指使用时间较短，甚至一次性消费的物品，这类产品消费者经常购买，所以希望购买过程非常便利。服务是指所有产出为非有形产品的经营活动，具有无形、不可分割、可变、不经久等特点，服务通常在生产时就被消费。

3. 独立品、互补品和替代品

按照销售关系可以将产品分为独立品、互补品和替代品。独立品是指一种产品的销售不受其他产品销售变化的影响；互补品是指两种产品的销售互为补充，即一种产品销售量的增加必然引起另外一种产品销售量的增加，反之亦然，如羽毛球拍和羽毛球；替代品是指两种产品存在相互竞争的销售关系，即一种产品销售量的增加会减少另外一种产品的潜在销售量，如猪肉和牛肉。

二 单个产品策略

企业和营销人员通常需要在单个产品和产品组合方面进行决策。就单个产品而言，其决策主要包括：产品质量、产品特征、产品风格和设计、产品包装、服务差异化等方面。

（一）产品质量

产品质量是企业的生命线，质量对产品的功能有重要的影响，也与消费者的满意度密切相关。产品质量包括两个方面：质量水平和一致性。企业在开发产品的过程中，要选择一个质量水平以支持产品在目标市场的定位。有些企业选择高质量水平，有些企业会选择一般质量水平，部分满足产品的功能即可。质量的一致性是指产品质量与目标消费者的需求一致，尽管有些产品质量一般，但也满足了一部分消费者的期望。

（二）产品特色

产品特色是产品自身构造所形成的特色，一般指产品的外形、质量、功能、商标和包装等，反映产品对消费者的吸引力。它是对产品基本功能的增补，也是产品差异化的一个常用工具，企业可以通过增加或改变产品特征来创造产品特色。实践证明，企业率先推出某些有价值的特色产品，是一个十分有效的竞争手段。

（三）产品风格与设计

风格只是简单地描述一件产品的外观，设计是比风格更广泛的概念，独特鲜明的产品风格与设计是另一个增加产品价值的办法。产品的风格可能引人注目，也可能给人以感官的愉悦，但不一定能提升产品的性能；设计则不同，设计可以直接切入产品的中心，优秀的设计既可以改善产品的外观，也可以提升产品的有用性。

（四）产品包装

产品的包装在现代市场营销活动中占据非常重要的地位，人们把包装比喻成"无声的推销员""心理的推销手段"。产品包装具有保护商品、提供方便、促销增值等功能。包装策略是产品策略的重要部分，常用的包装策略如下：

1. 类似包装策略

类似包装策略是指企业所有产品都采用相同或相似图案、色彩或其他共同特征的包装。这一策略有利于节约成本、提升企业整体声誉，适合新产品上市使用。

2. 组合包装策略

组合包装策略是指将相关联的产品放入同一包装内，这种策略方便消费者购买使用，也有利于扩大销售，特别是在新产品销售时，可以和老产品组合包装一起销售。

3. 等级包装策略

等级包装策略即企业按照产品的价值、品质将产品分为若干等级，实行不同的包装的策略。一般优质高等级产品用优质包装，一般产品用普通包装，这种策略有利于消费者辨别产品的等级和品质的优劣，方便选购。

4. 附赠包装策略

附赠包装策略是指在包装内附加某种赠品或奖券，或包装本身就可以换取礼品，以吸引消费者购买，扩大销售。

5. 再使用包装策略

再使用包装策略是指企业设计的产品包装，在产品使用完后，还可以转作其他用途。这种策略可以使消费者感到一物多用而刺激购买欲望，而且包装的重复使用还能起到对产品的广告宣传作用。

6. 改变包装策略

改变包装策略是指企业通过改进或改换产品的包装，以吸引新消费者，开拓新市场。新包装可以给消费者新的感觉，从而刺激购买欲望。

（五）服务差异化

别具一格的良好服务，不仅会给企业带来众多的消费者、广阔的市场和可观的利润，还对树立企业形象、建立产品信誉起到极为重要的作用。服务差异化主要表现在订货、交货、安装、客户培训、客户咨询、维修保养和多种服务方面。

三 产品组合概念与策略

任何一家企业，即便是初创型企业也很少以一款产品打天下。一个企业应该生产和经营哪些产品才是有利的？这些产品之间应该有些什么配合关系？这就是产品组合问题。

（一）产品组合概念

1. 产品线、产品项目和产品组合

产品线是同一产品种类中密切相关的一组产品，它们能够满足同类需要，在功能、使用和销售等方面具有类似性。产品项目是指生产线中各种不同型号、规格、质量、价格的特定产品。产品组合即企业生产和销售的全部产品的结构，是各种产品线及其产品项目的相互搭配。

2. 产品组合的维度

企业的产品组合包括四个维度：宽度、长度、深度和紧密度。产品组合的宽度是指企业

有多少条不同的产品线。一般初创型企业专业化程度较高，经营的产品类别较少，宽度较窄。产品组合的长度是指每一条产品线内的产品项目数。企业若有多条产品线，可以计算所有产品线的总长度，除以产品线条数，从而得到企业产品线的平均长度。产品组合的深度是指产品线中每个产品项目所具有的花色、口味、规格等不同种类的数量。产品组合的紧密度是指各种不同的产品线在最终用途、生产要求、分销渠道或其他方面的关联性程度。

（二）产品组合策略

企业的目标影响产品线的长度。追求高市场份额和市场增长率的企业会选择较长的产品线，而追求高营利性的企业则会慎选产品项目，推行较短的产品线。随着时间的推移，产品线有越来越长的趋势。但项目增加，成本随之上升，企业高层管理者可能会精简部分低利润、低增长的产品项目。所以产品线从增长到精简模式可能循环往复。

企业优化产品线的方法有三种：产品线拓展，产品线填补，产品线的更新、特色化与削减。

1. 产品线拓展

产品线拓展是指一家企业把其产品线拉长到现有范围之外，可以向上、向下或双向拓展。

（1）向上拓展。向上拓展指在原有的产品线内增加中高档产品项目，以追求中高档产品较高的增长率和利润率，或者将自己定位为全线制造商。向上拓展时品牌策略可以采用：全新品牌、包含原名的新品牌名。产品线向上拓展也要承担一定的风险，要改变产品在消费者心目中的地位是相当困难的，如处理不当，还会影响原有产品的市场声誉。

（2）向下拓展。向下拓展指在中高档产品线中增加低档产品项目。向下拓展的原因主要有以下三点：低端市场存在巨大成长机会；希望能够牵制低端竞争者进入高端市场；中高端市场处于停滞或衰退阶段。向下拓展时品牌策略可以采用：把母品牌的名称用在所有产品上，推出中低端产品时开发新的副品牌。产品线向下拓展存在一定的风险，如处理不慎，会影响企业原有的中高端品牌形象。

（3）双向拓展。双向拓展指定位于中档市场的企业决定把产品线向上、下两个方向拓展。

2. 产品线填补

企业也可以通过在现有范围内增加产品来拉长自己的产品线。其动机包括：获得增长的利润；满足那些抱怨因产品线内产品不全而损失销售额的经销商；利用过剩的产能；试着成为领先的全产品线的企业；封锁缺口以防竞争者侵入。

3. 产品线的更新、特色化与削减

产品线可以采用逐件更新和即刻全部革新两种方法。逐件更新的方法可以让企业了解到消费者和经销商是如何对新款式做出反应的，减少企业的现金消耗。但该方式易于让竞争对手察觉。在产品线特色化决策中，可选择一个或几个产品做展示以吸引消费者，建立品牌威信或者完成其他目标。此外，管理者必须定期检查产品线，找出那些使利润下降的产品项目，当企业生产能力不足时，进行适当削减。

四 产品生命周期与策略

产品也和人的生命一样，会经历诞生、成长、成熟、衰亡的过程，产品的每一阶段都有着不同的特点，市场销售情况和盈利情况也会不同，企业在进行营销活动时要采取不同的策略。

（一）产品生命周期的概念

产品从投入市场到最终退出市场的全过程称为产品的生命周期，该过程一般经历产品的导入期、成长期、成熟期和衰退期四个阶段。在产品生命周期的不同阶段，产品的市场占有率、销售额、利润额是不一样的。导入期，企业产品销售量增长较慢，利润额多为负数。当销售量迅速增长，利润由负变正并迅速上升时，产品进入了成长期。经过快速增长的销售量逐渐趋于稳定，利润增长处于停滞，说明产品成熟期来临。在成熟期的后一阶段，产品销售量缓慢下降，利润开始下滑。当销售量加速递减，利润也较快下降时，产品便步入了衰退期。典型的产品生命周期要经过导入期、成长期、成熟期和衰退期，呈S形曲线，如图4-2所示。研究产品生命周期对企业营销活动具有十分重要的启发意义。

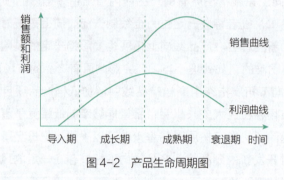

图4-2 产品生命周期图

（二）产品生命周期各阶段的营销策略

1. 导入期

导入期是新产品首次正式上市的最初销售时期，只有少数创新者和早期采用者购买产品，销售量小，促销费用和制造成本都很高，竞争也不太激烈。这一阶段企业营销策略的指导思想是，把销售力量直接投向最有可能的购买者，即创新者和新产品的早期采用者，让这两类具有领袖作用的消费者加快新产品的扩散速度，缩短导入期的时间。具体可选择的营销策略有：快速撇取策略，即高价高强度促销；缓慢撇取策略，即高价低强度促销；快速渗透策略，即低价高强度促销；缓慢渗透策略，即低价低强度促销。

2. 成长期

成长期又称为畅销期。成长期的产品，其性能基本稳定，大部分消费者对产品已熟悉，销售量快速增长，竞争者不断进入，市场竞争加剧。企业为维持其市场增长率，可采取以下策略：改进和完善产品；寻求新的细分市场；改变广告宣传的重点；适时降价等。

3. 成熟期

成熟期是产品生命周期中的一个鼎盛时期，同时也是一个由盛到衰的转折时期，产品的市场需求量已经趋向饱和，销售量达到最高点，利润也达到最高点，很多产品涌入市场，竞争非常激烈。成熟期的营销策略应该是主动出击，以便尽量延长产品的成熟期。具体策略有：市场改革策略，即通过开发产品的新用途和寻找新用户来扩大产品的销售量；产品改良策略，即通过提高产品的质量，增加产品的使用功能，改进产品的款式、包装，提供新的服务等来吸引消费者。

4. 衰退期

衰退期又称为滞销期，此时产品不能适应市场需求，走向被市场淘汰或更新换代的阶段。对于衰退期的产品，企业可选择以下几种营销策略：维持策略，企业继续沿用以往营销策略，保持原有的目标市场和销售渠道一段时间；转移策略，企业将目标市场转移，比如从城市转移到农村，从国内转移到国外；收缩策略，企业将人力、物力、财力集中到最有利的细分市场，从有利市场获得利润；放弃策略，对于衰落比较迅速的产品，企业当机立断，放弃经营。

五 初创企业的产品策略

每一家企业都必须开发新产品。新产品开发是企业未来生命的源泉。要想保持或提高销售量，企业应该去寻找新产品。一家企业可以通过收购或开发来增加新产品数量。但对于初创企业来说，收购所需成本高，故往往通过开发来获得新产品。企业可以采用内部实验室开发，可以依靠独立研究人员来开发，也可以通过新产品开发公司来开发。

（一）初创企业的新品开发策略

新产品既可以是能创造全新市场的新产品，也可以是对现有产品的微小改进或更新的产品。实际上，大多数新产品都是对现有产品的改善，仅仅不到10%的新产品是真正的创新型产品，而且不是所有的新产品都能成功。失败的原因很多，诸如市场调研不准确，高估市场规模，开发成本高，设计差，定位不恰当，未开展有效的广告或定价过高，没有足够的渠道支持，对手反击太激烈，投资回报率低，社会、经济和政府限制，资金短缺，投放时机不恰当等。企业在开发新产品之前应做好充分的心理准备，在失败之后应准确分析失败原因，为下一次成功的开发奠定基础。

新产品开发决策过程如图4-3所示。

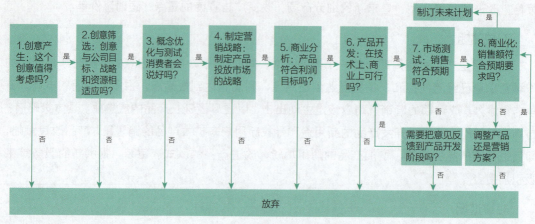

图 4-3　新产品开发决策过程

1. 创意产生

新产品开发过程从搜索创意开始。新产品的创意可能来源于不同团体之间的互动交流，也可能因为运用了创意技巧。

（1）同员工互动。员工是改进生产、产品和服务的创意重要来源，初创企业的高层管理团队应做创新的带头人，更应营造开放、创新的氛围，鼓励内部员工创新。

（2）与外部互动。初创企业还可以从外部寻找创意来源，包括消费者、研发人员、大学和企业实验室、行业顾问和行业出版物、经销商、广告代理商甚至竞争对手。消费者的需要和欲望是寻找新产品创意的逻辑起点，可以通过消费者参与设计、定制化等途径寻找创意。另外，初创企业还可以通过众包方式，用现金奖励或荣誉等方式邀请在线社区用户参与创意。企业还可以通过研究竞争对手的产品和服务找到好的创意；通过询问销售代表和经销商有关消费者需求或投诉的一手资料，从中获得好的创意。

（3）采用创意技巧。企业内部可以召开头脑风暴会议，采用思维导图、属性列举、强制关联等多种技巧，激发创意的产生。

2. 创意筛选

创意筛选的目的是尽可能早一点放弃错误的创意。初创企业在创业初期，产品开发预算受到限制，越早放弃错误的创意，越节约成本。企业应从满足市场的需求程度、提供给消费者的价值大小、技术可行性、资金成本、利润空间等角度对创意进行筛选，可以采用下面的公式进行总成功概率的评价。

总体成功率 = 技术完成概率 × 技术完成后商业化的成功率 × 商业化后经济成功的概率

3. 概念优化与测试

产品创意是企业有可能提供给市场的产品，产品概念是用消费者语言描述的、更为详细的产品创意。消费者不会购买产品创意，故产品创意要转化为产品概念。概念优化是新产品取得成功的必要而非充分步骤。营销人员必须通过测试识别出可获得成功的概念和有可能失败的概念。

概念测试是指通过符号或者实体产品形式向目标消费者展示产品概念，并观察他们的反应。测试产品概念和最终产品越相似，测试可靠性越高。互联网时代，企业可以使用3D打印快速成型技术设计产品，制作模型，展示给消费者，也可以利用VR技术来测试产品概念。

4. 制定营销战略

通过概念测试之后，产品经理会着手制订把该产品投放市场的初步营销战略计划。计划包括三个组成部分，第一部分是目标市场的规模、结构和行为，品牌定位、初期销售量、市场份额和利润目标；第二部分是产品的计划价格、分销战略和第一年营销预算；第三部分是长期销售量和利润目标，以及不同时期的营销组合战略。

5. 商业分析

进入商业分析阶段，管理人员必须通过预测销售量、成本和利润来确定产品是否满足企业目标。如果符合企业目标，则可进入产品开发阶段。

6. 产品开发

企业可以采用质量功能展开的方法将目标客户的要求变成实际的产品原型。可利用3D打印快速成型技术制造出实体原型，再对这些产品的实体原型进行严格的功能和消费者测试。

7. 市场测试

并非所有产品都需要测试。对于高投资、高风险的产品通常失败的可能性很高，必须进行测试。消费品市场测试应对试用、首次重购、采用和购买频率这四个变量进行预估，可以采用销售波研究方法、模拟测试营销法、控制测试营销法和测试市场法进行市场预测。工业品生产企业可以通过贝塔测试和贸易展览会进行市场测试。

8. 商业化

初创企业可以采用众筹方式来筹集资金，企业采用社交媒体或其他方式引起公众关注，并获取他们对项目的资金支持。

（二）初创企业产品组合策略

对于初创企业而言，创业初期最大的考验是生存。初创企业应该如何生存，是否需要局限于某一个产品、某一个渠道或者某一类消费群体呢？初创期，企业为了生存，业务不需要局限于某一个产品、某一个渠道或某一类消费群体，而是进行产品组合拓展。

产品组合的四个维度为初创企业产品组合决策提供了依据。初创企业可以据此采用如下四条途径来拓展自己的产品业务：

（1）加宽产品组合的宽度，增加新的产品线，实行多元化经营。

（2）延长产品组合的长度，增加产品线旗下的产品项目数。

（3）加强产品组合的深度，增加每个产品的项目的花色、品种、规格、口味等。

（4）强化产品组合的紧密度，紧紧围绕现有产品的最终用途、生产技术、销售渠道开发新产品。

扫码观看初创企业产品策略

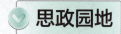

发扬奋斗精神，做幸福的营销人

一、案例导入

"铁娘子"董明珠的成功之道

1954年，董明珠出生于江苏南京一个普通人家。1990年，36岁的董明珠毅然辞去工作，南下打工，到格力公司从一名基层业务员做起。不知营销为何物的董明珠凭借坚韧不拔的毅力，用了40天的时间追讨回42万元债款，这位女强人的传奇就此开始。靠着勤奋和诚恳，董明珠不断创造着格力公司的销售神话，她的个人销售额，曾经飙升至3 650万元。1995年，董明珠成为格力的销售经理，采用"淡季返利""年终返利"等激励经销商的营销管理方法，解决了经销商欠款问题；2004年，董明珠被评为"2004年度中国十大营销人物"；2007年，董明珠出任格力电器股份有限公司总裁；2012年，董明珠正式被任命为格力集团董事长。在她的领导下，格力家用空调产品远销全球160多个国家和地区。

董明珠用自己的坚韧和执着走出了一条成功之路，从一名基层业务员成长为格力集团的董事长，正是她的这种奋斗精神，创造了我国商界的奇迹。年轻的时候董明珠就很勤奋，一有什么想法，哪怕是半夜一两点，她也会拿起本子记下来，甚至半夜打电话给老总。董明珠在多种场合谈到"奋斗本身就是一种幸福""只有通过经历与奋斗，你回味的时候才会觉得你的人生是有价值、有意义的"。

二、案例讨论

1. 什么是奋斗精神？
2. 营销人员如何继承与发扬奋斗精神？

三、分析与建议

"天行健，君子以自强不息""日新之谓盛德""苟日新，日日新，又日新"，这种积极进取、刚健有为的奋斗精神，就是成就人、成就事物的根本。新时代艰苦奋斗的精神包含勤俭节约精神、开拓进取精神、拼搏自立精神和无私奉献精神，四种精神相辅相成，相互统一，共同构成新时代艰苦奋斗精神的丰富内涵。

"奋斗本身就是一种幸福"，作为新时代的营销人，要用奋斗来创造幸福。首先要树立奋斗志向。有志向，就能心怀远大、胸怀梦想；有奋斗，就能登高望远、行稳致远。其次要提升奋斗本领。有多大担当才能干多大事业，尽多大责任才会有多大成就。只有能力拔节生长，奋斗才能永不止步。最后要保持奋斗姿态。历史只会眷顾坚定者、奋进者、搏击者，而不会等待犹豫者、懈怠者、畏难者。在这个属于奋斗者的新时代，让我们营销人撸起袖子加油干，在奋斗中创造幸福。

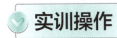 实训操作

初创企业产品层次与组合设计

1. 实训目的

理解产品层次、产品组合相关概念，设计初创企业的产品层次，制定其产品组合策略。

2. 实训内容及步骤

（1）熟悉案例初创企业背景资料。
（2）为该初创企业设计产品层次。
（3）为该初创企业制定产品组合策略。

3. 实训成果要求

提交10页左右的PPT，内容包括初创企业背景、产品层次和产品组合策略。

 拓展学习

初创企业的聚焦战略

初创企业与成熟企业之间的竞争，资源投入总是有限的，但很多小公司却往往异军突起，最后成为大公司，这完全得益于公司的聚焦战略。也有很多成熟企业，业务扩散到各个领域后，最后又把自己的非专业领域全部砍掉，只留下核心专业，这也是一种聚焦战略。

（一）聚焦战略的提出

1994年，艾·里斯与他的女儿劳拉·里斯共同出版了《聚焦：决定你企业的未来》，书中指出，企业应该在顾客心智中寻找一个焦点并切入。这个聚焦理论是当时众多企业多元化发展和品牌延伸失败后提出的。作者在书中写道："太阳的能量很强大，它没日没夜地将亿万千瓦的能量洒向地球。但只要戴上帽子并涂上防晒霜，你就可以享受几个小时的日光浴，没有任何不良后果。激光的能量很微弱，它是将几瓦能量集中起来的相干光束。但激光却可以在钻石上钻孔或杀死癌细胞。如果让公司聚焦，也会产生同样的效果。你会创造出一种像激光那样强大的、主导市场的能力。这就是聚焦的意义。"

（二）聚焦战略的意义

所谓聚焦就是企业专注于某一产品的发展，该产品可以是某一种实物产品、某一种服务或者某种技术。企业实施聚焦战略，可以聚焦产品、销售渠道、企业的核心技术、消费者的喜好等。如格力电器，该企业掌握压缩机的核心技术，专攻家电市场，以专业的技术、产能称霸空调市场，竞争壁垒较高。依托技术+产能的竞争壁垒，格力在家电领域提供多品类家电产品（空调、冰箱、洗衣机、热水器等生活电器），并进行品牌拆分（晶弘、大松），不管横向、纵向怎么延伸，都是在家电领域持续地更新产品与服务。

（三）聚焦的步骤

近年来，艾·里斯及其伙伴一直研究中国企业如何实施品类战略。他们认为，对于中国企业来说，以改良而非革命的方式推进品类聚焦是更加稳妥可行的一种方式。这种方式大致可分为以下六步，即聚焦、强化、精简、预测、创新、独立，一步一步，循序渐进，在改良的过程中积累信心，鼓舞士气，最终推动企业全面变革，这就是"先立后破"。聚焦，企业要聚焦目前自身最核心的业务。现有核心业务不仅在目前，通常也在未来相当长一段时间内还会是企业成长的主要动力，而且这种成长幅度很可能超出想象。强化，包括升级产品、拓宽渠道、加大推广。精简，即精简产品线，砍掉那些明显不匹配聚焦战略、财务表现不佳的业务。不仅能更好地帮助企业在核心业务上取得成功，而且把弱势业务转给其他优势企业，有时还会带来双赢的结局。预测，即预测什么是企业未来最重要的业务。聚焦经营，就是预测未来所在，采取特定步骤，促使未来实现。创新，即创新品类，参与未来竞争。当企业判断清楚未来最重要的业务是什么之后，如何实施品类创新，以不同于传统的模式参与竞争就变成了最关键的课题，这也是企业在品类聚焦战略实践中将会遇到的最大挑战。独立，即独立运营那些财务指标还不错，但无助于强化品类主导地位的业务。

企业初创期在业务上需以生存为主，但是在战略上必须有明晰的聚焦。创业者在发展业务的过程中，需要有清晰的发展战略作为指引，可阶段性地进行聚焦，从而帮助公司规划目标，并以此建立竞争优势、指引方向、协调相应资源，以获得长足的发展。

课后练习

一、单项选择题

1. 产品的包装和商标属于产品层次的（　　）。
    A. 核心产品　　　　B. 期望产品　　　　C. 基本产品　　　　D. 增值产品
2. 产品组合的宽度是指产品组合拥有的（　　）数量。
    A. 产品项目　　　　B. 产品线　　　　　C. 产品品牌　　　　D. 单品

3. 酒店提供的核心产品是（　　）。
   A. 休息和睡眠　　　　B. 难忘的回忆　　　C. 舒适的床铺　　　D. 健身项目
4. （　　）是指两种产品存在相互竞争的销售关系，即一种产品销售量的增加会减少另外一种产品的潜在销售量。
   A. 独立品　　　　　　B. 互补品　　　　　C. 替代品　　　　　D. 关联品
5. （　　）策略是指企业按照产品的价值、品质将产品分为若干等级，实行不同的包装的策略。
   A. 类似包装　　　　　B. 等级包装　　　　C. 附赠包装　　　　D. 配套包装

二、多项选择题

1. 产品线优化的方法包括（　　）。
   A. 产品线拓展　　　　B. 产品线填补　　　C. 产品线更新　　　D. 产品线特色化
2. 以下属于产品线拓展的有（　　）。
   A. 向上拓展　　　　　B. 向下拓展　　　　C. 双向拓展　　　　D. 横向拓展
3. 企业的产品组合包括的维度有（　　）。
   A. 宽度　　　　　　　B. 长度　　　　　　C. 深度　　　　　　D. 紧密度
4. 典型的产品生命周期包括（　　）。
   A. 导入期　　　　　　B. 成长期　　　　　C. 成熟期　　　　　D. 衰退期
5. 按照产品的耐用性和有形性可以将产品分为（　　）。
   A. 有形产品　　　　　B. 无形产品　　　　C. 消费品　　　　　D. 工业产品

三、判断题

1. 顾客在购买产品时，会根据产品特征和质量，服务组合和质量，以及价格是否合适这三个基本标准判断产品的吸引力。（　　）
2. 核心产品，又称为核心利益，是产品的最基本层次。（　　）
3. 产品线的削减必定会导致企业利润的降低。（　　）
4. 某汽车公司原来生产高档轿车，后来又发展了一些中低档轿车，这种产品线拓展为双向拓展。（　　）
5. 初创企业需要进行业务拓展，不要聚焦于某一项产品、某一个渠道或某一类消费群体，也无须战略聚焦。（　　）

四、简答题

1. 产品的五个层次分别是什么？
2. 单个产品策略包括哪些方面？
3. 产品组合策略有哪些？
4. 产品生命周期各阶段的营销策略是怎样的？

五、案例分析题

湖南德努门窗科技有限公司是一家专注于中高端系统金属门窗研发、制造、销售、服务的，拥有自主知识产权、自主品牌的,在原有凤铝门窗业务基础上为进一步拓宽产品线而新成立的企业,主营产品包括家装及工程用中高端系统铝合金平开窗系列、推拉门系列、卫浴门系列、阳光房和休闲亭系列、全铝家居系列五个系列的产品。公司实行双品牌运营模式,一是作为凤铝高端门窗岳阳代理商,大力推广凤铝高端门窗在所属区域内的销售;二是注册德努品牌,借助凤铝铝材多年以来对岳阳的支持,德努公司将自主开发制造中端系统门窗,弥补凤铝高端门窗不能覆盖的中端客户需求,搭建更完善的系统门窗产品线。

问题

1. 试分析德努门窗的产品线、产品项目和产品组合。
2. 请为该公司设计一个扩大产品组合策略的方案。

任务二 制定产品价格

【知识目标】
- 理解制定初始价格的步骤
- 掌握价格调整策略
- 掌握刺激性定价的方法
- 掌握初创企业制定价格的技巧

【能力目标】
- 能根据初创企业要求，为其产品制定初始价格
- 能根据市场和竞争需要，适时调整初创企业产品价格

【素质目标】
培养学生的法治精神和理性、诚实经营的意识

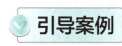

以价格打动人心：茶颜悦色扎根长沙，享誉全国

不知从什么时候起，只开在长沙的奶茶店——茶颜悦色走进了大众的视野，各个店铺门口总是排着长长的队伍，频繁登上各大平台的热搜榜单，还吸引了不少外地游客争相打卡，甚至有人请愿希望茶颜悦色能开出长沙。茶颜悦色作为一家奶茶店，为什么会如此火爆呢？其实它的火爆并不是偶然的，它有很多操作深受消费者喜欢，我们来看看它的营销策略。

一、以密集铺面曝光品牌

在长沙，茶颜悦色的门店是很多的，大多聚集在人流量特别大的繁华商业区，目前已经有170多家门店，基本上做到了"十米一店，一街十店"。这种区域密集型的营销策略，让茶颜悦色的存在感十分强烈。门口排长队的茶颜悦色随处可见，品牌曝光度高，在消费者心目中树立了鲜明的形象，同时给茶颜悦色的消费者提供了购买便利，缩短了排队等待的时间。

二、以价格打动人心

茶颜悦色的价格是比较亲民的，在奶茶动辄二三十元一杯的年代，平均15元一杯的茶颜悦色确实更能打动人心，与星巴克等高端饮品相比具有更高的性价比。茶颜悦色的饮品种类丰富，口感独特，广受消费者称赞，其中最受消费者欢迎的品种是幽兰拿铁、芊芊马卡龙、抹茶菩提、声声乌龙、蔓越阑珊、风栖绿桂，价格均在15元左右。亲民的价格既能打动新客的心，也黏住了茶颜的消费者。

三、以品质满足人心

茶颜悦色的奶茶是非常有特色的，首先在原材料方面，茶一定是新鲜的，奶油则选择天然的动物奶油，而且在奶油上又加上了坚果，这样消费者先吃坚果，就可以吃掉一些奶油，进而可以自行控制茶中奶油的比例，充分考虑到了用户体验。其次在包装方面，茶颜悦色坚持走"中式风"，不论是茶杯、装修还是奶茶的命名以及周边产品的设计，都遵循了中式风格，给人的第一感觉就很独特。同时，在口味的研究上也不断推陈出新，给予消费者更多的选择。

四、以服务留住口碑

对于一个品牌来说，除了品质，同样重要的还有服务。茶颜悦色的服务相当贴心，十分人性化，能够从消费者的角度出发，想客户之所需。茶颜悦色承诺，如果消费者对产品不满意，可以果断行使"一杯鲜茶永久求偿权"，消费者在任何时间、任何一家门店，都可以要求免费重做；即便门外的队伍转了好几圈，茶颜悦色的员工也会不厌其烦地教每一位用户正确的喝法："一挑、二搅、三喝"；更暖心的是，下雨的时候，店员会给排队的用户送伞；听见消费者抱怨鞋把脚磨破了，店员会主动送上创可贴，后来所有门店都有了小药箱；有个学生刚高考完，店员在会员卡号的位置填上了他的理想分数……

问题

1. 茶颜悦色的营销还有哪些独特之处？
2. 产品上市后，有哪些制定价格的方法呢？

在营销组合中，价格是带来收入的唯一要素，其他要素则只产生成本。价格也是营销组合中最灵活的要素。确定好产品组合之后，在企业、消费者、竞争者和营销环境的基础上，初创企业该如何为产品或服务制定初始价格，随着时间和市场的变化如何进行价格调整，以及如何应对竞争者的价格变化呢？这是本次任务需要探究和训练的内容。

知识储备

定价策略是指企业通过对消费者需求的估量和成本分析，选择一种能吸引消费者、实现市场营销组合的价格策略。价格是市场营销组合中最灵活、最难以确定的因素。

一 制定初始价格

企业开发出新产品，将产品引入销售渠道进行销售时，必须为产品制定初始价格，其基本步骤如下：

（一）选择定价目标

企业应首先确定产品质量和价格定位。定价的五大主要目标是：生存、当前利润最大化、市场份额最大化、市场获利（撇脂）最大化、产品质量领导地位。

1. 生存

对于初创企业而言，创业初期最大的考验是生存。面临激烈的竞争或者消费者需求变化时，生存便是企业追求的主要目标。企业可以采用边际贡献定价法，只要价格能补偿可变成本和部分固定成本，企业就仍能维持，以度过艰难期。

2. 当前利润最大化

初创企业对客户细分群体的支付意愿尚不明确，可采取短期收入增长的定价目标。这种定价目标适用于未出现激烈竞争的市场情况，是一种利用消费者求新、求奇心理，在短期内尽快收回投资的方法。比如很多中小型软件公司的产品定价，以收入最大化为目标，在每一单销售行为中都尽可能地实现当前利润最大化。

3. 市场份额最大化

自下而上的定价有助于后期价格渗透，初创企业可以先在市场中探索出该产品的触底价格，以低价换取占据统治地位的市场份额。然后实现快速增长，在占有了绝大部分市场后再打入高端市场。

4. 市场获利（撇脂）最大化

以产品高价为起点，然后在原有产品的基础上以更优惠的价格系统地拓宽消费者群体，覆盖不同消费水平客户的需求。

5. 产品质量领导地位

许多品牌都想成为"买得起的奢侈品"——这些产品或服务被认为具有很高的质量、品味和地位，价格虽高但没有超出消费者的购买能力。

（二）确定市场需求

不同价格将导致不同的市场需求量，从而对企业的营销目标产生不同的影响。价格越高，需求越低。

1. 价格敏感度

估计市场需求量的第一步是明确影响价格敏感度的因素。一般来说，消费者对价格低的或不经常购买的产品较不敏感。企业喜欢价格敏感度低的消费者。消费者的价格敏感度在以下情况下也会降低：①替代品或竞争者较少；②他们还未注意到价格变高；③他们改变购买习惯的速度很慢；④他们认为提高价格是有道理的；⑤价格只是获得、使用和保养产品的总支出中很小的一部分。需要说明的是，互联网使得潜在消费者提高了价格敏感度，消费者可以利用互联网降低信息搜集、评价和交易费用。

2. 估计需求曲线

企业首先要调查不同价格下有多少消费者愿意购买，通过价格试验为不同产品制定不同的价格，也可以在类似的区域内对同一产品制定不同价格。企业应在对产品的历史价格、销量和其他要素进行统计分析的基础上，优化产品价格。

3. 需求价格弹性

需求价格弹性是指需求量对价格变动做出反应的敏感程度。当价格变化较小时，如果需求量变化幅度很小，说明需求缺乏弹性；如果需求量变化幅度很大，则说明需求富有弹性。需求价格弹性越大，则降价带来的销量增长越大。如果需求富有弹性，营销人员可以考虑降低价格以获得更多的收入。

（三）估计成本

需求使企业对其产品价格设置了上限，而成本是其下限。企业总是希望制定一个价格，不仅能弥补生产、分销和销售成本，还可以获取合理的利润。

成本有两种形式：固定成本和可变成本。固定成本是不随产量或销售收入变化的成本，如租金、水电费、利息、管理人员工资等费用。可变成本随产量的变化而变化。

总成本指一定产量下，固定成本和可变成本之和。平均成本是该产量水平下的单位成本，等于总成本除以产量。

成本会随着生产规模和经验而变化，企业必须检查每一项成本元素——设计成本、策划成本、生产成本和销售成本，并降低成本，以使最终成本保持在目标成本范围内。削减成本不能太过以致放弃品牌承诺与传递价值。

（四）分析竞争者的成本、价格和产品

在由市场需求和企业成本所决定的价格范围内，企业必须考虑竞争者的成本、价格和可能的价格反应。如果企业的产品具有同类型竞争者所没有的特征，应该评价该特征对消费者的价值大小，并将这部分价值加到竞争者产品的价格上。如果竞争者的产品具有本企业产品所不具备的特征，就应该从本企业产品价格中减去这部分价值。在此基础上，企业决定产品的定价是比竞争者更高、更低还是相同。

（五）选择定价方法

给定消费者需求水平、成本和竞争者之后，企业就可以开始定价了。在价格制定时，企业需要重点考虑三个问题：成本是价格的下限；竞争品的价格和替代品的价格为定价提供了参照点；消费者对产品特性的评价是价格的上限。

定价方法主要包括成本导向定价法、需求导向定价法、竞争导向定价法三种类型。

1. 成本导向定价法

成本导向定价法是以产品成本为中心的定价方法，它以产品成本为基础，加上预期利润，

形成产品的基本价格。根据采用的成本项目和所追求利润指标不同，计算单位产品价格的成本导向方法也不同，一般有成本加成定价法、目标收益定价法、盈亏平衡定价法和边际贡献定价法。

（1）成本加成定价法，指产品单位成本加上一定比例的利润得出产品价格的定价方法。该方法关键在于确定加成率。

（2）目标收益定价法，是根据企业总成本和预期销售量，确定一个目标利润率来定价的方法。

（3）盈亏平衡定价法，以总成本和总销售收入保持平衡为定价原则。企业生产单位产品所耗费的成本与销售获得收入相等的点称为盈亏平衡点。这种方法适用于市场不景气的情况，毕竟保本总比停业好。

（4）边际贡献定价法，又称变动成本定价法，采用此方法暂不考虑固定成本，只根据变动成本制定价格，从而以预期的边际贡献适当补偿固定成本，获得收益。该方法适用于两种情况：一是市场竞争激烈，产品供过于求，库存积压；二是订货不足、生产能力过剩。

2. 需求导向定价法

需求导向定价法又称市场导向定价法，指按照消费者对商品的认知和需求程度制定价格的方法，主要有感知价值定价法和需求差异定价法。

（1）感知价值定价法，是以消费者对产品价值的认识和理解程度作为定价依据的定价方法。该定价方法需要正确评估消费者对商品的感知价值。影响消费者感知价值的因素包括：产品性能、交付渠道、质量保证、客户支持，以及一些软属性（供应商的声誉、可信度和受尊重程度）。感知价值定价法的关键在于提供比竞争对手更多的独特产品价值，并向潜在购买者展示这些价值。

（2）需求差异定价法，是以不同时间、地点、商品及不同消费者的消费需求强度差异作为定价基本依据的定价方法。

3. 竞争导向定价法

竞争导向定价法是指以市场上竞争对手的同类产品价格为主要依据进行定价的方法，主要有随行就市定价法和密封投标定价法。

（1）随行就市定价法，是以本行业的平均价格水平作为定价依据的定价方法。产品差异小的行业多采用此方法。

（2）密封投标定价法，是买方引导卖方通过竞争成交的一种定价方法。此方法是建筑工程、大型机械设备等项目交易时常用的方法。

（六）制定最终价格

企业在确定产品的最终价格时，必须考虑一些其他因素，包括其他营销活动、企业定价政策、收益风险分担定价以及定价对其他各方的影响。

二 调整价格

企业一般不会在设定价格后一成不变,而是会考虑区域需求、成本差异、细分市场要求、购买时间、订单量、交货频率、担保、服务合同和其他因素,采用定价技巧来实现企业的营销目标。

(一)产品组合定价

针对产品组合进行营销时,企业要寻找一组使整个产品组合获得最大利润的价格,产品组合定价的方法有以下四种:

1. 产品线定价

企业通常会发展产品线而不是单独的产品,并制造价格阶梯。比如,一家男士服装店可能会为其男士西装确定三种价格:2 000元、4 000元、7 000元,使消费者把低、中、高三个质量等级的西装和这三个价格相联系,建立起消费者可感知的质量差异,从而支持价格差异的合理性。

2. 特色定价

特色定价法是指企业在提供主要产品时,还提供可选的产品、特色和服务来搭配主要产品。比如,许多餐馆菜品价格低,酒水价格高,通过菜品吸引消费者,通过酒水获取利润。

3. 附属产品定价

一些产品消费时需要附属产品或者辅助产品配合使用。此时企业将主产品的价格定得较低,将附属产品的价格定得较高,可通过销售附属产品获利。惠普打印机和墨盒定价方法就是典型代表。

4. 产品捆绑定价

产品捆绑定价是指将多个产品捆绑在一起打包出售,并制定一个合理的捆绑价。在捆绑销售方式下,企业可以提供产品束和单个产品。将数种产品组合在一起时的售价低于分别销售时的价格总和,比如,WPS稻壳会员,单月会员价20元,3个月价39.9元,全年价89元。

(二)地理定价

地理定价策略是针对不同国家和地区的消费者,依据商品流通费用如运输成本、仓储、保险、装卸等调整价格的一种策略,具体形式有如下四种:

1. 产地定价

这是指商品报价为生产地出厂价格,即消费者从厂家购买某种产品,厂家只负责将产品运到买方指定的某种运输工具上交货的价格,交货后的产品在运输过程中发生的一切费用均由买方负担。

2. 统一运送定价

这是指企业针对不同地区的买方实行统一的价格加运费（按平均运费计算）定价。这种定价方式简单易行，有利于争取较远地区的买方。

3. 区域定价

这是指将商品的销售市场划分为数个区域，在每一个区域内实行统一价格。一般区域较远的产品价格应高些。

4. 免收运费定价

这是运费全部由卖方承担的定价方法，其目的是迅速促成交易，增加销售，使平均成本降低到足以补偿运费开支，以便企业在竞争中站稳脚跟。

（三）折扣定价

企业制定的初始价格往往都会调整标价，为预付货款、团购和反季节销售提供折扣和折让（见表4-1）。

表4-1　价格折扣和折让

现金折扣	是针对消费者提前付款提供的价格优惠。如"2/10，net 30"，是指账期为30天，如果顾客在10天内付款的话，可得到2%的现金折扣
数量折扣	是针对消费者大批量购买提供的价格优惠。如"满100件及以上每件8折"
功能折扣	是制造商向在销售中发挥某些作用（销售、仓储等）的行业渠道成员提供的折扣
季节折扣	是针对购买过季商品顾客提供的价格优惠
价格折让	是为了吸引经销商参与到某些项目中而提供的额外折让。以旧换新折让是用旧商品换新商品时给予的折让。促销折让是为了奖励经销商参与广告和促销活动而提供的折让

（四）促销定价

企业可以运用多种定价方法以刺激消费者进行早期购买，包括：

（1）亏本出售定价法。企业为了达到某种经营目的，以低于成本的价格出售商品的一种定价方法。例如，企业通常会降低产品的价格，以增加店面客流量。

（2）特殊事件定价法。在某些特定的时节，指定特殊的价格以吸引更多顾客购买，如"开学季特卖"。

（3）特殊顾客定价法。针对某些特定顾客提供特殊价格，如"VIP会员专享价"。

（4）现金回扣法。给顾客提供现金回扣，促使顾客在特定时间内购买商家的商品。

（5）低息贷款法。以向顾客提供低息贷款的方式促使其购买。

（6）延长付款期限法。以延长消费者贷款期限，降低每月还款额的方式，促使消费者购买。

（五）差别定价

企业常常会调整产品的基本价格以适应顾客、产品和地理位置等方面的差异。差别定价是指企业以两种或以上不反映成本差异的价格来推销产品或服务。差别定价法主要有以下四种：

（1）顾客差别定价法。针对不同的顾客群对同样的产品或服务制定不同的价格。如高铁针对儿童、伤残军人（含伤残人民警察）和学生提供票价优惠。

（2）产品形式差别定价法。不同规格、样式的产品售价不同，但售价的差别与成本差别不成比例。如精装书比平装书的价格高很多，但其成本差别远没有这么大。

（3）位置差别定价法。成本相同，同样的产品在不同的位置定价不同。如演唱会门票，可根据观众对座位位置的偏好制定不同的价格。

（4）时间差别定价法。针对不同季节、不同时期甚至不同钟点的产品或服务制定不同的价格。如民宿，可根据淡旺季制定不同的房间价格。

（六）降价和提价

企业经常需要降价或提价，主动出击或被动应对价格变化。

1. 降价

在一些情况下，企业必须降价。一种情况是工厂产能过剩，另一种情况是以更低的价格抢占市场。但降价可能会带来低质量、低顾客忠诚度、价格战等困境。需要说明，为了留住消费者或打败竞争者而实施的降价行为，经常会使消费者要求进一步的价格优惠。

2. 提价

企业提价的主要原因是成本上升。考虑到未来的通货膨胀和政府对价格的控制，企业提价的幅度一般会超过成本增长的幅度。提价的另一个原因是需求过度。企业可以采用延迟报价、自动调整价格相关条款、分开计价、减少折扣等方式提价；通过产品定制、差异化和宣传等手段明示产品差异，将提价信息提前告知消费者，对于大幅涨价给出合理的解释，尽可能减少提价造成的负面影响。

3. 应对竞争者的价格变化

企业应该如何应对竞争者的降价？在应对中，企业必须考虑产品在其生命周期中所处的阶段、产品在产品组合中的重要性、竞争者的意图和能力、市场价格和质量敏感度等多个因素。

在同质产品市场，面对竞争对手产品降价，企业应该设法强化产品的附加产品层次。如果无法找到合适的附加产品层，则需要随竞争对手一同降价。如果竞争对手产品提价，对整个行业不利，企业无须跟随提价。

在异质产品市场，企业具有更多的自主权。市场领先者面对小企业大幅降价，其应对策略有：①进一步对产品进行差异化；②实施低成本经营；③再造一个低成本的竞争项目与之竞争。初创企业大多属于市场补缺者，面对大企业的主动降价，如果能找到合适的产品附加层，可以维持原价；若找不到，则需要跟随降价。

三 刺激性定价策略

企业定价会对企业产生深远而巨大的影响，影响企业长期的获利、品牌印象、融资需求以及企业的长期运营能力。企业可以采用以下定价策略刺激消费者购买。

（一）免费定价策略

1. 产品或服务免费，从广告等方面赚钱

这种模式是当今互联网公司广泛采用的一种模式，也叫作Facebook（脸谱网）模式。Facebook的用户可以免费使用网站，但公司可以通过用户点击网站页面的广告来获取收入。这种模式让消费者体验良好，但对初创企业来说并不利，除非企业资金雄厚。

2. 产品免费，服务收费

在这种模式里，客户可以免费带走产品，但会被要求支付安装费、定制费、培训费或其他服务费。该模式的好处是在客户面前直接创造收入。但要注意，这种模式的本质是产品的成本被作为市场推广费用的一部分，它是一场服务型生意。

3. 增值服务模式

这类模式往往隐藏在"免费模式"里，比如一些互联网应用，基础的服务是免费的，但增值服务需要收取一定的费用。这种模式同样需要投入巨资去获取客户流量，以及想尽办法把产品的差异化和客户体验做到最好。

4. 剃须刀模式

剃须刀模式是指最基础的产品通常先以低于成本价出售，期待未来给客户提供持续的后端购买服务。这种模式中最常见的就是售卖便宜的打印机，而供给昂贵的墨盒。这也是一种前期需要投入巨资的模式，所以不是特别适合初创企业。

（二）拍卖竞价策略

拍卖竞价策略是指由消费者通过互联网轮流公开竞价，在规定时间内出价最高者赢得商品。网络拍卖竞价是目前发展较快的定价方式。企业的积压产品或企业需要促销的新产品都可以采用网络拍卖竞价。网络拍卖竞价的方式主要有三种：竞价拍卖、竞价拍买和集体议价。竞价拍卖是由商家提出底价，消费者出价，最终出价最高者获得商品。竞价拍买是由消费者提出一个价格范围，求购某一商品，由商家出价，消费者将与出价最低或最接近消费者提出的价格范围的商家成交。集体议价是拍卖主以较低的价格向消费者拍卖数量大于一的物品，不同数量，给予不同的价格。在拍卖周期内，只要而且也只能在竞拍者数量达到拍卖主标定的拍卖数量，拍卖即可结束。

（三）团购式定价策略

团购就是团体购物，指的是认识的或者不认识的消费者联合起来，增强与商家的谈判能力，以求得最优价格的一种购物方式。根据薄利多销、量大价优的原理，商家可以给出低于零售价格的团购折扣和单独购买得不到的优质服务。团购价与原价不一样，在保证购买用户数量的情况下，商家给出一个比市场价优惠很多的价格，然后团购平台再将这个价格提高一点，放到团购网站上供给消费者组团购买，同时会给出一个最低参与购买的人数，当组团人数达到限定人数的时候才会以这个价格成交，反之则不然。团购价的定位，通常低于零售价，高于批发价，很多团购网站的团购价是这样形成的。

（四）会员制定价策略

会员制是消费者预先支付一笔费用，购买未来消费时较低价格的权利。消费者购买行为受机会成本左右，在没有出现距离太远或其他干扰因素的情况下，消费者的行为选择必然会比较清晰，会员制具有锁定消费者、向消费者融资、收集消费者需求信息的作用，除了单个消费者的会员制，企业还会实行经销商预付费换取未来优惠的政策。

（五）动态定价策略

动态定价是指企业随着渠道、产品、客户和时间变化频繁调整价格的商业策略。动态定价策略主要有两种：一是时基定价策略。时基定价策略的关键在于把握消费者不同时间对价格承受的心理差异。高峰负荷定价和清理定价是两种最为常见的时基定价策略。高峰负荷定价，如滴滴打车在消费者打车高峰时，鼓励消费者加价刺激更多司机接单；清理定价，如一些季节性产品或容易过时的产品采用降价清理刺激消费者购买。二是市场细分与限量配给策略。市场细分与限量配给策略的基本原理是：利用不同渠道、不同时间、不同精力花费情况下，消费者表现出来的差异性价格承受心理。为此，企业必须开发专门的产品服务组合，根据不同的产品配置、渠道、客户类型和时间，进行区别定价。以航空业为例，对同一座位，航空公司的票价或许多达十多种，不同票价的设置取决于多种因素，如起飞两周前出票、一周前出票和起飞当日出票价格都有不同。

四 初创企业的定价技巧

初创企业最难做的决策之一是给企业的产品或服务定价。初创公司由于资金有限，又急需资金回笼，所以制定产品价格时首先要考虑成本，产品价格不能低于产品成本。同时又要考虑消费者的接受程度，还要考虑行业竞争情况。初创企业定价前要充分考虑影响企业定价的主要因素，按照新产品定价的基本步骤制定产品的初始价格，然后运用一定的定价技巧来调整价格，从而确定最终价格。对于初创企业来说，主要有以下三种定价技巧：

（一）撇脂定价法

撇脂定价法又称为高价法，即在新产品刚投入市场时将价格定得较高，争取在短期内获取高额利润、收回投资。具体策略是，先将产品的价格定得较高，尽可能在产品生命周期的初期，在竞争者研制出相似产品前收回投资，获取可观的利润，而一旦因高价影响到预期销量，或招来了竞争者，即可削价竞争。

撇脂定价法适用的条件如下：

（1）有足够的购买者，并且当前需求很大。

（2）小批量生产的单位成本不会高到无法从交易中获得好处。

（3）很高的初始价格不会吸引更多的竞争者进入该市场。

（4）高价能传达高档的产品形象。

（二）渗透定价法

渗透定价法又称为低价法，即将产品的价格尽量定得低一些，以达到尽快打进市场以扩大市场占有率，巩固市场地位的目的。自下而上的定价有助于后期价格渗透，初创企业可以在市场中探索出该产品的触底价格，以低价换取占统治地位的市场份额。然后实现快速增长，在占有了绝大部分市场份额后再打入高端市场。渗透定价背后是先稳着陆后扩张的销售策略。价格渗透主要是为了占有市场。

渗透定价法适用的条件如下：

（1）市场对价格高度敏感，低价可以促使市场增长。

（2）随着生产经验的累积，可使生产成本和分销成本降低。

（3）低价可以减少实际和潜在的竞争。

（三）满意价格定价法

满意价格定价法又称为中间价格定价，即将新产品价格定在高价与低价之间，使各方面都满意的定价方法。这种定价方法的特点是在考虑企业自身利益的基础上，尽量不损害中间商、消费者和同行其他企业等方面的利益。

扫码观看初创企业价格策略

法治精神：为营销保驾护航

一、案例导入

王石：不行贿是我做企业的底线

2009年，在《南方周末》发起的"中国梦践行者"致敬典礼上，主持人请王石在"企业家""登山家""不行贿"三个选项里选择一个作为自己的标签，王石选择了"不行贿"，从此，不行贿成为王石的标志符号。其实，万科成立之初就有句口号，叫"不行贿"，这也是王石和万科做事的一个基本原则和底线。

早年王石做玉米生意时，需要铁路运输的计划外指标，他决定"走后门"，谁知负责人却早就关注他了，非常赞赏他的人品，也答应了他的请求。通过这件事，王石悟出了一个道理：商业社会里，金钱不是万能的，不送礼也能做成生意。于是，王石决定将不行贿、不违规作为企业的底线。万科发奋图强，做好市场调查与策划，在物业管理和小区配套方面多用心，形成了竞争优势。

王石不仅自己不行贿，也不允许万科的员工行贿受贿，这使得万科的员工开始很头疼，但后来都很自豪。万科的一名员工讲述了自己不行贿也办成了事的经历：一次由于行政区域划分，万科所在的项目被划归到新的行政区域，办理相关手续周期延长，而万科与业主合同约定的时间紧迫，该员工背负压力，凭着自己的勤奋，最终攻克难关，圆满完成了任务。事后他很庆幸自己有一个不行贿的老板，既能保护自己，又能激发自己解决问题的潜力。

二、案例讨论

1. 万科的"不行贿"有何意义？
2. 什么是法治精神？营销人员应如何践行法治精神？

三、分析与建议

"不行贿"是万科的底线，这体现了企业的法治精神。企业和企业家一定要讲法治，积极参与法治建设，要给自己划一道绝不能逾越的底线。企业是社会的重要组成部分，很难想象，如果企业都不讲法治，法治社会又从何谈起？同时，企业给自己划定底线，还能为企业树立良好的形象，激发员工解决问题的潜力，提升企业的竞争力。

法治是人类文明进步的重要标志，是当今时代的鲜明特点。法治精神包括理性精神、诚信守法精神、尊重法律权威的精神、权利与义务对称的精神、依法维权和依法解决纠纷的习惯。作为企业的营销人员，要学法知法守法，遵守各项法律法规，遵守企业底线，尊重消费者的各项权利，不销售假冒伪劣产品，不行贿受贿，用法治精神激发自己的潜力，为营销保驾护航。

初创企业的产品价格策划

1. 实训目的

通过实训理解制定初始价格的步骤、价格调整策略，为选定的模拟初创企业进行产品价格策划。

2. 实训内容与步骤

（1）结合模拟初创企业背景，确定企业的定价目标，估算产品成本。

（2）利用天猫商城、京东、大众点评等网络电商平台，为模拟企业的产品进行竞争产品的价格与策略调研。

（3）选择恰当的方法，为企业产品制定初始价格。

（4）根据企业需要，选择合适的价格策略。

3. 实训成果要求

提交模拟初创企业产品价格策划 PPT，内容包括：定价目标、产品成本、竞争产品价格与策略情况、本产品初始价格与价格策略。

 拓展学习

价格欺诈的表现形式

《中华人民共和国价格法》第十四条第四款规定，经营者不得利用虚假或者使人误解的价格手段，诱骗消费者或者其他经营者与其进行交易。这种价格违法行为通常称作价格欺诈行为，又称欺骗性价格表示，是指经营者利用虚假或者使人误解的价格条件，诱骗消费者或者其他经营者与其进行交易的行为。

国家发改委出台的《禁止价格欺诈行为的规定》指出，对同一商品或者服务，在同一交易场所同时使用两种标价签或者价目表，以低价招徕顾客并以高价进行结算的，可认定为价格欺诈。价格欺诈的表现形式如下：

（1）标价签、价目表等所标示商品的品名、产地、规格、等级、质地、计价单位、价格等或者服务的项目、收费标准等有关内容与实际不符，并以此为手段诱骗消费者或者其他经营者购买的。

（2）对同一商品或者服务，在同一交易场所同时使用两种标价签或者价目表，以低价招徕顾客并以高价进行结算的。

（3）使用欺骗性或者误导性的语言、文字、图片、计量单位等标价，诱导他人与其交易的。

（4）标示的市场最低价、出厂价、批发价、特价、极品价等价格表示无依据或者无从比较的。

（5）降价销售所标示的折扣商品或者服务，其折扣幅度与实际不符的。

（6）销售处理商品时，不标示处理品和处理品价格的。

（7）采取价外馈赠方式销售商品和提供服务时，不如实标示馈赠物品的品名、数量或者馈赠物品为假劣商品的。

（8）收购、销售商品和提供服务带有价格附加条件时，不标示或者含糊标示附加条件的。

（9）虚构原价，虚构降价原因，虚假优惠折价，谎称降价或者将要提价，诱骗他人购买的。

（10）收购、销售商品和提供服务前有价格承诺，不履行或者不完全履行的。

（11）谎称收购、销售价格高于或者低于其他经营者的收购、销售价格，诱骗消费者或经营者与其进行交易的。

（12）采取掺杂、掺假，以假充真，以次充好，短缺数量等手段，使数量或者质量与价格不符的。

（13）对实行市场调节价的商品和服务价格，谎称为政府定价或者政府指导价的。

根据《中华人民共和国消费者权益保护法》第五十五条，经营者提供商品或者服务有欺诈行为的，应当按照消费者的要求增加赔偿其受到的损失，增加赔偿的金额为消费者购买商品的价款或者接受服务的费用的三倍；增加赔偿的金额不足五百元的，为五百元。法律另有规定的，依照其规定。

课后练习

一、单项选择题

1. （　　）是最灵活、最难以确定的营销组合因素。
   A. 产品　　　　B. 价格　　　　C. 渠道　　　　D. 促销
2. 保龄球馆同一天不同时间段按不同的标准收费，这种定价策略叫（　　）。
   A. 时间差别定价　　　　　　　B. 顾客差别定价
   C. 产品形式差别定价　　　　　D. 位置差别定价
3. 为鼓励消费者提前支付货款，企业通常采用（　　）策略。
   A. 功能折扣　　B. 现金折扣　　C. 数量折扣　　D. 季节折扣
4. 以消费者对产品价值的认识和理解程度作为定价依据的方法属于（　　）。
   A. 感知价值定价法　　　　　　B. 价值定价法
   C. 随行就市定价法　　　　　　D. 目标收益定价法
5. 如果某一产品的需求价格弹性系数大于1，企业往往采取（　　）策略。
   A. 降价　　　　　　　　　　　B. 提价
   C. 降低产品质量　　　　　　　D. 维持价格不变

二、多项选择题

1. 以下属于成本导向定价法的有（　　）。
   A. 成本加成定价法　　　　　　B. 目标收益定价法
   C. 随行就市定价法　　　　　　D. 边际贡献定价法

2. 以下属于产品定价步骤的有（　　）。
   A. 选择定价目标　　　B. 确定市场需求　　C. 估计成本　　　D. 选择定价方法
3. 企业发起提价的主要原因有（　　）。
   A. 过多的产能　　　　B. 成本增加　　　　C. 供不应求　　　D. 扩大市场占有率
4. 目前企业采用的定价方法中常见的方法有（　　）。
   A. 成本加成定价法　　　　　　　　　　B. 感知价值定价法
   C. 随行就市定价法　　　　　　　　　　D. 价值定价法
5. 差别定价常见的方法主要有（　　）。
   A. 顾客差别定价　　　　　　　　　　　B. 产品形式差别定价
   C. 位置差别定价　　　　　　　　　　　D. 时间差别定价

三、判断题

1. 在营销组合中，价格是带来收入的唯一要素，其他要素则只产生成本。（　　）
2. 如果需求富有弹性，销售者将考虑降低价格以获得更多的总收入。（　　）
3. 企业一般只会设定一个单一的价格。（　　）
4. 企业通常将多个产品捆绑在一起，制定捆绑价。（　　）
5. 在一些情况下，企业必须降价。一种情况是工厂产能过剩，另一种情况是供不应求。（　　）

四、简答题

1. 简述企业定价的步骤。
2. 简述产品组合定价的策略。
3. 简述企业调整价格的方法。
4. 简述初创企业的定价技巧。

五、案例分析题

2008年，创始人宋吉在北京创立了第一家"很久以前"烤串店，以时尚前卫、原生态的店面风格吸引着年轻食客，高峰时曾在全国发展了数十家加盟店，与木屋烧烤、冰城串吧形成烧烤行业"三足鼎立"之势。它是第一家将餐厅给小费的形式进行互联网思维改良的餐厅。消费者可以通过扫描服务员身上的二维码给前厅服务员"打赏"，金额为4元。而这笔费用在服务员、店长和总监之间分配。"打赏"提升了服务员的积极性，让服务员通过自己的劳动被认可而赚到更多钱，同时也获得了尊重。

2013年年底，移动互联网的浪潮已起，荣昌洗衣创始人张荣耀成立了e袋洗公司。用户通过微信平台下单，e袋洗收到订单信息之后，则安排人员上门收衣，把收到的衣服集合，再集中运输到合作的洗衣店进行清洗，清洗完毕再送衣上门。e袋洗的谐音是"一袋洗"，传统洗衣通常按件收费，而e袋洗则以"袋"为收费单位，他们送给用户一个帆布袋，无论装多少衣服，洗一袋都是99元。用户也可自行选择按件清洗，e袋洗迅速打开了市场。

问题

1. 以上两个企业的定价方式有何新颖之处?
2. 你还知道哪些适合初创企业的定价方法?

项目小结

在营销学中,产品可以分为核心产品、基本产品、期望产品、增值产品、潜在产品五个层次。

按照产品用途不同,可以将产品分为消费品和产业用品。按照产品的耐用性和有形性可以将产品分为有形产品(即耐用品和非耐用品)和无形产品(即服务)。按照销售关系可以将产品分为独立品、互补品和替代品。

就单个产品而言,其决策主要包括:产品质量、产品特色、产品风格与设计、产品包装、服务差异化等方面。

产品包装具有保护商品、提供方便、促销增值等功能。包装策略是产品策略的重要部分,常用的包装策略主要有六种:类似包装策略、组合包装策略、等级包装策略、附赠包装策略、再使用包装策略、改变包装策略。

企业有三种方法优化产品线:产品线拓展、产品线填补、产品线的更新、特色化与削减。产品线拓展是指一家企业把其产品线拉长到现有范围之外,可以向上、向下或双向拓展。

典型的产品生命周期要经过导入期、成长期、成熟期和衰退期,呈 S 形曲线,研究产品生命周期对企业营销活动具有十分重要的启发意义,不同阶段的营销组合是不同的。

新产品既可以是能创造全新市场的新产品,也可以是对现有产品的微小改进或更新的产品。新产品开发过程从搜索创意开始,经历创意产生、创意筛选、概念优化与测试、制定营销战略、商业分析、产品开发、市场测试、商业化八个阶段。

对于中国企业来说,以改良而非革命的方式推进品类聚焦是更加稳妥可行的一种方式。这种方式大致可分为以下六步,即聚焦、强化、精简、预测、创新、独立,一步一步,循序渐进。

定价策略是指企业通过对消费者需求的估量和成本分析,选择一种能吸引消费者、实现市场营销组合的价格策略。价格是市场营销组合中最灵活、最难以确定的因素。

新产品定价的基本步骤包括:选择定价目标,确定市场需求,估计成本,分析竞争者的成本、价格和产品,选择定价方法,制定最终价格。

价格制定时需要重点考虑的三个问题:成本是价格的下限;竞争品的价格和替代品的价格为定价提供了参照点;消费者对产品特性的评价是价格的上限。

针对产品组合进行营销时,企业要寻找一组使整个产品组合获得最大利润的价格,产品组合定价的方法有以下四种方法：产品线定价、特色定价、附属产品定价、产品捆绑定价。

地理定价策略是针对不同国家和地区的消费者，依据商品流通费用如运输成本、仓储、保险、装卸等调整价格的一种策略,具体形式有如下四种：产地定价、统一运送定价、区域定价、免收运费定价。

折扣定价的方式包括：现金折扣、数量折扣、功能折扣、季节折扣和价格折让。

企业可以运用多种定价方法以刺激消费者进行早期购买，包括：亏本出售定价法、特殊事件定价法、特殊顾客定价法、现金回扣法、低息贷款法、延长付款期限法。

差别定价主要有以下四种：顾客差别定价、产品形式差别定价、位置差别定价、时间差别定价。

对于初创企业来说，主要有以下三种定价技巧：撇脂定价法、渗透定价法、满意价格定价法。

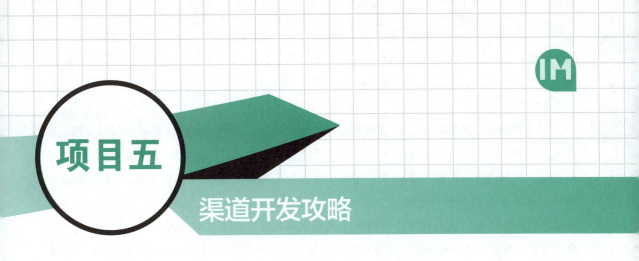

项目五 渠道开发攻略

任务一 构建线下渠道

 学习目标

【知识目标】
- 理解分销渠道的概念、功能和分类
- 掌握分销渠道设计的步骤和方法
- 掌握管理分销渠道的方法

【能力目标】
- 能为初创企业设计线下渠道建设方案
- 能为初创企业设计样板市场建设方案

【素质目标】
培养学生的团队合作精神,提升学生的团队合作素养

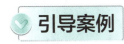 引导案例

三只松鼠:线上线下融合实现全渠道增长

2019年12月3日,三只松鼠股份有限公司宣布:2019年其全年销售额突破百亿,成为零食行业首家迈过销售百亿门槛的企业。三只松鼠股份有限公司成立于2012年,公司总部在安徽芜湖,是中国第一家定位于纯互联网食品品牌的企业,其主营业务覆盖了坚果、肉脯、

果干、膨化食品等全品类休闲零食。"三只松鼠"将2019年业绩增长归功于"全品类、全渠道、全下沉"。让我们来看看其全渠道布局。

一、线上渠道

"三只松鼠"是依赖线上电商渠道起家的互联网食品品牌，主要以旗舰店的形式在天猫商城、天猫超市、京东商城等平台立足。凭借这种商业模式，"三只松鼠"迅速开创了一个以快速、新鲜为特点的新型食品零售模式。这种特有的商业模式缩短了商家与客户的距离，确保让客户享受到新鲜、美味的食品，开创了中国食品利用互联网进行线上销售的先河。2012年11月11日，上线仅4个多月的三只松鼠旗舰店当日成交额766万元，一举夺得"零食/坚果/特产"类目第一名。2019年"双十一"，公司以10.49亿元的销售额刷新中国食品行业交易记录。

二、线下渠道

近年来，电商的高速发展深刻影响和改变着传统的分销模式，随着技术发展和零售业变革，全渠道营销已经成为零售业发展的必然趋势。早在2016年，三只松鼠就开始布局线下渠道，目前线下主要有两种形式：一是直营投食店；二是"三只松鼠"联盟小店。2016年9月30日，第一家"三只松鼠"直营投食店在芜湖开业，随后苏州、南通、蚌埠等地相继开设了多家"投食店"。

2018年是"三只松鼠"集中开发线下渠道的一年，通过和阿里巴巴零售通合作进入数十万家终端小店，松鼠联盟小店也开门营业。2019年上半年，"三只松鼠"直营投食店和联盟小店营收分别为2.14亿元和5 899万元。直营店一般置身人员密集场所，商品品类较多，占地面积较大，定位品牌体验店，更多是品牌输出的一个综合性载体。

松鼠联盟小店面积较小，不收取加盟费和保证金，但对联盟店的店长有几个硬性要求：一是"心理年龄"不能超过35岁；二是老板必须自己经营；三是必须参加学习，获得"松鼠位"认证。每一家松鼠联盟小店不叫"三只松鼠"，而是"××（店主名）与三只松鼠的零食订阅店"，并且专门为店主设计可爱的动漫形象，与松鼠完美融合。这样做的目的既是为了将店主形象和品牌形象完美融合，也是为了突出是联盟而不是加盟，重视小店运营，激发店主的创业动力。

问题

1. 三只松鼠为什么要开拓线下营销渠道？
2. 互联网会消除线下营销渠道吗？

"市场竞争，渠道为王"是我们经常听到的一句话，它强调了构建营销渠道对企业抢占先机、赢得客户的重要意义。而电商的高速发展，深刻影响和改变着传统的分销模式，甚至出现了"互联网去渠道"的说法。其实，各大电商、微商都是销售渠道，是线上销售渠道。随着技术变革和社会发展，全渠道营销已经成为企业营销实践的必然趋势。如何构建有效的线下分销网络呢？这是本次任务需要探究和训练的内容。

知识储备

一 认识分销渠道

分销渠道是指某种产品或服务从生产者向消费者转移时，取得这种产品或服务所有权或者帮助转移其所有权的所有企业和个人。分销渠道的起点是企业（制造商），终点是消费者，中间环节包括参与了商品交易活动的批发商、零售商、代理商和经纪人，称为中间商。

（一）分销渠道的作用

中间商在将产品或服务从生产商转移到消费者的过程中，发挥着非常重要的作用，具体来说表现在以下五个方面：

1. 连接产销，协同销售

中间商像一座桥梁，一头连接制造商，一头连接消费者，消除产品供应与消费之间在时间、地点和所有权等方面的差异，增加价值；中间商通过自己的销售队伍，开拓市场，最大限度地接触终端消费者，实现销售目标。

2. 收集信息，协调矛盾

中间商在接触终端消费者的过程中，收集现实消费者、潜在消费者、竞争对手及其他市场参与者的需求和信息，为企业生产决策提供信息支持；同时，制造商和消费者在消费的时间、空间上都存在一定的矛盾，中间商通过运输、拆分、储存、汇总、销售与服务等系列工作，协调解决生产商与消费者之间的矛盾。

3. 提高效率，促进销售

企业如果只依靠自身力量直接向分散的、众多的消费者进行销售，其销售的时间成本、人力成本、资金成本都会很高，交易效率会较低。而采用分销模式，企业只需要和数量不多的中间商进行交易，提高了交易效率；而且，中间商通过宣传和传播产品有关信息，开展促销活动吸引更多的消费者，能有效地促进产品或服务的销售。

4. 节约成本，分担风险

中间商可以承担部分渠道建立、市场开拓和产品销售费用，企业就可以节约这方面的成本，同时，中间商会购买商品的所有权，也需要承担市场需求变化、市场价格变动等对产品销售带来的风险。

5. 提升企业市场竞争能力

"得渠道者得天下"，企业的分销渠道是企业的核心竞争力之一，成熟的分销渠道可以和产品、技术、资金等一样为企业带来丰厚的回报，使企业在市场中保持持续的竞争能力。

（二）分销渠道的类型

分销渠道按不同的标准可以划分为不同的类型：按有无中间商可以分为直接渠道和间接渠道；按中间流通环节的多少可以分为长渠道和短渠道；按每个中间环节中相同中间商数量的多少可以分为宽渠道和窄渠道；按渠道类型的多少可以分为多渠道与单渠道。

1. 直接渠道和间接渠道

直接渠道是指制造商不通过中间环节，直接将产品销售给消费者。间接渠道是指制造商通过中间商环节把产品送到消费者手中。

直接渠道又称为直销。直销实际上是将产品的部分利润从代理商、分销商、广告商处转移给直销员和消费者的一种经营形式。直销能有效地缩短流通环节，将产品快速送到消费者手中，加快资本运作。直销同时能更好地将消费者的意见、需求迅速反馈回企业，有助于企业战略的调整和战术的转换。直销必须具备两个要素：优质的产品和高质量的服务。

2. 长渠道和短渠道

长渠道是指具有较多中间流通环节的分销渠道，短渠道是指中间流通环节较少的分销渠道。长渠道与短渠道是相对的，一般直接渠道和一级渠道属于短渠道，二级渠道和三级渠道属于长渠道。

（1）一级渠道：制造商→零售商→消费者。

（2）二级渠道：制造商→批发商（代理商）→零售商→消费者。

（3）三级渠道：制造商→代理商→批发商→零售商→消费者。

3. 宽渠道和窄渠道

宽渠道是指企业的同类经销商多，产品在市场上分销面广。如某商品由多家批发商经销，又转卖给更多的零售商，大批量地销售商品，大量接触消费者，这就属于宽渠道，反之则为窄渠道。

4. 多渠道和单渠道

多渠道是指企业的不同产品或同类产品在不同地区采用不同的分销渠道类型去销售。比如，企业在外地采用间接渠道，在本地采用直接渠道，某些产品采用宽渠道，某些产品采用窄渠道。单渠道则是指企业全部产品都采用单一的分销渠道去销售。

（三）分销渠道系统模式

分销渠道系统模式是指分销渠道成员之间相互联系的紧密程度以及成员相互合作的组织形式。现代分销渠道系统模式主要有四种：松散型系统模式、垂直式渠道系统模式、水平式渠道系统模式和多渠道营销系统模式。

1. 松散型系统模式

松散型系统模式是一种传统的渠道系统，它的特点是：渠道成员在产权和管理上相互独立，渠道缺乏统一目标，每个成员自我决策，缺乏明确分工与合作，缺乏信任感，关系不稳定。

2. 垂直式渠道系统模式

垂直式渠道系统模式是由制造商、批发商和零售商纵向整合组成的统一系统，它的特点是专业化管理、集中计划，各成员为了共同的利益目标，采用不同程度的一体化经营或联合经营。

3. 水平式渠道系统模式

水平式渠道系统模式是指由两家以上的公司联合起来的渠道系统，它的特点是发挥群体作用，共担风险，获取最佳效益。

4. 多渠道营销系统模式

多渠道营销系统模式是指对同一或不同的市场采用多条渠道进行分销的系统，一种是制造商通过多渠道销售同一产品，另一种是制造商通过多渠道销售不同的产品。

❷ 设计分销渠道

设计分销渠道是企业在分析影响分销渠道选择的因素的基础上，确定分销渠道的类型，选择合适的分销渠道成员以及评估分销渠道的过程。

（一）分析影响分销渠道选择的因素

影响分销渠道选择的因素较多，主要有产品、市场和企业自身等因素。企业（制造商）在设计分销渠道时，要先对产品、市场、企业本身等因素进行综合分析。

1. 产品因素

产品单价、产品大小、产品的时效性、产品的技术性和标准化程度、产品的生命周期等都会影响企业对分销渠道的选择。

（1）产品单价。一般来说，单价高的产品，适合采用短而窄的分销渠道；而单价低的产品，适合采用长而宽的分销渠道。

（2）产品大小。体积大、质量重的产品，意味着更高的装运成本和存储成本，适合采用最短的分销渠道；体积小、质量轻的产品，适合采用长渠道，发挥渠道优势。

（3）产品的时效性。易腐烂、易毁坏的产品，应尽量缩短分销渠道，尽可能快地送到消费者手中。

（4）产品的技术性和标准化程度。如果产品技术比较复杂，对售后服务要求比较高，应采用短渠道，或者由制造商直接销售给用户。产品的标准化程度越高，渠道的长度可以越长，宽度也可越宽，而对于专用性高或者定制品则适合采用短渠道或者以专卖店的形式销售。

（5）产品的生命周期。对处于投入期的新产品，企业要尽快打开市场，可以自己组建营销队伍直接销售给消费者；对于成熟期的产品，以间接销售为主。

2. 市场因素

潜在消费者的数量、潜在消费者的地理分布状况、消费者的购买习惯、竞争者使用分销渠道的情况等都会影响企业对分销渠道的选择。

（1）潜在消费者的数量。如果潜在消费者数量少，市场范围较小，适宜采用直接渠道或短渠道；反之，则适合长渠道。

（2）潜在消费者的地理分布状况。潜在消费者如果分布比较集中，适宜采用直接渠道或短渠道；反之，则适合长渠道。

（3）消费者的购买习惯。对于消费者想随时随地能购买到的商品或服务，适合采用长渠道；消费者的购买批量大、次数少时，则适合采取短渠道。

（4）竞争者使用分销渠道的情况。一般来说，制造商要尽量避免和竞争者使用相同的分销渠道。

3. 制造商自身情况

营销目标、营销能力、资金、企业对分销渠道的控制要求等都会影响企业对分销渠道的选择。

（1）营销目标。如果企业的营销目标是提高市场份额，则适合采用宽渠道和多渠道；如果企业追求高利润，则适合采用窄渠道，降低密度。

（2）营销能力。如果企业自身的营销能力、储存能力等都比较强，则适合采用直接渠道。

（3）资金。若企业资金雄厚，可自由选择分销渠道；若企业资金薄弱，则需要依靠中间商，只能选择间接渠道。

（4）企业对分销渠道的控制要求。如果企业要求严格控制分销渠道，则尽可能选择短而窄的渠道，反之则选择长而宽的渠道。

4. 其他因素

其他因素比如政策因素，国家对直销的管控政策会影响制造商对分销渠道的选择决策；此外，经济环境、社会文化环境、法律环境、科学技术的发展等，都会影响企业对分销渠道的选择。

（二）确定分销渠道类型

分析了影响分销渠道选择的因素之后，就要确定分销渠道的类型了。确定分销渠道类型的步骤包括确定分销渠道的长度，确定分销渠道的宽度以及明确各渠道成员的责任。

1. 确定分销渠道的长度

分销渠道越短，中间商的层次越少，制造商自身承担的销售任务就越多，信息传递越快，销售越及时，越能有效地控制分销渠道。制造商在决定中间商的层次数量时，要充分分析企业的特点、产品的特点、市场特点等，以决定适合企业的中间商层次数量。

2. 确定分销渠道的宽度

企业在决定中间商的层次数之后，还要决定同一层次中间商的数量，即渠道宽度。一般来说，渠道宽度可以分为三种类型：密集分销、独家分销和选择分销。

（1）密集分销。密集分销是一种最宽的分销渠道，它是指制造商尽可能地通过许多负责任的、适当的批发商、零售商推销其产品。它常用于日用消费品的分销，使消费者接触产品的机会变多，广告的效果好，但制造商无法控制分销渠道，与中间商的关系比较松散。

（2）独家分销。独家分销是最极端的形式，也是最窄的分销渠道，通常适用于某些技术性强的耐用消费品或名牌产品。独家分销是指制造商在一定的市场区域内仅选择一家中间商销售本企业的产品。根据合同，在规定的区域内制造商不能再找其他中间商销售其产品，选定的中间商也不能销售其他企业生产的同类竞争性产品。独家分销可以提升品牌形象，保证高利润，但是市场覆盖面会较小，制造商会过度依赖中间商。

（3）选择分销。选择分销是指企业在市场上选择少数符合本企业要求的中间商经营本企业的产品。它是一种介于宽渠道与窄渠道之间的销售渠道。它一般适用于消费品中的选购品和特殊品，以及专业性强，用户比较固定，对售后服务有一定要求的工业产品。

3. 明确各渠道成员的责任

制造商和中间商需要通过合同明确合作条款和各渠道成员的责任，包括各渠道成员需遵守的价格政策、销售条件、地区特权和具体服务。制造商要制定一个价格表和一系列公开的中间商折扣条约，指定每个渠道成员的经营区域，在安排新的经销商时要特别仔细，以免引起渠道冲突。

（三）选择分销渠道成员

当企业选择好渠道模式后，就需要选择具体的中间商来承担具体的分销任务了。从制造商的角度出发，企业评价和选择中间商的主要依据可以概况为 8 个方面，这 8 个方面的英文单词都是以字母 C 开头，所以简称 8C 标准，即成本、资金、控制、覆盖、特点、连续性、信用和能力。

1. 成本（Cost）

企业选择中间商，首先要考虑的就是成本问题，渠道成本就是企业建立、发展与维持渠道所需要的费用。制造商一般会选择那些能够承担部分广告费用和其他促销活动费用的中间商，以减少企业的负担，降低销售费用。

2. 资金（Capital）

制造商要选择资金力量比较雄厚、财务状况良好的中间商。因为这样的中间商能够及时付款、不拖欠，而且能对有困难的制造商提供财务帮助，从而有利于扩大产品销路。

3. 控制（Control）

为了及时掌握市场变化，更加了解营销渠道的情况，以扩大销量，企业需要增强对分销渠道的控制力。

4. 覆盖（Coverage）

一般而言，中间商的营销网络市场覆盖率越高、覆盖面越广，其产品推广与市场开拓能力越强。所以，企业会尽量选择市场覆盖面广的中间商。

5. 特点（Character）

企业所选择的分销渠道必须适合企业本身及其产品的特点，即所要选用的中间商的经营范围应该与制造商的产品销路基本对口。

6. 连续性（Continuity）

企业要尽量选择那些经营状况稳定、经营时间较长的中间商。

7. 信用（Credit）

信用是指中间商的信用度的大小，在营销实践中，商品销售状况良好但回款能力极差的中间商应该慎重考虑；否则，企业容易因为资金周转问题而陷入困境。

8. 能力（Capability）

企业可以从开拓市场的能力、营销能力、管理能力、提供技术支持与售后服务能力、商品的存储运输能力等方面对中间商进行考察，以做出正确的选择。

（四）评估分销渠道

评估分销渠道的标准有三个：经济性、可控性和适应性，其中最重要的是经济性。

1. 经济性标准评估

经济性标准评估主要是比较每个分销渠道可能达到的销售额及费用水平，制造商通过比较本企业的分销渠道与其他企业的分销渠道的经济性，比较由本企业直接营销与由中间商销售的经济性，做出正确的决策。

2. 可控性标准评估

可控性标准评估主要是比较每个分销渠道成员与制造商的营销目标的一致性程度。一般来说，企业直接销售可控性强，中间商销售可控性小；分销渠道越长，可控性越小；渠道越短，可控性越大。企业要全面比较、正确决策。

3. 适应性标准评估

适应性标准评估主要比较分销渠道的市场适应性和竞争适应性。一般合同时间越长，适应性越小，制造商在签订合同时不要签订时间过长的合同。

三 认识典型中间商

分销渠道有两种典型的中间商,即批发商和零售商,它们分别承担着分销渠道的两种重要职能,即批发和零售。

(一)批发商

批发商是指向生产企业(制造商)购进产品,然后转售给零售商、产业用户或各种非营利组织,不直接服务于个人消费者的商业机构。其位于商品流通的中间环节。根据批发商是否拥有产品的所有权,可以分为经销商和代理商。

1. 经销商销售模式

经销商一般是指与生产企业或供货商达成协议,在规定的期限和地域内购销指定商品的商业机构。供货商和经销商之间是一种买卖关系,经销商是以自己的名义购进货物,在规定的区域内转售时,也是以自己的名义进行,货价涨落等经营风险要由自己承担。经销商可以分为一般经销商与独家经销商。

2. 代理商销售模式

代理商接受制造商委托从事销售业务,其收益主要是从委托方获得佣金或者提成。但是制造商没有向代理商转让产品所有权。因此,代理商只是在接受制造商委托的前提下进行商品的代销。一般来说,代理商不购买产品,不必为产品付款,也没有产品的所有权。

(二)零售商

零售商是指把商品和服务直接销售给最终消费者,以供应消费者个人或家庭消费的中间商。零售商在营销渠道中发挥着重要作用,它将品牌与消费者连接在一起,是完成消费者购买的最后一站。随着生产的发展,需求的增长,零售商的形式也在发展和变化,目前我国主要有以下八种类型的零售商:

(1)超级市场。这是指采取自选销售方式,以销售生鲜食品、副食品和生活用品为主,满足消费者每日需求的零售业态。

(2)便利店。这是指以满足消费者便利性需求为目的的零售业态,主要提供便利商品、便利服务,价格水准略高于超市。

(3)大型综合超市。这是指采取自选销售方式,以销售大众化实用品为主,满足消费者一次性购足需求的零售业态。它与超市的不同之处在于,它销售的是大众化的实用品,满足的是消费者一次性购足的需求。

(4)仓储式会员商店。这是指会员制的仓储式商店,如沃尔玛、麦德龙都属于这一类型。

(5)百货店。这是指在一个大的建筑物内,根据不同的商品设立销售区,开展订货、管理、营运,满足消费者对时尚商品多样化选择需求的零售业态。

(6)专业店。这是指以经营某一大类商品为主,并且配有丰富专业知识的营销人员和适当的售后服务,满足消费者对某大类商品的选择需求的零售业态。

(7)专卖店。这是指专门经营或授权经营制造商的品牌,适应消费者对品牌选择需求的零售业态。它经营的商品可以不是某一类的商品,但是是某一品牌的商品,如同一品牌的衣服、皮带、皮夹、皮鞋、皮包等。消费者选择的是一个品牌,也可能是一系列的产品。这种专卖店也发展得很好。

(8)购物中心。购物中心是指多种零售店铺、服务设施集中在一个建筑物内或一个区域内,向消费者提供综合性服务的商业集合体。内部结构由百货店或超级市场作为核心店,辅之以专卖店、饮食店、杂品店以及娱乐健身休闲场所等。

四 管理分销渠道

分销渠道建成后并不是一劳永逸的,渠道建成后,企业仍要加强管理,根据市场的发展状况不断加以调整,确保分销渠道有效发挥其职能。

(一)分销渠道管理中存在的常见问题

1. 效率低下

传统分销渠道模式下,渠道冗长,信息传递速度慢,信息反馈难,而且每一个渠道成员都是相互独立的,以各自利益最大化为目标,有时会不惜牺牲渠道整体利益和厂家利益,影响了分销渠道的建设与产品知名度的提升。同时,一些中小企业不顾实际情况,一定要自建销售网络,但是由于专业化程度不高,致使渠道效率低下,反应缓慢,管理成本较高,人员开支、行政费用、广告费用、推广费用、仓储配送费用巨大,给企业造成了很大的经济损失。

2. 过分依赖中间商

过分依赖中间商的现象十分普遍,由于良好的市场机遇,一些中间商(经销商)掌握了巨大的市场资源,很多企业只能依赖经销商进行销售,导致出现很多问题,比如:回款困难,企业过度依赖经销商,经销商就会提出很多特殊的要求,尽量拖延付款,给企业的现金流造成困难;过度依赖经销商,会使企业不了解市场状况,难以做出正确的销售策略;导致企业对分销渠道的控制力变弱,经销商可以不完全执行企业的营销策略,产生诸如窜货的问题。

3. 分销渠道冲突

分销渠道冲突是指在同一市场建立了两条或两条以上的渠道而产生的冲突,其本质是几种分销渠道在同一个市场内争夺同一客户群而引起的利益冲突。分销渠道冲突可以分为三种:水平渠道冲突、垂直渠道冲突和不同渠道间的冲突。

水平渠道冲突指的是同一渠道模式中,同一层次中间商之间的冲突,如同一区域内两家批发商或两家零售商之间的冲突。产生水平冲突的原因大多是企业没有对目标市场的中间商数量分管区域做出合理的规划，使中间商为各自的利益互相倾轧。垂直渠道冲突也称作渠道上下游冲突，指在同一渠道中不同层次经销商之间的冲突，这种冲突较之水平冲突要更常见。不同渠道间的冲突指的是企业建立多渠道分销系统后，不同渠道服务于同一目标市场时所产生的冲突。

4. 分销渠道不稳定

分销渠道中发生冲突，这些问题如果不能及时处理，就会导致经销商队伍涣散，与企业合作减少，整个销售网络处于极不稳定的状态。

（二）分销渠道管理措施

分析分销渠道问题的产生，主要原因有：经销商和企业（制造商）目标不一致，经销商之间的责任不清晰，制造商的管理控制力弱，经销商信用缺乏等。为预防和解决这些分销渠道问题，企业可以从以下四个方面加强对分销渠道的管理：

1. 目标管理

经典管理理论对目标管理的定义为：目标管理是以目标为导向，以人为中心，以成果为标准，使组织和个人取得最佳业绩的现代管理方法。人们有了目标之后才能更好地工作。制造商在制定分销渠道目标时，既要考虑与企业的总体营销目标一致，也要考虑与营销组合中其他目标一致。分销渠道的目标一般有如下类型。

（1）便利性目标。分销渠道的重要职能是接触目标消费者，使目标消费者方便顺利地买到产品或服务。分销渠道的目标应尽可能为消费者提供购买便利，根据消费者的购买习惯来决定分销网络的铺货率。

（2）经济利益目标。分销渠道的经济利益目标包括销售额目标、销售增长目标、利润目标、市场占有率目标、销售费用控制目标等。

（3）中间商支持度目标。企业与中间商之间是合作共赢的关系，企业要支持中间商的销售，包括广告、促销、公关及信息沟通等方面的支持活动。

（4）消费者服务目标。企业要制定一个统一的消费者服务水平，包括售前服务、售中服务和售后服务标准，并制定具体、量化的衡量标准，方便渠道成员采用，也方便评价渠道成员的工作。

2. 任务管理

分销渠道的整体任务主要有：推销、渠道支持、物流、产品修正与售后服务以及风险分担。一般而言，渠道任务在渠道成员之间的分配，可以通过价格政策、交易条件和地区划分等渠道功能事项明确加以界定并以合同为规范。

（1）价格政策。价格政策为一个渠道成员针对另一个或一些渠道成员所制定的价格方面的规定，有利于防止渠道中的价格混乱，减少由于价格混乱而导致的渠道冲突，如窜货和中间商之间的价格战等。

（2）交易条件。交易条件包括付款条件，制造商的商品质量保证、按时供货保证和货物交割方式，以及中间商的库存水平、服务质量和服务方式等。

（3）地区划分。地区划分就是要规定中间商的地区权利，明确说明各中间商的消费者服务范围，要在合同中做出明确的规定，以免渠道内成员之间发生内耗。

（4）其他特定内容。除了上面所讲的责任和规定的义务之外，在一些特定内容上，也要在渠道成员之间明确划分责任界限，如针对促销、信息沟通、资金帮助、人员培训、销售服务、商品展示和商品陈列等方面所做的安排。

3. 信用管理

分销渠道中存在一定的风险，渠道信用风险是指渠道中任一成员的货款由于渠道中另外成员的原因不能及时收回或不能收回而给该成员造成的可能损失。渠道信用风险的产生有社会原因，也有管理上的原因。企业要加强信用管理，预防损失。

（1）信用风险监控。在风险管理体系中，风险的日常监控具有举足轻重的作用，有效的监控可以把风险化解在萌芽阶段。企业可以成立专门的信用风险管理部门，同时配备专业人员建立渠道成员的信用档案，进行风险分析，确定各成员的信用额度；建立完善的信用调查机制，随时了解各成员的信用状况及其变化；定期对渠道成员的信用额度进行审核，及时进行调整。

（2）信用风险规避。风险监控是一个风险发现的过程，要做到有效控制风险，必须有相应的风险规避机制。企业可以通过有效控制发货、留置所有权、贸易暂停、坚持额外担保、寻访评估渠道成员等方法，有效控制风险。

（3）信用风险处置。风险监控和风险规避只能预防一定的信用风险，并不能完全避免风险，企业还要制定信用风险处置办法，以应对出现的风险。企业可以建立储备渠道递补机制，以最快的速度弥补空白市场；设立专业的法务部门，在出现风险、纠纷时以法律手段追索赔偿；公布黑名单，对于给厂商造成重大损失的渠道，给予永久性不合作的警示性处罚。

4. 绩效管理

企业有必要对中间商的工作绩效进行定期评估。评估的内容包括：销售指标完成情况、存货水平、向顾客交货的速度、产品市场覆盖程度、对损坏和遗失商品的处理、促销和培训计划的合作情况、货款回收情况及信息的反馈程度等。通过定期评估企业可以及时掌握销售动态、发现问题、解决问题，保证营销活动顺利有效地进行，同时为激励与处罚提供依据。

企业还有必要对中间商进行激励，促使中间商与企业合作，执行企业的各项管理政策。常见的激励方法有：向中间商提供适销对路的产品，扩大产品的销售面；通过提供资金支持、销售服务，协助开展经营活动等方式扶持中间商；开展各种促销活动如广告宣传、派人帮助营业推广等支持中间商的销售；与中间商结成长期的合作伙伴关系。

五 初创企业分销渠道构建

初创企业由于自身特点在构建分销渠道时会遇到很多困难，比如：知名度低导致市场覆盖面窄；产品结构单一无法满足中间商的供货需求；价格战导致利润率低，削弱企业经济实力等。因此分析初创企业分销渠道存在的问题，制定适合初创企业的分销渠道构建方法，具有迫切的现实意义。

（一）初创企业分销渠道存在的问题

1. 渠道选择困难

初创企业刚刚起步，资金、人才都比较缺乏，经济实力不强，产品品牌知名度都较低；在选择中间商和被中间商选择的过程中缺乏话语权，只能选择某一种或某一个中小型中间商，但中小型中间商销售能力较大型中间商要差；选择大型中间商也会被轻视，大型中间商不会重点销售初创企业的产品，所以，初创企业在选择中间商方面存在两难。

2. 渠道拓展困难

多数初创企业产品比较单一，一般只会生产一种产品或一类产品，产品结构单一且缺乏知名度，很难满足中间商的供货需求，产品还会经常积压在中间商的仓库中，使得初创企业渠道拓展存在困难。

3. 渠道控制困难

初创企业在渠道管理方面经验不足，政策不完善，加上产品知名度问题，使得渠道营销人员没有积极性推销产品，还容易钻政策的空子，出现一些中间商管理上的难题，使得渠道控制存在困难。

（二）初创企业分销渠道构建方法

针对初创企业的特点和分销渠道中存在的困难，企业在创业之初既要重视分销渠道的构建，又要采取简单易行、适合自身的方法构建分销渠道，建议从以下方面入手：

1. 提升品牌意识，推动渠道拓展

初创企业品牌知名度不高是分销渠道不畅的根本原因。从企业长远来看，初创企业只有努力提升品牌知名度，才能让消费者了解产品、信任产品、购买产品。消费者的需求增加，中间商自然愿意销售该产品，愿意与初创企业合作，那么企业就有了话语权，能自由选择分销渠道并加强对渠道的控制。

2. 减少中间商，降低销售成本

初创企业尽量简化分销渠道，适合采取直接分销渠道或一级分销渠道，这样既可以节省成本，将利润直接转让给消费者获得消费者的好感，还可以直接面对消费者获取反馈信息，及时调整营销策略。初创企业可以采取人员推销、电话营销、社区直销，也可以采取直营门店的方式弱化中间商，构建自己的营销队伍，加强销售管理，提升销售能力。

3. 打造样板市场，吸引成员加盟

样板市场是指企业集中资源所打造的，在品牌与产品认可度、终端铺货率与生动化、终

端促销、售程服务、人员管理与维护等一个或多个方面均具有典型代表性的目标市场，是企业为实现招商，拓展良性市场，激活休眠市场，树立渠道或终端信心，试销新品等目的，而精心打造的优势市场。企业在招商过程中，仅靠一则招商广告和业务人员的游说是远远不够的，要让中间商看到实际的东西，可以带中间商参观样板市场，使中间商从样板市场中看到市场机会，从而吸引中间商加盟。

扫码观看初创企业分销渠道策略

思政园地

合作共赢：企业高质量发展的原动力

一、案例导入

良品铺子：洞见"良品"，合作共赢

良品铺子股份有限公司于 2006 年 8 月诞生于湖北武汉，是一家集休闲食品研发、加工分装、零售服务于一体的品牌连锁运营公司。公司产品数超过 1000 种，以华中市场为中心，辐射全国，已有 2 200 多家门店遍布华中、华东、华南、西北、西南等 13 省。2020 年 2 月，良品铺子在上交所成功上市。

2020 年 5 月，良品铺子发布了 2019 年年报，公司 2019 年实现营业总收入 77.15 亿元，同比增长 21%。同年 8 月，良品铺子发布了 2020 年上半年报，公司上半年营业收入 36.10 亿元，同比增长 3.02%。虽然受疫情影响增幅并不明显，但是公司的业绩表现依然优于市场预期，这与良品铺子强大的产业链合作能力密不可分。2020 年 8 月，在第六届供应商大会上，良品铺子宣布成立"供应链高质量发展委员会"，表示将走灯塔型高质量发展之路，实现从"支撑产业链"到"引领产业链"的转型。

良品铺子顺应消费升级趋势，将自家产品定位为高端零食，相较于同类别产品，良品铺子的售价高于其他零食品牌。高端的价位就需要高端的品质支撑，良品铺子深谙其中之道。公司对供应商的质量管理非常严格。汕头市某食品公司陈总对此深有体会，该食品公司曾有过因提供给良品铺子的果冻肉的重量有偏差收回货物的"惨痛"经历。这款果冻每一只的果冻肉标重是 120 克，但陈总公司提供的部分果冻的果冻肉少了 1.5 克，良品铺子认为质量不达标，最终，陈总回收了全部 1 000 多箱果冻。只有严把产品质量关，才能实现与供应商之间的长期稳定合作关系。

在良品铺子 260 多家国内供应商中，有 13 家供应商年采购额突破 1 亿元，14 家供应商年采购额超 5 000 万元，37 家供应商年采购额超 2 000 万元。与良品铺子合作 10 年以上的供应商达全部供应商的 10%，合作 5 年以上的达 25%。正是这些长期合作的供应商，承担了良品铺子 50% 以上产品的生产制造，保证了良品铺子出"良品"。

良品铺子在筛选、管理、监督、评价等诸多环节对供应商进行严格管理，与供应商进行良好互动。在良品铺子的高标准带动下，供应商实现了30%以上的年销售增长。

二、案例讨论

问题：

1. 试分析良品铺子与供应商的合作共赢模式有何作用。
2. 什么是合作共赢？营销人员应该如何培养合作意识？

三、分析与建议

良品铺子合作共赢模式的作用主要体现在以下两个方面：一方面，对于良品铺子而言，从源头稳定高品质供应，支撑品牌高端发展，满足消费者升级需求。良品铺子与其他竞争品牌一样，采用轻量化的产业代工模式。公司对休闲零食市场进行充分研究，以消费者体验为中心，以需求驱动生产。为了满足消费者对休闲零食的高品质需求，公司在全球范围内寻求优质的供应商，采购优质的原材料。另一方面，对于供应商而言，利用良品铺子高效的渠道优势，实现共生发展。截至2019年年底，良品铺子在全国拥有2 416家线下门店。2020年实行积极的扩展策略，开拓了青岛等全新市场。良品铺子全面深入的全渠道布局，为供应商产品打开了巨量的国内市场。

合作共赢是指交易双方或共事双方或多方在完成一项交易活动或共担一项任务的过程中互惠互利、共赢共生，能够实现双方或多方的共同收益。合作共赢是"1+1>2"，合作可以使双方共克时艰，共赢商机，提振信心，共同发展。

在移动互联网时代，市场竞争愈发广泛和深入。企业要想高质量发展，必须寻求多方合作，合作才能发展，合作才能共赢。企业不仅要寻求与内部各部门、员工、股东等的合作共赢，还要寻求与外部的供应商、渠道商、同行、关联企业等全产业链的合作共赢。企业在互利合作中应做到：讲诚信做好自己，注重大局求大同存小异，信任和包容合作伙伴，开诚布公地积极沟通，坚持合作合约原则，将合作共赢长久地深入开展下去。

实训操作

初创企业分销渠道设计

1. 实训目的

通过实训理解分销渠道的结构与特点，为选定的模拟初创企业产品进行分销渠道设计。

2. 实训内容与步骤

（1）根据模拟的初创企业产品特色，为企业选择一种分销渠道。

（2）说明选定的分销渠道的特征。

（3）设计具体的分销渠道，例如，选择零售渠道，那么设计店面选址和店内设计。

3. 实训成果要求

提交模拟初创企业分销渠道设计报告书PPT。

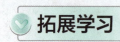

如何打造样板市场

企业的样板市场，又称为榜样市场，是企业成就长远品牌的根据地。企业没有样板市场，相当于革命没有根据地，很难取得品牌的成功。样板市场是最好的代言人，无样板不招商。发展和建设渠道，无论是代理商还是终端商甚至是终端用户，一个实打实的样板市场是必不可少的。

一、打造样板市场的原则

打造样板市场的核心是在样板市场领域获得竞争优势，成为领先品牌。初创企业要想基业长青，就要获得竞争优势，成为行业内或同一品类内领先品牌。

（一）地域性原则

样板市场要离企业所在地比较近，方便企业的管理，也方便其他经销商前来考察。如果是以招商为目的的样板市场，则主要看与竞争对手的距离，尽量减少竞争对手的干扰。

（二）时间性原则

企业确定产品定位和营销策略之后，要尽快启动样板市场的建设，因为产品有生命周期，有时效性，样板市场的建设宜早不宜迟。

（三）经济性原则

经济性原则也就是投入产出比的问题，企业要整合营销资源，找到适合企业、产品和市场行情的启动与运作市场的策略，努力提升投入产出比，提升样板市场的推广价值。

（四）代表性原则

样板市场要选择普通的典型化困难比较多的市场，这些困难可能是行业信誉度低、同业竞争激烈、铺货不力、营销策略不当、信息反馈不畅通、陈列杂乱等问题。要解决这些问题难度较大，培育这样的样板市场也需要较长的时间，但是这些典型化的问题解决后能积累丰富的经验，真正起到榜样市场的作用。

（五）可复制性原则

企业在培育样板市场时，不要弄虚作假，要扎扎实实地把市场做起来，打造样板中的样板，如促销广告样板、成功经销商样板、终端样板，以确保这样的样板市场真正能被复制。

二、打造样板市场的步骤

打造样板市场通常有三个步骤，第一步就是选择合适的样板市场；第二步是培育确定下来的样板市场,总结商业模式;第三步是复制样板市场,发挥榜样市场的作用,简单来说就是选择、培育和复制。

(一)选择样板市场

选对市场才能做好样板市场。脑白金在刚上市时,企业就是选择了样板市场进行推广,刚开始选择在繁华的南京打造样板市场,结果周期长、效果也不明显,后来选择在江阴打造样板市场,避开了竞争对手,集中人力物力,很快便打造出了火爆的脑白金市场,并完成了以点带面的营销策略。中国市场规模大、地域差异大,各区域市场在行业竞争、消费能力、消费习惯方面都存在非常大的差异,企业在打造样板市场之初,就要选择合适的区域和市场。

1. 选择区域

样板市场的区域选择应遵循以下原则:该区域的经济水平要比较高,要有足够的购买力;该区域的人口要较多,消费基数庞大;该区域交通物流要发达;该区域政策环境要比较宽松,适合企业发展;该区域要具有对周边的辐射和带动作用。

2. 选择市场

区域选定以后,就是确立准样板市场,即未来样板市场将用什么标准来确定,由谁来承载。准样板市场的确定要参照以下原则:该市场资源最好先前没有遭到破坏,一个崭新的市场更容易打造成优秀的样板市场;该市场经销商要实力雄厚,资金、人员、仓库、车辆充裕;经销商有丰富的网络资源,销售渠道畅通;经销商与厂家有共同的愿景,有共同打造样板市场的强烈愿望和激情;该市场极具代表性,对周边市场有一定的影响力和威慑力。

3. 制定目标

准样板市场确定后,针对每一个具体的市场,企业还要制订具体的营销目标,设计达成方案,确定目标达成时间和最终所要达到的效果等。样板市场的目标包括以下内容:网点开发目标,它又细分为城区市场开发目标和乡镇市场开发目标;铺货率及占有率目标;销量目标;利润目标。

(二)培育样板市场

培育样板市场就是要培育一支销售队伍,培育一个商业模式,培养经销商的信心。培育样板市场包括导入企业 CIS 系统、制定产品布局、打造营销团队、设定运作模式、检核与修正样板市场五个步骤。

1. 导入企业 CIS 系统

样板市场作为榜样,首先要起到统一形象的作用。企业的 CIS 形象识别系统首先要应用到样板市场中,统一企业理念,统一企业视觉形象,统一营销人员形象等,让品牌形象深深扎根于消费者心中。

2. 制定产品布局

制定产品布局一般涵盖以下几个方面:产品定位,即产品以哪个档次和形象出现,是以高档产品切入,还是以低档产品渗入;产品定性,即将产品分为形象产品、冲量产品、衬托产品;产品比例,即形象产品、冲量产品和衬托产品的占比;产品分类,根据市场的属性,产品可分为流通型产品、商超型产品和特通产品;产品卖点,即切入市场的产品一定要有足够多的卖点,以最大化地吸引人们的眼球,赢得消费者青睐。

3. 打造营销团队

样板市场的顺利打造，必须要有严密的组织和体系来保障，特别是要打造一支具有较强营销能力和执行力的样板市场营销团队。最好成立由营销高管挂帅的样板市场指挥部，并制定责权利分配制度，明确各自的职责，定期沟通交流，防止由于生产、供应和物流不协调造成的销售延误，加强培训，提升营销人员的营销能力。

4. 设定运作模式

样板市场可供选择的运作模式主要有：以低价切入市场，通过衬托类低价产品的大量投放，导入产品；以促销切入市场，通过举行免费派送、免费品尝、即买即送、发放促销品等活动，吸引目标受众；以广告切入市场，通过报纸、电台、电视台、网络等传播媒体扩大宣传，为品牌造势；此外，企业还可以通过结成战略联盟等新的运作模式，进一步开拓样板市场。

5. 检核与修正样板市场

随着企业内外环境的变化，企业应对运行中的样板市场加强检验与核查，主要检核的指标有：经销商数量和质量的变化，终端网点数量和质量的变化，客户资料的建立和客户满意度的提升，总销量成长率变化，市场占有率变化，库存及运输管理方面的变化，品牌知名度和美誉度的变化，客户服务质量变化等。检核之后，对于达到预期目标的，要总结经验；对于未达到预期目标的，要加大力度或延长运作周期；对于方向错误的，要重新拟订方案，予以修正。

（三）复制样板市场

样板市场成功之后，并不能简单地复制。虽然在选择样板市场时遵循了可复制性原则，在培育样板市场时明白了哪些措施可复制，哪些不可复制，及时进行了总结，但在复制样板市场时，还要做好以下工作：

1. 建立经销商的信心和忠诚度

无论样板市场如何成功，经销商都会有一些顾虑，制造商要对经销商进行样板模式运作培训，重点讲解样板市场是如何解决销售困难的，还可以邀请样板市场的经销商现身说法，打消经销商的顾虑，建立信心。树立经销商的信心之后，还需要通过培训让经销商接受企业的经营理念，并向经销商输出先进的市场推广方法，使经销商不仅可以赚到钱，还能学到深度分销的理念与方法，销售能力真正得到提高，从而提升经销商对企业的忠诚度。

2. 做好差异化方案

中国市场非常复杂，大到城乡的差异，一线城市、二线城市与三线、四线城市的差异，经济发达地区与落后地区的差异；小到同一级市场间的差异，如上海的消费者与北京的消费者之间存在差异、湖南省湘北与湘南的消费者在消费特性与能力方面有显著不同。因此，在进行样板市场复制时必须考虑到区域的差异性与区域市场的运营实情，对样板市场的经验应进行适当的修正与完善，做好差异化方案，使之更加契合不同的区域市场。

3. 把握复制的节奏

样板市场推广必须分批进行，先选择市场难度小、经销商配合度高的区域进行复制；必须分步骤、分层级、有计划地推进，切不可急于求成；取得每一步成功都要在公司、经销商大会上广泛宣传，不断激励员工和经销商士气；要确保企业的执行力及保障力，要使企业市场管理人员、营销人员充分熟悉成功的样板市场运作模式，切实了解后期如何推广，能够及时地纠正各地业务人员和经销商对样板模式的理解偏差，保证样板市场成功经验在执行过程中的科学性。

课后练习

一、单项选择题

1. 企业（制造商）在某一地区通过最合适的几家中间商分销其产品，这种分销策略是（　　）。
   A. 密集分销　　　　B. 选择分销　　　　C. 独家分销　　　　D. 区域分销
2. 分销渠道的中间环节不包括（　　）。
   A. 批发商　　　　　B. 代理商　　　　　C. 零售商　　　　　D. 消费者
3. 制造商在某一地区通过选择一家中间商为其经销产品的策略，称为（　　）。
   A. 密集分销　　　　B. 选择分销　　　　C. 独家分销　　　　D. 区域分销
4. 企业不通过流通领域的中间环节，采用产销合一的经营方式，直接将商品卖给消费者的是（　　）。
   A. 直接渠道　　　　B. 间接渠道　　　　C. 宽渠道　　　　　D. 窄渠道
5. 由制造商、批发商和零售商纵向整合组成的统一系统属于（　　）。
   A. 传统渠道系统模式　　　　　　　　　B. 垂直式渠道系统模式
   C. 水平式渠道系统模式　　　　　　　　D. 多渠道营销系统模式

二、多项选择题

1. 分销渠道包括（　　）。
   A. 制造商　　　　　B. 消费者　　　　　C. 中间商　　　　　D. 供应商
2. 按每个中间环节中相同中间商数量的多少可以将分销渠道分为（　　）。
   A. 宽渠道　　　　　B. 窄渠道　　　　　C. 直接渠道　　　　D. 间接渠道
3. 一般来说，渠道宽度可以分为（　　）。
   A. 密集分销　　　　B. 独家分销　　　　C. 选择分销　　　　D. 代理分销
4. 评估分销渠道的标准有（　　）。
   A. 经济性　　　　　B. 可控性　　　　　C. 普遍性　　　　　D. 适应性
5. 分销渠道冲突可以分为（　　）。
   A. 水平渠道冲突　　　　　　　　　　　B. 垂直渠道冲突
   C. 不同渠道间的冲突　　　　　　　　　D. 多渠道冲突

三、判断题

1. 电商的高速发展，"互联网去渠道"的说法是正确的。（   ）
2. 代理商接受制造商委托从事销售业务，其收益主要是从委托方获得佣金或者提成。（   ）
3. 选择分销渠道类型时只需要考虑企业自身因素就可以了。（   ）
4. 样板市场就是靠钱砸出来的。（   ）
5. 初创企业一定要建设样板市场。（   ）

四、简答题

1. 影响分销渠道类型设计的主要因素有哪些？
2. 分销渠道建设中常见的问题有哪些？
3. 分销渠道管理的方法有哪些？
4. 初创企业构建分销渠道的重点有哪些？
5. 打造样板市场需要遵循哪些原则？

五、案例分析题

深圳某日用品公司在全国洗发水市场调研的基础上为其新产品"×乐"洗发水制定了以下渠道策略：

第一，到二级城市争夺市场。"×乐"洗发水要想占领尽可能大的市场，在没有大量资金投入的情况下，直接进入一级市场无疑收效甚微，而且一级市场有众多名牌产品，很容易形成对新产品的围攻。因此，要先行进入二级市场，寻找地市级经销商。因为二级城市具有人口多、覆盖面广、周边辐射能力强的特点，是城市与农村的连接点，占有近可攻城市，远可退农村的地理优势。

第二，经销商定位于成长型代理公司。"×乐"洗发水属于新产品，市场基础薄弱，知名度较低，想要有效介入市场，需要找到既接受自己，又能够提升自己的经销商。通过分析比较成长型代理公司经营特点、经销心理和成熟型代理公司的经销心理，公司确认成长型代理公司更符合"×乐"洗发水的市场要求。

第三，零售点定位于中小型商场及超市。从中小型商场、超市的形态描绘和经营特点中可以看出，中小型商场、超市是"×乐"洗发水销售点的良好选择。

第四，经销商管理措施。为了提高经销商的热情，公司推出一系列激励措施：分销技能培训；营销人员培训；设定销售目标、奖励政策；广告宣传支持；售点广告支持；参与市场反馈信息的分析；参与维护营销网络；参与促销活动的策划、奖励业绩突出者。

问题

1. 该日用品公司为什么选择成长型代理商？
2. 该日用品公司的分销渠道有哪些特点？

任务二　开拓线上渠道

学习目标

【知识目标】
- 理解线下渠道与线上渠道的含义与差异
- 理解线上渠道的类型
- 掌握初创企业线上渠道的构建策略

【能力目标】
能为初创企业设计线上渠道建设方案

【素质目标】
理解家国情怀的内涵，树立为国创业、为民造福的远大理想

引导案例

方便速食新贵"拉面说"的成长之路

"拉面说"是上海锐舒电子商务有限公司于2016年10月上线的方便速食品牌。数据显示，"拉面说"2019年的年销售额达2.5亿元，一年共卖出1 600余万包拉面。品牌先后获得400万元天使轮、一千万元A轮融资，2018年、2019年分别获得A+轮和B轮融资，商业模式得到资本的充分认可，从统一、康师傅等巨头占主导地位的速食面红海市场中开拓出一块蓝海市场。

从市场定位角度，"拉面说"把握住了消费升级的市场机会，将核心客群定位于18~35岁年轻人，以女性主导，兼顾一二线城市白领及"先锋性"小镇青年，为其提供12.9~19.9元的即食拉面。

从产品创新角度，"拉面说"主打即食拉面，塑造消费者对日式拉面的认知，通过重庆小面、猪肚鸡面等中式本土拉面扩大产品项目，并不断拓宽产品的食用场景，实现单品不断迭代，提升客单价及复购率。

从销售渠道角度，"拉面说"创立初期即确定了开设天猫旗舰店等从线上突围的扩张路径。因为相较于线下商超渠道，线上渠道覆盖面更广，传播属性更强，并且线上能够承载更多的SKU，铺货、替换成本较低，有利于"拉面说"在试水初期降低试错成本，提高商品研

发、更新、测评效率。当前不少新兴品牌的主流选择即以单品入手，从线上突破，有效避免了在品牌创业初期因为渠道资源短板而被传统品牌压制的局面。

问题

1. "拉面说"的产品定位有何创新之处？
2. "拉面说"为什么会选择从线上渠道起步？

在移动互联网时代，作为经济主体的企业对消费风向的变化有着敏锐的观察，众多企业都将目光投向了网络，并积极主动地推动销售渠道的变革。线上渠道作为清理库存积压、盘活现金流量的主要手段，能够帮助企业摆脱困境，对于提振国内市场信心发挥了重要作用。企业应如何开拓有效的线上渠道呢？这就是本任务需要探究和训练的内容。

知识储备

线上渠道指企业销售所依托的互联网和移动互联网的各种渠道。线上渠道和线下渠道都是帮助产品或服务从生产者（企业和机构）向消费者转移的企业或个人，其在用途上可以相互取长补短。目前常见的线上渠道包括第三方平台、企业官方商城等传统电商渠道和企业APP、小程序、社交电商等新兴渠道。

一 线上渠道的类型

过去二十年，我国电子商务发展经历了培育期（1999—2004年）、创新期（2005—2014年）和引领期（2015年至今）三个发展阶段。培育期的电子商务以网站为基础，主要有零售商自营网站、电商门户网站、电商综合平台、黄页与信息展示四种模式。创新期的电子商务模式不断创新，在B2B、B2C、团购信息类领域的渗透日益增多。在B2C领域，电子商务出现了京东、苏宁易购、小米等企业；在B2B领域，出现了找钢网、金银岛等典型代表；同时，美团、大众点评等团购信息类企业也纷纷涌现。引领期的电子商务发展呈现更加多元化的特征，社交电商和新零售成为该时期电子商务模式的主力军。微信、拼多多、小红书等模式不断推陈出新，头条、抖音、快手等内容和视频网站的兴起重塑电子商务发展的产业格局。

企业的线上渠道大体可分为传统电商渠道和新兴电商渠道，新兴电商渠道又分为移动网店和社交电商，具体形式如图5-1所示。我国电子商务经过多年的发展，模式不断成熟，流量被淘宝、京东等几家大平台占据，传统电商平台上的中小买家的获客成本和运营成本不断上涨，流量红利消失。成本的高企，驱动商家开始寻找新的低成本的流量获取方式，开拓新的售货渠道。随着移动互联网时代的到来，以微博、微信为代表的社交APP全面普及，成为移动端最主要的流量入口。社交媒体占据了用户的大量时间,使用频次高、黏性强、流量价值大。

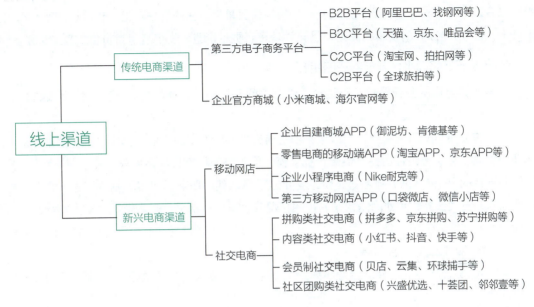

图 5-1 线上渠道的类型

二 传统电商渠道

(一) 第三方电子商务平台

第三方电子商务平台指独立于产品或服务的提供者和需求者,通过网络服务平台,按照特定的交易与服务规范,为买卖双方提供服务的网络平台。平台服务内容包括产品展示、信息发布、业务推广、销售管理、客户管理、在线支付和物流服务等。目前,它是消费者使用频率最高的线上渠道。

1. 第三方电商平台的类型

根据交易主体,第三方电商平台主要分为 B2C、B2B、C2C、C2B 四种类型。

B2B 电子商务平台是企业对企业的电子商务形式,是为企业之间交易提供服务的平台,比如阿里巴巴、慧聪网、我的钢铁网、中商惠民等,由于这类平台上的单笔交易数额往往较大,因此,一般情况下将其称为批发平台。

B2C 电子商务平台是企业对消费者的电子商务形式,是为企业与终端消费者这两者之间达成交易而提供服务的平台,比如天猫、京东商城、拼多多、唯品会、苏宁易购、当当网等,可以将其简单称为网上商场。

C2C 电子商务平台是消费者对消费者的电子商务形式,是为网民之间的交易提供服务的平台,比如淘宝网、拍拍网、易趣网等。因为这类平台上的单笔交易数额较小,且买卖双方是单个的网民,所以可以将这样的平台简单称为网上集贸市场。

C2B电子商务平台是互联网经济时代新的商业模式,是消费者对企业的电子商务形式,比如全球旅拍、聚想要等。它主要通过聚合大量的用户形成一个强大的采购集团,采用集体议价、联合购买等形式,享受到以大批发商的价格购买单件商品的利益。这一模式改变了原有生产者(企业和机构)和消费者的关系,是一种消费者贡献价值,生产者消费价值的新型关系。

2. 在第三方电商平台开设网店的步骤

在第三方电商平台开设网店,是企业最常见的开拓线上渠道的方式,其具体步骤如下:

(1)选择第三方电商平台。

企业首先可以利用艾瑞网、中国电子商务研究中心等发布的行业数据报告,了解本行业市场竞争格局、各平台的注册会员数、目标人群、优劣势等信息;利用站长之家、Alexa等工具了解各平台的PV值、网站排名等;登录各平台了解功能、服务、费用等基本信息。企业根据企业需求、资金预算和企业网络营销人员的情况综合考虑,从平台基本情况、实力指标、可信度指标等多维度评价各平台,并做出最后的选择。一般企业可选择在多个平台上进行在线销售。

(2)搭建第三方平台网店。

第一步,注册网店。选择好合适的第三方平台后,企业向平台提供相应的资料,注册账号,开设网店。

第二步,商品发布。企业在发布商品时,首先准备好所售商品的规格、特性、使用方法、售后服务等相关资料,遵照平台的商品发布流程发布商品,进行商品标题设置和商品图片的选择。

第三步,店铺设置。商品发布后,店铺就可以开张了,接下来就可以设置店铺了。店铺基本设置包括店铺介绍和店标设置。

第四步,店铺管理。店铺管理包括商品管理、交易管理、客服管理、物流和包装管理等。商品管理,可以对商品信息进行修改,也可以调整上下架商品,还可以对商品进行推荐设置。交易管理包括商品价格管理、退款管理、评价管理、数据管理等。客服管理包括售前服务、售后服务和处理投诉等。物流和包装管理影响到网店竞争能力的强弱,企业需要选择合适的物流方式和恰当的包装。

(二)企业官方商城

网上商城类似于现实世界当中的商店,差别在于网上商城利用电子商务手段实现从买到卖的过程,从而减少中间环节,降低运营成本。相较于在第三方电商平台销售商品,企业自建官方商城可以拥有更大的主动权,无须支付使用费,并且能将流量圈定到自己的地盘,更有利于树立品牌形象。

1. 企业自建官方商城的模式

企业自建官方商城的模式一般有三种:自我开发、模板开发、定制开发。

(1)自我开发。这种开发模式需要企业建设开发运营团队,人力投入相比之下是最大的,且其资金成本最高,要招聘专业的互联网技术和运营人员,若找不专业的人来做,官方商城后期的维护成本更高。企业建设官方商城后，开发运营团队可以继续负责运营，能够解决企业的运营问题。

（2）模板开发。采用这一模式不但可以节省人力，方式也比较简单。但模板化的官方商城建设效果不太具有竞争力，容易产出与其他企业近似的官方商城。模板开发是最省钱的官方商城建设方式，很多企业愿意使用，但建设完成后，其实际收效并不明显，换句话来说，模板建站只是让企业有了官方商城，但却无法实现预期的效益。实际上，以这种模式进行官方商城建设需要投入更多的精力，无论是后期技术维护还是运营推广，都需要耗费精力。

（3）定制开发。定制开发不需要企业投入太多人力，只需要将需求整理出来，安排负责人与定制开发公司对接沟通就可以了，相对来说最为省心。资金投入取决于企业希望获得什么样的功能，实现什么样的运营场景。定制的好处就是量身打造，根据企业的发展规划、电商现状、产品特色去开发，能够更加匹配企业市场定位。定制开发的官方商城由于拥有良好的基础，其营销也会相对容易些，合格的运营者能够轻松掌控定制官方商城。

2. 企业官方商城的建设

（1）官方商城的规划。

首先，规划官方商城的内容和功能模块。它是实现企业网络营销目标的基础。官方商城内容和功能模块的设计主要包括商城网站内容和功能模块的筛选、网站栏目的设计。官方商城的基本功能有产品展示、会员中心、订单管理、产品管理、网站统计分析、在线支付、站点管理、留言板等。根据基本功能，可进行商城网站的一级栏目、二级栏目和三级栏目等设置。

其次，规划官方商城首页。首页的设计直接影响用户对企业的第一印象和使用体验。

再次，规划官方商城的风格。企业官方商城与企业官方网站有可能是同一个，如果不是同一个，则需要与企业官网风格保持一致。

最后，规划官方商城的客服管理和后台管理。

（2）官方商城的开发。企业在开发官方商城时，要根据企业资金、人力与实际需求状况，结合三种开发模式的利弊，选择适用的开发模式。

三 新兴电商渠道

（一）移动网店

移动网店通常是指能够让用户通过智能手机、平板电脑等移动终端浏览商品、在线购买和支付完成交易的网店。其主要形式有：企业自建商城APP、企业小程序电商、第三方移动网店APP。对于中小企业或个人卖家而言，借助第三方移动网店APP平台搭建的微店是最常见的移动网店开店形式。

1. 企业自建商城APP

移动互联网时代，越来越多的传统企业开始接触互联网，也有不少企业在原有的官方商城基础上，推出移动商城APP，与计算机端（PC端）官方商城和线下企业实体店相结合，实施全方位的市场战略。比如御泥坊、肯德基等都建立了自己的PC端官方商城和移动端商城APP。

2. 企业小程序电商

2017年1月9日，微信小程序正式上线。2019年3月，微信开放好物推荐接口能力，为小程序增加新的社交流量入口。2019年7月，微信正式开放"一物一码"能力，使每一个商品都成为一个小程序入口。不仅仅微信小程序持续快速发展，而且QQ小程序、头条小程序、抖音小程序等也快速发展起来。随着小程序的兴起，小程序电商成为新型的电商平台，它是企业利用小程序平台的新型销售渠道。

3. 第三方移动网店APP

第三方移动网店APP是指为中小企业及个人卖家提供移动零售网店入驻、经营、商品管理、订单处理、物流管理和买家管理等服务的平台，又称为第三方微店平台。最常见的形式是协助卖家在微信搭建的微信商城平台。与实体店和传统电商平台相比较，微店具有开店成本低、人力门槛低、营销推广更高效、买家使用方便、买家管理方便的特点。微店商家可以以较低的成本利用微博、微信等自媒体平台随时随地宣传店铺和产品，通过私域流量的信任背书，提升微店品牌人气，树立微店口碑。目前市场中比较常见的第三方微店平台有微信小店、有赞微店和口袋微店等。

第三方平台开设微店的流程大同小异，通常可以通过PC端和手机端开设，这里以口袋微店为例介绍其运营。

第一步，注册开通微店。微店的注册既可以通过PC端，也可以通过手机端来实现。

第二步，微店装修与商品管理。装修一般通过PC端实现，可以设置店铺招牌、店长信息、店铺信息、商品内容模块、导航、广告和店长笔记等栏目。商品管理分为售中、已售完、已下架三种类型。

第三步，微店的营销管理。常见的渠道是微信公众号营销、微博营销、消息推送、分享推广、微信朋友圈推广、论坛推广和自媒体平台推广，活动形式主要有优惠券、限时折扣、满就送、秒杀和赠品等。

（二）社交电商

社交电商是基于社交媒体的发展衍生出的电子商务新模式。它借助社交网站、微信、微博等，通过社交互动、分享优质内容等手段来获取客户，并且对商品进行展示、分享，以有效地完成获客和商品交易，是电子商务和社交媒体的融合。

1. 社交电商的特征

（1）从流量获取和用户群体角度。传统电商的流量来源主要依靠广告、搜索等方式，流量集中在站内，平台的中心化特征明显，需要向电商平台支付展位、露出等费用以及交易佣金。其用户群体集中于高线城市。而社交电商的流量来源依托于社交关系，从用户拉新到留存全生命周期进行更高效、更低成本的运营。此外，基于关系链的传播更加精准，信任度高。

社交电商渠道下沉明显，聚焦低线城市及农村市场的消费人群。

（2）从商品选品角度。传统电商是中心化的大平台，产品销量通常与品牌的知名度成正向关系，一些优质的小众商品由于品牌知名度低，难以触达用户，销量不佳。社交电商基于特定属性人群进行精准传播，为一些产品优质但是知名度低的品牌提供了广阔的发展空间。

（3）从交易场景角度。传统电商属于需求导向型的消费，消费者一般先有购物目标需求，再在电商平台上寻找商品，"搜索"是消费者获取并购买商品的主要途径。从商品挑选到最后下单，整个交易过程集中在电商平台上完成。社交电商交易发生在社群、朋友圈等不同的场景下，交易场景碎片化。相较搜索式购物，社交电商的交易发生在由话题、主动分享推动的"发现"式购物场景下。

2. 社交电商的类型

（1）拼购类社交电商。拼购类社交电商指聚集2人及以上的用户，通过拼团减价模式，激发用户分享形成自传播，绝大多数商品均以拼团的形式进行销售的电商平台。该模式以低价为核心吸引力，每个用户成为一个传播点，再以大额订单降低上游供应链及物流成本。拼团的发起人和参与者多通过微信分享并完成交易，通过低价激发消费者分享积极性，让消费者自行传播。

基于其裂变特性带来的快速高效的传播效果，目前拼购已经作为一种日常营销方式被电商企业广泛采用。拼多多是拼购类社交电商的典型代表，且处于领先者地位，公司于2018年7月成功上市，在短短的3年时间内成长为电商三巨头之一。

（2）会员制社交电商。会员制社交电商指在社交的基础上，以S2B2C的模式连接供应商与消费者，实现商品流通的商业模式。分销平台（S）上游连接商品供应方、为B端店主提供供应链、物流、IT系统、培训、售后等一系列服务，再由店主负责C端商品销售及用户维护。用户通过缴纳会员费、完成任务等方式成为会员，在不介入供应链的情况下，利用社交关系进行分销，实现"自用省钱，分享赚钱"。云集和贝店是该模式的典型代表。

（3）社区团购社交电商。从模式上看，社区团购也属于S2B2C电商的一种，主要有三方参与：社区团购平台提供产品、物流仓储和售后支持，团长（通常是宝妈或社区便利店店主）负责社群运营、商品推广、订单收集和最终的货品分发。社区居民加入社群后通过微信小程序等工具下订单，社区团购平台在第二天将商品统一配送至团长处，消费者上门自取或由团长进行最后一公里的配送。

社区团购的主要交易场景是微信群。微信生态内交易、支付等基础功能，尤其是2018年以来微信小程序商业化功能的陆续推出，为社区团购企业快速完善自身平台用户体验提供了基础。如苏果优选、每日一淘、兴盛优选、十荟团等是其代表。

四 初创企业的线上渠道构建

进入数字经济时代，企业面临的渠道构建问题比过去要复杂得多。可供选择的线上渠道尤其是新兴电商类型不断推陈出新，导致很多企业无所适从。

而初创企业由于生产规模小、产品性能不稳定、产品知名度低、市场份额小等自身特点，往往选择集中化策略，避开强者林立的市场，集中自己的优势资源，选择适合自己的细分市场，建立以增长为核心的销售渠道。相较于线下渠道而言，线上渠道的运营管理更便捷，所以线上渠道是初创企业快速成长的重要渠道选择。初创企业开辟线上渠道可以提高谈判能力，降低实体店的定价水平，从而使制造商和实体店实现"双赢"。

（一）线上渠道模式的种类与选择

1. 制造企业的线上渠道模式

虽然线上渠道类型繁多，但从线上渠道开设的主体来看，目前制造企业的线上渠道主要有三种模式。

（1）线上直销渠道模式。该模式是指制造企业通过自建企业官方商城、企业自建商城APP、入驻第三方电商平台、入驻第三方移动网店APP、制作企业小程序等方式自主运营线上渠道。线上渠道由制造企业负责开设，线下渠道则由实体零售商负责开设。在该模式下，制造企业决定批发价格与线上零售价格，实体零售商决定线下销售价格，制造企业和实体零售商之间存在价格博弈。

（2）网络零售商模式。该模式是制造企业通过与网络零售商进行合作来拓展线上渠道，包括第三方电子商务平台网店、第三方移动网店APP店铺、社交电商平台店铺等。线上渠道由网络零售商负责开设，线下渠道则由实体零售商负责开设。在这种模式下，制造企业决定批发价格，实体零售商决定线下销售价格，网络零售商决定线上销售价格，三者之间存在价格博弈。

（3）双渠道零售商模式。该模式是制造企业将线上渠道的代理权或经销权授权给原有的实体零售商，并支持其开设线上渠道。线上渠道和线下渠道的开设均由双渠道零售商负责。制造企业决定批发价格，双渠道零售商决定线上销售价格和线下销售价格。

2. 初创企业的线上渠道模式的选择

在实践中，三种线上渠道模式下的供应链结构与运营模式各不相同，制造企业应根据自身的实际情况选择合适的线上渠道模式。

（1）从产品销量角度的选择。如果初创企业具备网络零售的运营能力，且单纯追求销量的快速增长，则采用线上直销渠道模式最为合适。如果初创企业不具备网络零售领域的运营能力，则需要从另外两种模式中进行选择。相对于双渠道零售商模式，制造企业采用网络零售商模式更加有利于销量的提升，因为网络零售商与实体零售商之间的竞争促使双方制定了较低的价格，从而增大了总需求量。调研发现，在实践中，很多企业选择网络零售商模式，在其线上渠道与线下渠道分别采用了独立的网络零售商与实体零售商，并且要求双方不能进入对方的领域。

（2）从制造企业利润角度的选择。如果初创企业具备网络零售的运营能力，为了追求更高的利润，采用线上直销渠道模式实现网上销售最为合适，因为该模式下初创制造企业获得了线上渠道的全部利润。如果初创企业不具备零售领域的运营能力，选择双渠道零售商模式可以获得更多的利润。其主要原因是，网络零售商与实体零售商之间的竞争促使双方制定了较低的价格，虽然增加了总需求量，但是较低的定价也影响了网络零售商与实体零售商的利润空间，使得零售商会向制造商争取更低的批发价格，从而使制造商网络零售商模式下的利润小于双渠道零售商模式下的利润。

（3）从实施阻力角度的选择。相对于其他两种模式，初创制造企业采用线上直销渠道模式时，实体零售商的利润最低。实体零售商最不希望制造商采用线上直销渠道模式，所以制造商采用该模式时遭遇到的实体零售商阻力最大。在实践中，许多制造商为了减少实体零售商的阻力，往往采用了一些合作或利益分享策略，如线上直销渠道接单后将由当地经销商负责实际销售，二者分享利润。当消费者对于线上渠道的偏好程度较高时，相对于其他两种模式，制造商采用双渠道零售商模式的阻力最小。

（二）初创企业的线上渠道管理

全球的线上市场巨大，发展前景不可限量。消费者线上消费习惯进一步增强，也使得线上消费的产品领域进一步扩大，企业不应放弃这个大好的市场机会。但是线上市场管控困难，实现管控的同时又实现品牌价值与市场占有率的提升就会更难。

线上渠道高速发展多年，制造商与渠道商的关系基本经历了三个阶段：制造商不动，渠道商先行，市场混乱；制造商控制，渠道商被缚，缺乏市场活力；制造商管理能力提升，线上渠道得到良性的控制与激励，制造商与渠道商寻求合作共赢，形成强关联关系，线上市场良性发展。

数字经济时代的初创制造企业在建立线上渠道的基础上，应加强线上渠道管理，实现制造商与渠道商的良性发展。

1. 管理目标明确

对于价值较高的产品或服务，初创企业的线上渠道管理目标应更强调渠道商如何为消费者提供更好的消费体验；而对于价值较低的产品或服务，初创企业的线上渠道管理需要实现提升线上曝光率及商品转化率，以扩大品牌市场占有率和维持长期可持续发展。

2. 角色定位准确

初创企业资源与人力有限，应准确定位自身的管理角色，专注于制定运营管理制度、打造产品核心竞争力及推进平台战略合作。而线上渠道的经营细节工作由线上渠道商来完成。如果初创企业自营官方旗舰店，建议作为一个独立核算的经营体，与主要渠道商在同一进价成本基础及制度上进行公平竞争。

3. 渠道布局精准

线上渠道在精而不在多，渠道过少会缺乏渠道覆盖及相互竞争，过多则使终端价格很难掌控。如果是单品类的初创企业，设天猫旗舰店1个，重点专卖店2~3个，重点专营店3~5家，京东、亚马逊、唯品会、1号店等自营平台供货商3~5家。实现第一梯队渠道商至少5家，第二梯队渠道商至少10家。如果是单品牌多品类或多品牌多品类的初创企业，则需要在每个品类之下如此设置。如果是弱势品类的初创企业，渠道商数量需相应减少。

4. 渠道价格稳定

关于线上渠道供货价格体系的设定，初创企业一定要做到线上供货价格体系与线下供货价格体系一致，保证渠道价格的稳定。

渠道价格的稳定至关重要：①可以维持品牌价格形象；②可以稳定线上线下渠道利益链；③可以避免消费者打开网站后发现价格五花八门而影响选择；④可以保证渠道付费推广转化率。

初创企业应对各渠道商做到供货价格一致，完成任务的正常返利一致，这样渠道之间就不会形成大量的炒货和窜货行为。初创企业可以按照渠道的贡献度给予不同的市场费用政策支持。贡献度指该渠道为品牌价值塑造、品牌市场占有率提升做出的明确贡献。

5. 渠道控制有力

对渠道的控制，并非重罚就能够实现，要争取合作共赢。

（1）赏罚分明，言出必行。首先是企业自己有一套完整的线上渠道价格政策。线上价格有供货价、建议零售价、建议促销价。建议促销价就是红线价格，如果部分渠道商屡次突破该价格，企业必须果断将之淘汰出局。

（2）相互监督，侵权投诉。建立与线上渠道商的微信群或QQ群，实现管理机制的公开透明化，线上渠道商相互监督。建立多样化的侵权投诉处理方法，如取消授权、删除乱价链接、较长时间断货、取消高级别资格等。

（3）线上管理，堵不如疏。疏通建立在常规市场价格体系稳定的基础之上，由初创企业推进大型促销，促销商品的流量与转化率会更可观。初创企业可将关注点放在大型促销活动上，比如"6.18""双十一"等，其他花样繁多的促销活动则放手让渠道商去组织开展。

扫码观看初创企业线上渠道构建

思政园地

家国情怀：创业者的责任与担当

一、案例导入

何雄：为国创业，为民造福

何雄，现为四川航龙航空工业有限公司董事长。"为国创业、为民造福"是他始终坚持的价值观。正是有了这种强烈的家国情怀，他才创造出了一个又一个奇迹。

2010年，何雄萌发了生产武器装备篷盖布的想法，于是便开始对这方面的情况进行考察。

考察之后，何雄才明白这种产品的复杂程度远远超出了他的想象。他奔走于全国各地乃至国外，向专家、教授、学者们广泛请教，但所有的回答都是：不可能。然而，执拗的何雄并没有退缩，他组织起了自己的研究团队，经过一年多的艰苦努力，终于试制成功了质轻耐用、具有多种功能的新武器装备篷盖布。

2013 年，何雄创办了四川航龙航空工业有限公司，创新研发尖端科技，主要应用于航空航天相关设备。党的十八大后，民营企业有了更大的发展空间，何雄开始进军隐身技术领域了。如今，何雄创办的航龙航空工业公司已经获得了"高新技术企业""四川省诚信示范企业"等荣誉称号。

长期以来，何雄一直热心公益活动，曾为残疾人购买社会养老保险达十余年之久；多次斥资参加万企帮万村、以购代捐活动，为四川平武县等地的扶贫和慈善活动尽己所能，很多贫困农户都对他感恩在心。面对荣誉和表扬，何雄坦然地说："我常常想，一个人，平庸是一生，努力创造也是一生，我应该不负此生，做到对家人、对社会、对国家问心无愧。"

二、案例讨论

1. 结合案例资料，分析何雄家国情怀的表现与意义。
2. 创业者应如何理解家国情怀、践行家国担当。

三、分析与建议

家国情怀是立身养德之本，《孟子》有言："天下之本在国，国之本在家，家之本在身。"家是国的基础，国是家的延伸，在中国人的精神谱系里，国家与家庭、社会与个人，都是密不可分的整体。"国家好，民族好，大家才会好"，"小家"同"大国"同声相应、同气相求、同命相依。正因为感念个人前途与国家命运的同频共振，所以我们主动融家庭情感与爱国情感为一体，从孝亲敬老、兴家乐业的义务走向济世救民、匡扶天下的担当。家国情怀宛若川流不息的江河，流淌着民族的精神道统，滋润着每个人的精神家园。

"知责任者，大丈夫之始也；行责任者，大丈夫之终也。"责任和担当，乃是家国情怀的精髓所在。一个人创业想赚钱是低境界，想通过创业为社会做贡献才是高境界。一个值得尊敬的企业一定是能够为国家、为世界、为未来和为所有关心和热爱的人创造价值、解决问题的企业。希望所有创业者在这个世界上永远都能够葆有自己的家国情怀。

实训操作

为初创企业构建线上渠道

1. 实训目的

通过实训理解线上渠道类型的内容，为选定的模拟初创企业产品进行线上渠道构建。

2. 实训内容与步骤

（1）分析模拟的初创企业实力、产品特色以及主要竞争对手的渠道选择。

（2）为初创企业产品选定合适的线上渠道，并说明具体理由。

（3）介绍选定渠道的主要特征与用途。

3. 实训成果要求

提交模拟初创企业的线上渠道构建报告书 PPT。

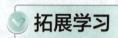

全渠道营销：线上渠道与线下渠道的融合

对于数字经济时代的企业而言，销售渠道的构建不能简单理解为线下渠道和线上渠道二者兼顾，而应该从长期战略角度思考，树立全渠道战略思维，构建线上渠道与线下渠道相融合的全渠道模式。

一、全渠道的含义、特征与价值

（一）全渠道的含义

全渠道指企业为了满足消费者任何时候、任何地点、任何方式购买的需求，采取实体渠道、电子商务渠道和移动电子商务渠道整合的方式进行销售，提供给消费者无差别的购买体验。实体渠道包括实体自营店、实体加盟店、电子货架、异业联盟等。电子商务渠道包括企业自建的官方 B2C 商城；第三方电子商务平台，如淘宝、天猫、京东等。移动商务渠道包括自建官方手机商城、自建 APP 商城、微商城、第三方平台微店等。

从消费者角度来说，全渠道就是消费者可以通过各种媒介自由地浏览产品、体验产品和购买产品，所有的形式和内容都是为了更好地满足消费者的体验，形象点说就是：消费者在 A 渠道看到产品，在 B 渠道进行了体验和比较，在 C 渠道下单，在 D 渠道拿到产品，在 E 渠道进行了分享……在这个过程中，各渠道之间的功能会产生交互和重叠，都是为了与消费者建立更多的互动。

这里的"全渠道"，不是指企业选择所有渠道进行销售，而是指企业的产品销售面临更多渠道类型的选择和整合，对消费者而言，可以实现全渠道购物，其本质是"以消费者为中心"，强调消费者购物的便利性。

（二）全渠道的特征

（1）全程。消费者的完整购买流程分为产生需求、寻找商品、选择商品、下单、支付、提货或收货、使用、反馈等。在全渠道零售模式下，与消费者购买流程所对应的零售商的销售流程则分为需求触发和客户导入、商品展示、说服购买、接受订单、收款、送货、提供支持服务、回应反馈等。企业必须实现全程与消费者有效接触、沟通、互动，提供服务，满足购买需求，提升用户体验。

（2）全面。在大数据时代，企业可以通过消费者在全渠道各环节留下的行为轨迹，利用平台有效跟踪和积累消费者的购物全过程的数据，更加全面地了解消费者心理和行为特征，掌握消费者在购买过程中的决策变化，提供个性化建议，提升购物体验。企业还可以根据消费者特征，利用数字化的客服系统，跟踪消费者购后行为，并与之互动，以增强客户黏性。

（3）全线。从整个渠道发展历程来看，渠道经历了单渠道、多渠道，到达了线上线下融合的全渠道阶段。全渠道的类型全线覆盖了实体渠道、电子商务渠道和移动商务渠道三大类。

（三）全渠道的价值

全渠道理念主要有三大价值：

（1）全渠道正在掀起消费者的消费革命。其具体的表现是全渠道消费者的崛起，他们的生活主张和购物方式不同于以往。全渠道消费者的消费主张是：我的消费我做主。具体的表现是：消费者在任何时间（如早上、下午或晚间），任何地点（如在地铁站、在商业街、在家中、在办公室），采用任何方式（如电脑、电视、手机、iPad），都可以购买到他们想要的商品或服务。

（2）全渠道正在掀起企业的营销革命。企业理念从以前的"终端为王"转变为"消费者为王"，企业的定位、渠道建设、终端建设、服务流程、商品规划、物流配送、生产采购、组织结构全部以消费者的需求和习惯为核心。以渠道建设为例，企业必须由以往的实体渠道向全渠道转型，建立电子商务渠道和移动商务渠道，相应的流程建设包括：建立电子商务和移动商务的建设、营销、营运、物流配送流程；建立经营电子商务和移动商务渠道的团队；储备适应于全渠道系统的人才。

（3）全渠道正在拓展企业的市场商圈。商家在除实体商圈之外的线上开拓了虚拟商圈，让企业或商家的商品、服务可以跨地域延伸，甚至开拓国际市场，也可以不受时间的限制24小时进行交易。实体渠道、电子商务渠道、移动商务渠道的整合不仅给企业打开千万条全新的销路，同时能将企业的资源进行深度的优化，让原有的渠道资源不必再投入成本而能承担新的功能，如将实体店增加配送点的功能；又如，通过线上线下会员管理体系的一体化，让会员只使用一个账号就可以在所有渠道内通行，享受积分累积、增值优惠、打折促销、客户服务等。

二、品牌商的全渠道战略构建

（一）树立全渠道战略思维

（1）全渠道。企业在构建渠道战略时，要着眼于线上、线下的所有渠道类型，不要漏掉任何一种渠道。

（2）大营销。企业在营销决策时，不能将营销仅仅视为销售，也不能把全渠道仅仅视为销售渠道，而应该与消费者的需求对应，全渠道为消费者提供信息、全渠道接受订单、全渠道收款、全渠道送货、全渠道售后等。

（3）跨渠道。企业在实施全渠道战略时，要交叉融合多种形式的渠道，破除"电商是线上的，实体店是线下的"分裂意识，树立"线上线下都是我们的"合作意识，充分融合各种线上线下渠道，方便消费者实现跨渠道体验需求。

（二）构建"以消费者为中心"的消费体验

业界普遍认为，中国的零售业态从实体店时代发展到电商时代，再到现在的社交时代。零售渠道变革从单渠道发展到多渠道，再到现在的全渠道，已进入真正的"以消费者为中心"的时代。面对挑战，企业应该以消费者为驱动，围绕消费者购买前的营销场景、购买中的购买场景与购买后的消费场景这三大场景，建立全渠道战略。

（1）购买前的营销场景。购买前的场景指营销场景，此场景下企业要了解消费者会被什么样的产品吸引、偏好哪类品牌，并习惯在哪些渠道购买等。然后选择对消费者辐射大和易转化的传播渠道，设计与消费者互动的元素，传达企业和产品的价值观，增强消费者体验。

（2）购买中的购买场景。消费者的购买过程即购买场景，此场景下企业要明确采用什么样的产品策略、渠道策略和沟通策略，搭建有利于企业完成消费者拦截和转化的场景，从而实现高效营销。

（3）购买后的消费场景。消费者购买产品后的使用和传播过程即消费场景。企业建立消费场景有三个关键动作：影响者营销、高频互动、口碑裂变。影响者营销，即让一批人先买起来、用起来，借助他们的渠道影响更多的人。高频互动，即要保持与消费者的互动，增强消费者的黏性，专注口碑生产的过程。口碑裂变，即运用流量运营的思维管理消费者，让消费者对产品产生信赖，并主动以口耳相传的方式传播产品信息和品牌，产生裂变效应。

课后练习

一、单项选择题

1. （　　）是企业最常见的开拓线上渠道的方式。
   A. 在第三方电商平台开设网店　　　　B. 在第三方移动电商平台开设网店
   C. 企业自建的官方商城　　　　　　　D. 企业自建的商城 APP
2. 初创企业的线上销售渠道管理目标更应强调（　　）。
   A. 为消费者提供更好的消费体验　　　B. 提升线上曝光率
   C. 提升商品转化率　　　　　　　　　D. 扩大市场占有率
3. 对于中小企业或个人卖家而言，（　　）是最常见的移动网店开店形式。
   A. 企业小程序　　　　　　　　　　　B. 企业自建的商城 APP
   C. 朋友圈　　　　　　　　　　　　　D. 借助第三方移动网店 APP 搭建的微店
4. 以下不属于社交电商平台的是（　　）。
   A. 十荟团　　　　　B. 云集微店　　　　C. 拼多多　　　　D. 有赞微店
5. 从线上渠道开设的主体来看，以下（　　）不属于制造企业的线上渠道模式。
   A. 线上直销渠道模式　　　　　　　　B. 网络零售商模式
   C. 线下零售商模式　　　　　　　　　D. 双渠道零售商模式

二、多项选择题

1. 我国电子商务发展经历了（　　）这几个发展阶段。
   A. 培育期（1999—2004 年）　　　　　　B. 创新期（2005—2014 年）
   C. 引领期（2015 年至今）　　　　　　　D. 懵懂期（1999 年以前）
2. 企业的线上渠道可分为（　　）。
   A. 传统电商渠道　　B. 移动电商渠道　　C. PC 电商渠道　　D. 新兴电商渠道
3. 根据交易主体来划分类型，第三方电商平台主要分为（　　）。
   A. B2C　　　　　　B. B2B　　　　　　C. C2C　　　　　　D. C2B
4. 企业自建官方商城的模式一般有（　　）。
   A. 自我开发　　　　B. 模板开发　　　　C. 收购　　　　　　D. 定制开发
5. 目前市场中比较常见的第三方微店平台有（　　）。
   A. 微信小店　　　　B. 有赞微店　　　　C. 口袋微店　　　　D. 淘宝直播
6. 初创企业线上渠道模式的选择，从以下（　　）角度进行。
   A. 产品销量　　　　B. 制造企业利润　　C. 实施阻力　　　　D. 零售商利润

三、判断题

1. 随着互联网以及移动互联网的飞速发展，线上渠道已经逐步取代了线下渠道。（　　）
2. 全渠道是指企业要选择所有渠道进行销售。（　　）
3. 企业在选择线上渠道模式时，采用双渠道零售商模式，则线上渠道和线下渠道的开设均由双渠道零售商负责。（　　）
4. 企业在选择线上渠道模式时，采用线上直销渠道模式，线上渠道由制造企业负责开设，线下渠道则由网络零售商负责开设。（　　）
5. 从初创的制造企业利润角度，相较于其他模式而言，采用线上直销渠道模式实现网上销售，为制造企业带来的利润最高。（　　）

四、简答题

1. 简述传统电商渠道的类型。
2. 简述新兴电商渠道的类型。
3. 简述初创企业如何构建线上渠道。

五、案例分析题

认养一头牛凭什么这么"牛"？

2016 年 11 月 23 日，杭州认养一头牛生物科技有限公司（以下简称"认养一头牛"）成立。2020 年 11 月 11 日，"认养一头牛"天猫旗舰店成交额破亿，成为当今乳制品行业的"后浪"。

"认养一头牛"纯牛奶于 2016 年 12 月上线，两年销售额突破 1 亿元。产品满足了当下消费者对健康产品的需求，上线后得到众多关键意见领袖（KOL）的推荐，小红书类目种草排名第一，用户好评率高达 99.8%。"认养一头牛"酸牛奶于 2017 年 3 月上线，两年销售额突破了 2 亿元，小红书类目种草排行第一，用户复购率高达 64.5%，创造出 5 分钟卖出 5 万箱的成绩。

在 2016 年至 2017 年自媒体的流量红利期，"认养一头牛"利用自媒体流量特点，制定了自媒体品牌崛起策略，实现了新创品牌的快速成长。2017 年 1 月与"吴晓波频道"合作，2017 年 2 月与"中粮健康生活"合作，2017 年 5 月与"十点读书"合作，2017 年 10 月与"老爸评测"合作，精准对接品牌主流用户群体中追求健康品质生活的中产阶级家庭的女性群体，并将"优质好奶"的品牌形象精准传递给主流用户群体。品牌建立之后，"认养一头牛"进一步提升在电商平台的竞争力。2017 年 6 月，公司率先与精选电商网易严选合作，2017 年 10 月上线京东超市，2017 年 11 月上线每日优鲜，2017 年 12 月上线米家有品，2018 年 9 月正式入驻天猫。乘着社交电商之势，先后上线社交电商如云集、环球捕手、贝店、未来集市等平台。公司借助各大电商平台实现了品牌影响力的迅速扩大。

"认养一头牛"不断优化销售渠道与营销手段。2020 年 5 月 26 日，"认养一头牛"正式宣布，向消费者推出三种"认养"模式，为了使"认养"模式落地，品牌已经与阿里巴巴的天猫精灵事业部共同对传统牧业进行智能化升级，在"一牛一码"的产业链溯源，使认养模式的语音购落地，智能导购机器人和沉浸式购物上做重点布局，以构建新的牛奶消费场景和销售模式。中国乳制品行业迎来"合伙人"时代。

问题

1. 结合案例资料分析"认养一头牛"采用了哪些线上渠道。
2. 结合案例资料，你认为"认养一头牛"迅速崛起的原因有哪些？
3. 你认为"认养一头牛"是否会布局线下渠道？为什么？

项目小结

分销渠道是指某种产品或服务从生产者向消费者转移时，取得这种产品或服务所有权或者帮助转移其所有权的所有企业和个人。分销渠道的起点是企业（制造商），终点是消费者，中间环节包括参与了商品交易活动的批发商、零售商、代理商和经纪人，称为中间商。

分销渠道按不同的标准可以划分为不同的类型：按有无中间商可以分为直接渠道和间接渠道；按中间流通环节的多少可以分为长渠道和短渠道；按每个中间环节中相同中间商数量的多少可以分为宽渠道和窄渠道；按渠道类型的多少可以分为多渠道与单渠道。

企业的分销渠道设计主要受产品、市场、企业自身情况等因素的影响，设计内容包括确定分销渠道的长度、确定分销渠道的宽度以及明确各渠道成员的责任。

分销渠道有两种典型的中间商，即批发商和零售商，它们分别承担着分销渠道的两种重要职能,即批发和零售。根据批发商是否拥有产品的所有权,可以分为经销商和代理商。

分销渠道管理中存在的常见问题主要有:效率低下、过分依赖中间商、分销渠道冲突和分销渠道不稳定,分销渠道管理措施主要有:目标管理、任务管理、信用管理和绩效管理。

初创企业在渠道选择、渠道拓展和渠道控制方面都存在困难,主要从建好样板市场、减少中间商、加强品牌建设等方面加强线下渠道建设。

企业的线上渠道选择大体可分为传统电商渠道和新兴电商渠道。传统电商渠道主要包括第三方电子商务平台和企业官方商城,新兴电商渠道主要包括移动网店和社交电商两大类。

第三方电子商务平台指独立于产品或服务的提供者和需求者,通过网络服务平台,按照特定的交易与服务规范,为买卖双方提供服务的网络平台。目前,它是消费者使用频率最高的线上渠道,主要分为B2C、B2B、C2C、C2B四种类型。企业自建官方商城的模式一般有三种:自我开发、模板开发、定制开发。

移动网店通常是指能够让用户通过智能手机、平板电脑等移动终端浏览商品、在线购买和支付完成交易的网店。其主要形式有:企业自建商城APP、企业小程序电商、第三方移动网店APP。

社交电商是基于社交媒体的发展衍生出的电子商务新模式,它借助社交网站、微信、微博等传播途径,通过互动、分享优质内容等手段来获取客户,并且对商品进行展示、分享,以有效地完成获客和商品交易,是电子商务和社交媒体的融合。社交电商主要包括拼购类社交电商、会员制社交电商和社区团购社交电商三种类型。

初创企业可选择的线上渠道模式主要有线上直销渠道模式、网络零售商模式和双渠道零售商模式。在选择线上渠道模式时主要要从产品销量角度、制造企业利润角度、实施阻力角度进行选择。

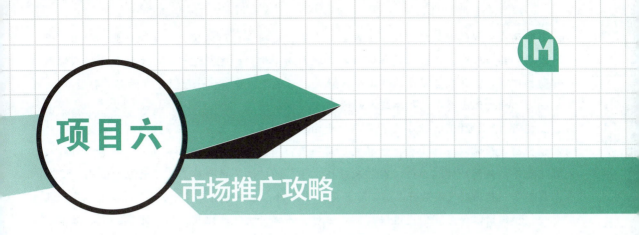

项目六 市场推广攻略

任务一 线下推广策略

 学习目标

【知识目标】
- 掌握人员推销的步骤和方法
- 了解广告宣传的原则与媒体选择的方法
- 掌握营业推广的主要形式
- 了解公关活动的形式与步骤
- 掌握初创企业线下推广策略

【能力目标】
能运用所学的线下推广方法为初创企业制订一个线下推广方案

【素质目标】
理解经世济民的含义,树立做一个经世济民的营销人的远大理想

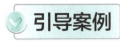 引导案例

江小白的线下推广策略:和年轻人玩到一起

江小白是重庆江小白酒业有限公司旗下江记酒庄酿造生产的高粱酒品牌。2012年,江小白首次亮相业界,并推出第一款单纯高粱酒品"我是江小白",随后推出了江小白青春版、礼盒版、拾人饮、三五挚友等系列酒品,现已进入时尚饮品领域,推出红茶、橙汁、奶茶等

和江小白调在一起的混饮酒。江小白在创业之初，就将消费群体锁定为年轻一族，打出"青春新白酒"品牌理念。江小白是如何融入年轻人这个群体的呢？这就得益于它和年轻人玩到一起的推广策略，并且贯穿在品牌各个接触点，形成了消费群体一致且连贯的品牌体验。

一、同城约酒大会：结识年轻人的方式

2012年12月21日，江小白首届"江小白粉丝同城约酒大会"在重庆举行，成为江小白粉丝聚会的欢乐派对。江小白"世界末日那一天，有你陪在我身边"为主题，邀请1 000人免费吃晚餐，共同畅饮江小白。在"末日狂欢夜"的"江小白醉后真言互动派对"上，受邀人向最想在一起的朋友醉后吐真言。除了免费喝酒外，主会场还有"外星人""玛雅人""妖魔鬼怪"和舞者陪伴来宾们度过狂欢夜。派对上还举行吹气球比赛、划拳比赛、千人微信摇一摇、微博抽奖等，让气氛达到了高潮，会场笑声不断，实现了全民狂欢。江小白每年都举办同城约酒大会，地点遍布全国各地，吸引了大量年轻人参与，将"我是江小白，生活很简单"的品牌理念植入年轻人的心中。

二、江小白表达瓶：走进年轻人的心里

2015年，一个表达瓶让江小白彻底火起来，也是从那时开始，外界才认识了江小白。新生代的消费者有强烈的自我表达欲望，通过朋友圈想让世界听见和看见他（她）的心情。江小白"我有一瓶酒，有话对你说"的表达瓶把产品变成像微博、微信朋友圈一样表达自己态度和行为的载体。"走过一些弯路，也好过原地踏步""总觉得没喝够，其实是没聊透""我们那些共同的记忆，是最好的下酒菜""最想说的话在眼睛里、草稿箱里、梦里和酒里""酒后吐出的真言，清醒时已经在心里说过千遍"……江小白的瓶身文案，一方面增加了消费附加价值，另一方面更是打开了传播的大门，这些文案伴随着江小白，流进消费者的心里。凭借着微博营销、走心文案、自由混饮、同城约酒等新颖玩法，江小白在年轻人的心目中打响了知名度，成为酒业一颗耀眼的明星！

三、跨界玩法：和年轻人玩在一起

由于年轻人喜新厌旧，表达瓶越来越难以走进他们的心里了，但是，江小白跟年轻人在一起的心没有动摇过。江小白认为要融入一个群体，最简单的办法就是玩到一起，跨界无疑是最好的办法。为此，江小白打造了"江小白YOLO青年文化节"，说唱、嘻哈成了江小白的文化，"江小白+MIX混饮""江小白+冰红茶""江小白+周黑鸭""江小白+街舞"等跨界活动层出不穷。在"江小白JOYBO街头文化艺术节"上，江小白还组织了场别开生面的涂鸦大赛，邀请了国内外20支涂鸦团队，联合6位国际知名涂鸦大师，献上了一幅幅令人惊叹的涂鸦作品。江小白还将涂鸦赛事与潮流集市、街头运动融合，将单一的涂鸦比赛打造成融合赛事、美食、潮流时尚等体验感极强的街头文化艺术嘉年华，让参与者获得了极佳的游玩体验。

问题

1. 江小白的定位是什么？
2. 江小白是如何融入目标群体的？

市场推广是指企业为扩大产品市场份额，提高产品销量和知名度，将有关产品或服务的信息传递给目标消费者，激发和强化其购买动机，并促使这种购买动机转化为实际购买行为而采取的一系列措施。推广的本质是沟通，推广的内容是企业、品牌、产品或服务信息，推广的目的是激发和强化消费者的购买动机，并促使购买动机转化为购买行为。市场推广的渠道包括线下推广和线上推广，如何进行线下推广，是本次任务需要探究和训练的内容。

知识储备

线下推广是利用传统媒体进行的市场推广，它注重实际生活中面对面的交流，在传统营销中占很大比重，主要包括人员推销、广告宣传、营业推广和公共关系四种方式。线下推广能够直接与目标客户接触，人群定位更加精准，用户能够直接接触到实物，全面了解产品与服务优势，提升用户对商品的信任度。线下推广活动一般见效性比较快，竞争小，有利于市场宣传与推广。

一 人员推销

人员推销是指企业派专人对目标消费者进行面对面的互动、展示产品及析疑的一种促销方式。人员推销一般包括上门推销、柜台推销和会议推销三种方式。人员推销是一种最原始、最古老又非常重要的推销方式，现代大多数生产企业，在很大程度上主要依赖于人员推销来发现潜在消费者并将其发展成为消费者，从而提高业务量。其优点是直接沟通信息，反馈及时，可当面促成交易；缺点则是投入的成本远高于其他推广方式。

（一）人员推销的基本步骤

大多数推销员的推销程序包括六个基本步骤，如图6-1所示。

图6-1 人员推销的六个步骤

（1）寻找消费者。人员推销工作的第一步就是找出潜在消费者，确定目标消费者。企业可以根据企业定位、品牌定位和产品定位，为企业的目标消费者画像，确定目标消费者的年龄、性别、收入、职业、地域以及消费特征，方便推销人员确定目标消费者。

（2）接近消费者。接近消费者是推销人员正式接触推销对象的一个步骤，是推销洽谈的前奏，是推销过程的必要环节。成功地接近推销对象是成功推销的第一步，接近不了推销对象，便无法开展推销。在正式接触目标消费者之前，可进行试探性接触，如一般化地进行产品介绍，观察对方的反应，尽量给对方一个好印象，逐步进入推销的话题。

（3）推销洽谈。推销洽谈是推销人员运用各种方式方法去说服消费者购买产品或服务的过程，也是推销人员向消费者沟通信息的过程。推销人员首先要通过洽谈了解消费者的需求，然后在对目标消费者已经有了充分了解的基础上，可以直接向消费者介绍产品，根据消费者的兴趣调整介绍的内容，尽量介绍消费者感兴趣的内容，必要时要进行使用示范。

（4）处理异议。消费者异议是指消费者对推销品、推销人员、推销方式和交易条件提出的怀疑、抱怨、否定及反对意见。一般来说，消费者异议包括需求异议、财力异议、权力异议、价格异议、产品异议、货源异议、推销员异议、购买时间异议等。推销人员遇到对方质疑与拒绝是非常正常的现象，要做好充分的准备，这是人员推销工作的关键性环节。

（5）促成交易。通过处理消费者异议，目标消费者开始认同并接受产品或服务，这也意味着成交有了可能。在推销产品或服务时，推销人员要密切关注消费者的反应，搜集成交信息，运用适当的方法促成交易。

（6）跟踪服务。跟踪服务是推销人员确保消费者满意并重复购买的重要一环。为了在企业和目标消费者之间建立起稳固的交易关系，推销人员应认真执行购销合同中所保证的条款，如送货时间、配套服务、售后服务等，同时建立消费者档案，及时回访消费者。

（二）人员推销的方法

推销既是一门技术，也是一门艺术，推销人员要掌握的推销方法很多，下面以推销过程为线索，介绍一些重要的推销方法。

1. 寻找消费者的方法

（1）资料查询法。资料查询法是指推销人员通过查询二手资料，包括各种工商名录、电话号码簿、专业杂志、销售记录、走访报告、各类报纸杂志、政府部门公开信息、行业协会资源等资料，从中发现消费者的方法。

（2）地毯式访问法。地毯式访问法是指推销人员在不熟悉消费者或不完全熟悉消费者的情况下，对某一特定地区和特定行业的所有单位或个人进行访问，从中寻找潜在的消费者。地毯式访问法所依据的原理是"平均法则"，即认为在被访问的所有对象中，必定有推销员所要寻找的消费者，而且分布均匀，消费者的数量与被访问的对象的数量成正比关系。因此，只要对特定范围内所有对象无一遗漏地寻找查访，就一定可以找到足够数量的消费者。

（3）权威介绍法。权威介绍法是指推销人员在某一特定的推销范围内，取得一些具有影响力的中心人物的信任，然后在这些中心人物的影响和协助下，把该范围内的个人或组织发展成为潜在消费者的方法。一般来说，中心任务或组织往往在公众中具有很大的影响力和很高的社会地位，他们常常是消费者意见领袖。权威介绍法避免了大量的寻访工作，推销人员对中心人物进行耐心细致的推介，会大大提高推销效率。

（4）展会寻找法。每年各个地方都有不少交易会、展示会、展览会、博览会等。企业可以参加符合自身行业特征和产品属性的展示会，在展会上搜集大量的客户资料；也可以在现场直接寻找，并与之联络感情、沟通接洽等。

寻找消费者的方法还有很多，如广告开拓法、委托助手法、市场调查法、加入潜在消费者所在组织、个人观察法等。

2. 接近消费者的方法

（1）他人介绍法。他人介绍法就是利用与客户十分熟悉的第三人，通过写信、打电话，或当面介绍来接近客户的方法。这是一种最常用也非常有效的方法，这一方法所依据的是社会学中的熟识与喜爱原理，即人们总是愿意答应自己熟识与喜爱的人提出的要求，用这种方法接近客户的成功率高达 60% 以上。他人介绍法分为直接介绍和间接介绍两种。推销人员拿着他人的间接介绍信物接近新客户时，需要注意谦虚，不要居高临下，不要炫耀与介绍人之间的关系如何密切，可以以真诚的称赞客户本身的语言引出他人的介绍，如"王总说，您是一位非常关心员工福利的老总，他让我来拜访您，这是他给您的一个便条"。

（2）问题接近法。所谓问题接近法是指推销人员利用提问方式或与消费者讨论问题的方式接近消费者的方法。推销人员可以首先提出一个问题，然后根据消费者的回答再提出其他一些问题，或提出事先设计好的一些问题，引起消费者的注意和兴趣，引导消费者去思考，达到接近的目的。运用问题接近法时，所提问题必须突出重点、有的放矢，推销人员必须在接近消费者之前设计好所提问题，要能一针见血，切中要害；问题表述必须简明扼要，抓住消费者的关注点，最好能形象化、量化、直观生动；问题应当具有针对性、耐人寻味，应当是消费者乐意回答和容易回答的，要避免有争议、伤感情和消费者不愿意回答的问题，以免引起消费者的反感。比如可以对便利店老板提问："如果有一种方法，能在不增加营业面积和费用开支的情况下使贵店的销售额增加 50%，您愿意试试吗？"这样的提问能抓住老板的关注点，引起老板的注意和兴趣。

（3）好奇接近法。好奇接近法是指推销人员利用客户的好奇心理达到接近客户的目的的方法。好奇心理是人们的一种原始驱动力，在此动力的驱使下，人类会去探索未知的事物。好奇接近法正是利用消费者的好奇心理，引起消费者对推销人员或推销品的注意和兴趣，从而点明推销品利益，以顺利进入洽谈的接近方法。好奇接近法需要推销人员发挥创造性，制造神秘的气氛。采用好奇接近法，应该注意三点：第一，引起消费者好奇的方式必须与推销活动有关；第二，在认真研究消费者心理特征的基础上，真正做到出奇制胜；第三，引起消费者好奇的手段必须合情合理，奇妙而不荒诞。

（4）表演接近法。表演接近法是指推销人员利用各种戏剧性的表演技法引起消费者的注意和兴趣，进而接近消费者，转入推销洽谈的方法。应用表演接近法时应注意：表演一定要有戏剧效果，要能够引起消费者的兴趣和注意；表演应该自然，打动消费者的心灵；尽量使消费者身临其境；使用的道具最好与所推销的商品有关，使表演与推销浑然一体。表演接近法既有科学性又有艺术性，能迎合消费者求新求奇的心理，唤起他们的思想感情，但是需要慎重使用。

接近消费者的方法还有很多，比如实物接近法、利益接近法、调查接近法、赞美接近法等，推销人员还可以灵活运用多种接近消费者的方法，成功接近消费者。

3. 推销洽谈的方法

（1）FABE法介绍产品。F代表特征（Features），即产品的特质、特性等基本功能，以及它是如何满足我们的各种需要的。A代表由这特质所产生的优势（Advantages），即（F）所列的商品特性究竟发挥了什么功能？目的是向消费者证明：购买的理由是什么；与同类产品相比较，有哪些优势；这个产品的独特之处在哪里。B代表这一优势能带给消费者的利益（Benefits），即（A）商品的优势带给消费者的好处。利益推销已成为推销的主流理念，一切以消费者利益为中心，通过强调消费者得到的利益、好处激发消费者的购买欲望。E代表证据（Evidence），包括技术报告、消费者来信、报刊文章、照片、示范等，通过现场演示相关证明文件和品牌效应来印证一系列介绍。所有作为"证据"的材料都应该具有足够的客观性、权威性、可靠性和可见证性。

（2）四级提问法挖掘消费者需求。会提问是一种能力，推销人员不仅要会听、会说，还要会问。四级提问法可以通过四种层次的问题挖掘消费者的需求：第一级即信息层提问，询问消费者的基本信息，目的是对准消费者做一个初步了解，从而判断对方是不是目标消费者；第二级即问题层提问，询问目标消费者在开展某项工作时遇到了哪些问题，或者通过提问与消费者一起去发现潜在的问题，目的是用来判断消费者是否有相关需求或者激发消费者的潜在需求；第三级即影响层提问，针对消费者在日常工作中遇到的某些问题，询问这些问题对消费者工作造成了哪些影响，目的是用来进一步突出问题、放大问题，让消费者看到问题的严重性；第四级即解决层提问，对消费者目前存在的问题提出解决方案，目的是解决消费者的问题，满足消费者需求。

4. 处理异议的方法

一般来说，处理消费者异议可以分为三步：首先，推销人员要认识到消费者有异议是非常正常的，要站在消费者的立场上看问题，充分理解消费者、赞同消费者，认可的同时可加上一个理由，这样显得更加诚恳；然后加上一个过渡句，把消费者带到我们的视角来看问题；最后展示从我们的角度看到的问题，给消费者一个全面认识产品的机会。在处理消费者异议的时候，可以运用借力打力、以优补劣、委婉拒绝、化整为零、装聋作哑等策略来化解消费者异议。

5. 促成交易的方法

首先，推销人员要学会捕捉成交信号，当消费者对推销人员的提问积极回应、主动提出成交条件、询问售后服务、询问交货时间、反复查看产品说明书、征求其他人的意见、频繁点头时，就说明消费者有了成交的意图。这时，推销人员要采用合适的方法，积极促成交易。

（1）请求成交法。请求成交法又称为直接请求成交法或直接成交法，是指推销人员直接要求消费者购买推销品的一种方法。大多数情况下，只要消费者表现出要求成交的信号，都可以运用直接请求成交法。但是，为了求得最佳效果，尽量在以下情境中运用该方法：消费者是老消费者时；消费者表现出明显的好感时；消费者提不出新的异议时；为了促使消费者集中考虑购买问题时。

（2）假设成交法。假设成交法是推销人员假定消费者已决定购买商品了，而展开推销努力的一种成交法，又称"假定成交法"。这种促成技巧用得比较多，就是事先假设对方已经同意购买，然后直接询问成交后的相关细节问题。比如询问："您希望我们的工程师什么时候给您上门安装？"

（3）选择成交法。选择成交法是指推销人员为消费者设计出一个有效成交的选择范围，使消费者只在有效成交范围进行成交方案选择的一种成交技术。选择成交法既可以减轻消费者的心理压力，创造良好的成交气氛；又有利于推销人员掌握主动权，留有一定的成交余地。推销人员所提供的选择方案应让消费者从中做出一种肯定的回答，不要给消费者拒绝的机会。尽量避免向消费者提供太多的方案，最合适的方案数量就是两项，最多不要超过三项。

（4）小点成交法。小点成交法是推销人员利用成交的小点来间接地促成交易的方法。小点成交法是利用了消费者的成交心理活动规律，避免直接提示消费者比较敏感的重大的成交问题，而是向消费者提出比较小的次要的成交问题，然后逐渐由小到大，先小点成交，再大点成交，最后促成消费者做出购买决策。

促成交易的方法还有很多，比如试用成交法、以退为进成交法、最后一个问题成交法、最后期限成交法等，推销人员可以充分灵活地运用这些方法，促成交易。

二 广告宣传

广告，即广而告之，向社会广大公众告知某件事物。商业广告是指以营利为目的的广告，它是为推销商品或提供服务，以付费方式通过广告媒体向消费者或用户传播商品或服务信息的手段。

（一）广告的基本原则

广告对大众的影响既有积极的一面，也有消极的一面。因此，企业开展广告促销必须遵循以下原则：真实性原则、思想性原则、艺术性原则和计划性原则。

1. 真实性原则

广告的真实性是广告的生命，是广告的基本原则。《中华人民共和国广告法》第一章第三条、第四条分别明确规定："广告应当真实、合法，以健康的表现形式表达广告内容""广告不得含有虚假或者引人误解的内容，不得欺骗、误导消费者"。第五章第五十六条又规定："违反本法规定，发布虚假广告，欺骗、误导消费者，使购买商品或者接受服务的消费者的合法权益受到损害的，由广告主依法承担民事责任。广告经营者、广告发布者不能提供广告主的真实名称、地址和有效联系方式的，消费者可以要求广告经营者、广告发布者先行赔偿。关系消费者生命健康的商品或者服务的虚假广告，造成消费者损害的，其广告经营者、广告发布者、广告代言人应当与广告主承担连带责任。"

2. 思想性原则

思想性原则是指广告内容与形式要健康。广告的思想性原则是广告的灵魂，是社会主义制度的要求。广告不仅是一种经济活动，而且是一种大众传播的宣传活动，所以广告不仅要追求经济效益，还要负起社会责任，决不能以色情、颓废的内容来吸引消费者的注意，激发他们购买商品的兴趣。思想性作为广告的灵魂，通过独特的形式和艺术手法表现出来，寓于广告艺术性之中。

3. 艺术性原则

我们强调广告的真实性，并不否定广告的艺术性。广告是一门艺术，广告的艺术性原则是指为了增强广告的感染力，激发人们的审美情趣，从而引发人们的兴趣和欲求，在广告创作中进行必要的艺术夸张，以增强消费者的印象。艺术性的目的是增强广告的文娱性、趣味性、欣赏性，也是广告作品水平和广告公司实力水平的象征。一个好的广告作品，应该是真实性和艺术性高度结合的产物。

4. 计划性原则

广告的计划性原则是指广告在制作和宣传活动中都要制订一个完整的计划，各项工作要形成统一整体，确保成效，具体包括两方面的内容：一是广告制作的计划性，二是广告宣传活动的计划性。前者是指广告制作必须有计划地进行，广告从设计、制作到刊播都必须按计划工作。后者是指广告活动必须有计划地与广告主的商品生产和销售计划结合在一起，成为企业经营管理的一个有机整体，相互协调、相互配合。

（二）广告媒体选择

1. 广告媒体的类型

广告媒体是用于向公众发布广告的传播载体，是指传播商品或劳务信息所运用的物质与技术手段。广告媒体很多，如广播、电视、报刊、互联网、路牌、灯箱、包装装潢、交通工具，甚至一张名片、一支笔、一件工服，凡是能起到传播作用的物体，都可称为广告媒体。传统的"四大广告媒体"为电视、广播、报纸、杂志。在广告行业，电视媒体和广播媒体称为电波媒体，报纸媒体和杂志媒体称为平面媒体，以此区分。

（1）电视媒体。电视媒体是指以电视为宣传载体，进行信息传播的媒介或平台。电视媒体是一种影响力最大的广告媒体，有"爆炸性媒体"之称，信息量极大，信息内容很广，适合于向消费者传播任何形式的广告。在介绍商品的功能、特点以及树立企业的形象等方面，电视广告的效果俱佳。电视广告具有感染力强、覆盖面广、公众接触率高、娱乐性强、易被接受等优点。但电视广告一般费用很高，对中小企业来说难以承受。

（2）广播媒体。广播媒体是通过无线电波或导线定时向广大地区传播声音符号的大众传播媒体。利用声音符号，以有声语言为主要传播手段，诉诸人的听觉，是广播最根本的特点。广播媒体具有传播速度快、时效性强、传播范围广、受众范围广、成本较低等优点，其缺点主要是选择性较差、不容易保存。

（3）报纸媒体。报纸媒体是最早出现的大众传播媒体。报纸广告具有许多独特的优点：覆盖面较广，传播速度较快；信息容量大，适应性强；设计制作容易，表现方式灵活多样；目标对象广泛而稳定；留存时间长，易于保存和查阅；成本低。其局限性主要有：印刷效果较差，广告图画质量差；广告注目率低，选择对象能力差；有效时间短。

（4）杂志媒体。杂志媒体是报纸和电视的中间媒体，其主题化的组织、高清晰的图片和风格化的文字形成了理性和感性结合的说服力。在传统四大广告媒体中，杂志不像报纸、广播、电视那样具有很强的新闻性，但它有其自身的优点：针对性强，读者选择性较强；印刷精美，图文并茂；信息生命周期长，可以反复阅读和长久保存。其局限性主要有：出版周期长，时效性差；版面狭小，信息容量小；广告受众少。

2. 广告媒体选择的主要考虑因素

现代企业要十分重视选择广告媒体，即应根据各种广告媒体的特点、目标消费者的媒体习惯、产品特点、媒体费用等进行综合比较选择使用。

（1）媒体特点。不同的广告媒体在市场覆盖面、受众特点、传播速度、信息量大小等方面都存在着差别，企业应根据广告媒体的习惯进行选择。

（2）目标消费者的媒体习惯。人们一般会根据自己的需要和喜好来选择媒体获得信息，不同年龄阶段的人的媒体选择习惯就不同，如老年人喜欢看电视，中年人喜欢看报纸，年轻人喜欢网络浏览等。企业应根据目标顾客的媒体特点进行选择。

（3）产品特点。不同产品在展示形象时对媒体有不同要求，如技术比较复杂的产品最好选择纸质媒体进行文字说明，而服装最好选择电视或杂志，以更好地展示服装特点。

（4）媒体费用。不同媒体所需成本也是广告主在做选择时需考虑的因素。考虑媒体费用时不仅要考虑绝对费用，更要考虑相对费用，即费用与受众人数及质量的相对关系。

三 营业推广

营业推广又称销售促进，是指企业为鼓励消费者对某个产品或服务的试用和购买而进行的短期刺激。它是一种短暂性、激励性和非经常性的促销方式，目的主要是刺激消费者试用，或者鼓励消费者或商业用户更快更多地购买特定的产品或服务。

（一）营业推广的特点

（1）促销效果显著。营业推广给消费者一种"机不可失，时不再来"的购买理由，为消费者提供了一个特殊的购买机会，在短期内刺激消费者购买的效果非常明显，因而促销效果显著。一般说来，只要能选择合理的营业推广方式，就会很快地收到明显的增销效果，而不像广告和公共关系那样，需要一个较长的时期才能见效。因此，营业推广适合于在一定时期、一定任务下的短期性的促销活动中使用。

（2）营业推广是一种辅助性促销方式。人员推销、广告宣传和公关关系都是常规性的促销方式,而营业推广方式则是非正规性和非经常性的,只能是一种辅助性促销方式。使用营业推广方式开展促销活动,虽能在短期内取得明显的效果,但一般不能单独使用,常常配合其他促销方式使用。

(3)营业推广有其局限性。如果营业推广选择的产品和时机不当,会使消费者认为卖方有急于抛售的意图,可能会降低产品的品牌价值,有损品牌形象;若频繁使用或使用不当,往往会引起消费者对产品质量、价格产生怀疑。因此,企业在开展营业推广活动时,要注意选择恰当的方式和时机。

(二)营业推广的形式

营业推广的形式丰富多样,从生产企业的角度看,营业推广的形式可归纳为三类,即对消费者、中间商和推销人员的营业推广。每种类型又具体分为许多形式。

1. 对消费者的营业推广

对消费者或最终用户的营业推广形式多样,企业要结合推广目标和产品特点进行选择,并做好中后期的宣传,切实提高推广的成效。

(1)赠送样品。向消费者免费赠送样品,可以让他们了解产品,营造口碑并传播信息,这是介绍新产品最有效的方法,适合价格比较低的新产品推广。样品可以选择在商店或闹市区散发,或在其他产品中附送,也可以公开广告赠送,或入户派送。

(2)现场演示。这是指企业派促销员在销售现场演示本企业的产品,向消费者介绍产品的特点、用途和使用方法等。它是现今厂家十分青睐的一种促销方式,通过向消费者展示本产品的特殊功效,吸引消费者注意,从而带动产品销售。

(3)有奖销售。有奖销售是指采用发放奖券或号码中奖的方式,使消费者在购买时不仅得到产品,还可以获得额外的奖品,以此刺激消费者购买欲望的一种促销方法。它是制造企业和零售商常用的一种营业推广方式,但采取这种方式必须得到有关部门的批准,得到法律保障。

(4)包装促销。包装促销包括两种形式:一是在产品正常零售价的基础上给予一定的折扣优惠,并把原价与优惠价都在商品包装上标明,这种方式适用于非耐用性消费品,以及购买频繁、价格较低的商品,短期促销效果明显;二是对组合包装和搭配包装的产品给予一定的优惠,如剃须刀与一包刀片,牙膏与一把牙刷,或价格优惠的二合一套装。使用这种方式,要想达到最佳效果,套装的产品最好彼此相关。

面向消费者的营业推广方式还有很多,比如折价券、联合推广、会议促销、设置特价品、参与促销、俱乐部营销等,但往往需要与其他推广方式配合使用,确保在某种推广措施实施的有效时间内让众多消费者获得信息,提升推广效率。

2. 对中间商的营业推广

对中间商的营业推广形式也很多,目的是鼓励中间商当机立断地大量购买,以维持较高的存货水平;鼓励中间商淡季进货;抵制竞争品牌针对中间商的营业推广;培养中间商的品牌忠诚度；赢得进入新分销网络的机会。

（1）会议推广。会议推广是指企业利用各类展销会、博览会、业务洽谈会、订货会、中间商聚会等会议形式邀请中间商参加，在会上陈列产品，介绍产品，直接洽谈，引导签订购货合同。

（2）销售竞赛。企业根据各个中间商销售本企业产品的实绩，分别给优胜者以不同的奖励，如现金奖、实物奖、免费旅游、度假奖等，以起到激励的作用。竞赛的评价指标主要有销售额、销售增长率、货款回笼速度、售后服务质量等，奖励形式也是多种多样的，除了直接奖励之外，还有各种销售支持。

（3）津贴支持。企业给中间商各种津贴，如：推广津贴，企业为促使中间商购进企业产品并帮助企业推销产品，可以支付给中间商一定的推广津贴；货位津贴，即企业为获得新产品占有货架或地面位置的特权而支付的费用，价格不等；陈列津贴，即店铺为企业腾地方和安装陈列品的费用；回购津贴，在推出新产品时，企业有时会向零售商提供回购津贴，购回尚未售出的旧产品；广告津贴，企业常常给零售商补贴广告的全部费用或部分费用作为广告津贴。

3. 对推销人员的营业推广

对推销人员的营业推广形式，主要有销售提成、销售竞赛、培训机会等，激励他们开展推销活动，扩大销售，这也是营销团队激励机制中的一个重要组成部分。

四 公共关系

公共关系是指企业与社会公众的关系，公共关系活动是指企业为改善与社会公众的关系，促进公众对企业的认识、理解及支持，达到促进商品销售、树立良好企业形象、扩大企业知名度、提高企业信誉度与美誉度而采取的传播活动。公共关系活动的目的就是要为企业的营销活动创造一个和谐、友好的营销环境，以保证企业取得市场营销活动的成功。

（一）常见的公共关系活动

1. 新闻报道

公共关系活动主要通过新闻媒体宣传报道达到传播、沟通的目的。企业开展公共关系活动的第一要务是充分利用公众媒体进行新闻宣传。企业通过新闻报道、人物专访、记事特写等形式，利用各种新闻媒体对企业进行宣传。新闻宣传不用支付费用，而且具有客观性，能取得比广告更为有效的宣传效果。

2. 赞助公益

企业赞助某些公益事业有利于树立企业形象、提升美誉度，赞助公益是非常常见的公关活动，形式包括赞助文化教育、赞助体育事业、支持社会福利事业、为抗震救灾献爱心、致力于环境保护事业等公关活动。

3. 组织专题活动

企业有意识地组织一些专题活动，包括新闻发布会、招待会、论坛、座谈会、开放参观、周年庆祝活动等，以此来吸引公众注意，扩大宣传，树立企业形象。

4. 社会交往

企业必须通过一些日常的社会交往方式，尽可能地让政府有关部门、社会团体和有关人士甚至国家领导人了解企业的性质、存在的意义、发展的前景，协调企业同政府部门的关系，以改善企业的营销环境。具体方式有：礼节性的访问；重要节日的礼仪电函、贺卡；情况通报和资料交换；举办联谊性的酒会、舞会、文艺晚会；组建或参与一些社会团体，同社会各有关方面发展长期和稳定的关系。

5. 内部沟通

现代企业的公共关系活动对象除了社会公众外，还包括企业内部公众。所以，企业要建立健全企业内部公共关系制度，不断创新活动形式，包括对话、文体活动等，以协调企业内部各部门、各方面及各员工个体的关系，形成团结和谐的局面，在社会公众中树立良好形象。

6. 危机公关

危机公关重在化"危"为"机"，也是企业一种积极的公共关系活动。企业有时会因信息不对称被误解或因严重事故造成信用危机等，必须立刻启动危机公关工作，与新闻界、政府和消费者等及时沟通，采取措施重塑形象，以赢得公众信任和消费者信心。

（二）公共关系活动的步骤

1. 确定公关活动目标

它是进行公关活动的首要步骤和重要内容，包括总体目标和具体目标。总体目标包括四个目标要素：信息传播，这是公关活动的基本目标；联络感情，这是公关活动的长期目标；改变态度，这是公关活动的追求目标；引起行为，这是公关活动的最高目标。

2. 拟定公关活动主题

主题的设计不仅必须符合公关促销活动计划所确定的具体目标，而且应当做到"简明、创新、亲切、朴实"，使主题内容突出，便于记忆，能对目标公众产生巨大的感召力和吸引力。

3. 选择公关活动方式

方式的选择主要包括两个方面内容：一是选择公关促销活动的时机；二是选择公关促销活动的策略。

4. 选择公关传播渠道

常见的传播渠道有：大众传播，即利用报纸、杂志、广播、电视等大众传播媒体进行传播；人际传播，即运用口头或书面等交流方式进行传播；专题传播，即综合运用大众沟通和人际沟通等方式，围绕特定的公关促销活动专题，开展有特色的公关促销活动。

做好以上准备工作后，还要编制公关预算、撰写公关策划书、组织并实施公关活动，活动结束后还要评估公关活动效果。

五 初创企业线下推广策略

初创企业知名度不高，产品也不被消费者熟悉，为了打开市场，提高销售额，初创企业必须进行推广，人员推销、广告宣传、营业推广和公共关系这四类推广方式都适合于初创企业，但要结合产品策略、价格策略和渠道策略进行统筹规划，有所侧重。

（一）创始人亲自推销

初创企业实施人员推销的推广策略时，除了按照人员推销的步骤和方法以外，还可以鼓励创始人亲自进行推销。初创企业创始人亲自进行推销，除了节省资金，还有以下三个好处：一是有利于初创企业吸收第一批客户。作为创始人，对产品的热情最高，其创业故事对客户也极具吸引力，最能打动客户。二是创始人亲自进行推销，能零距离地接触客户，便于收集客户需求，对客户的异议能及时做出决策，能最快促成交易。三是创始人亲自推销，积累的经验可以和企业的推销人员分享，激励他们将热情和智慧投入到推销工作中去，能为推销人员定下工作基调。

（二）初创企业广告策略

首先，初创企业的广告主要是宣传产品。广告可以宣传产品，也可以宣传品牌，还可以宣传企业。初创企业的首要任务是宣传产品，让客户知晓并了解新产品的特点，促使其去购买。

其次，采用 FABE 法则介绍产品。初创企业产品知名度低，广告的目的是让客户了解产品的特征、优点、价值以及可信度，而这四点正是 FABE 法则介绍产品的四个元素。如"步步高点读机，哪里不会点哪里，妈妈再也不用担心我的学习，SO EASY！"特征是"点""读"，优点是"哪里不会点哪里"，价值是"妈妈再也不用担心我的学习"，用学生的一句"SO EASY!"结尾，让人觉得更可信了。

最后，正确看待广告的作用。初创企业要明白，一个品牌或产品的成功运营是多方面因素共同作用的结果，如产品质量、价格因素、销售渠道、促销活动等是否完善，如果只是广告轰炸，其他因素尚不完备，那么再多的广告也只是空中楼阁，不会有效果。

（三）初创企业的公关策略

首先，初创企业要高度重视公关。初创企业进行公关，有利于传播企业品牌，树立良好声誉，提升可信度，同时还能让投资者看见，能获得媒体行业的意见，也有助于自己成为意见领袖。

其次，初创企业要制订公关计划。计划中要明确公关的目标，确定准确介绍企业的语句，确保创始人引人注目，讲好创业故事。

最后，初创企业要重视危机公关。任何企业都有可能遭遇公关危机，危机公关做得好，就有可能将危机转化为企业传播的一次机会；危机公关如果做得不好，就可能失去公众的信任。企业要重视危机公关，掌握危机公关的策略，做好危机公关的预案，处理好公关危机。

扫码观看初创企业线下推广策略

 思政园地

做经世济民的营销人

一、案例导入

青蛙王子经世济民，实现三方共赢

青蛙王子作为一个民族品牌，已经成长为儿童个人护理产品的国内领先品牌之一。"呵护中国儿童的健康成长"一直是青蛙王子的企业理念，不仅呵护孩子的身体健康，更关注他们的心灵成长，在孩子们的童年记忆中种下一颗美好的种子，细心呵护其发芽成长。青蛙王子一直在呵护中国儿童健康成长的道路上，坚持自己的公益之道。

2012年，青蛙王子大力赞助《月亮姐姐和嘟噜嘀嘟农场》音乐剧，为困境儿童赠送门票，播下"爱与梦想"的种子；签署"六一半天假·爱心公约"，承诺且呼吁企业在儿童节当天给14岁以下孩子的父母放半天假，陪伴孩子过节；拍摄公益片《别让陪伴成为孩子的奢望》，道出了无数孩子内心真正的想法；举办"你爱对了吗？"公益大讲堂，倡导给孩子适合的、理性的爱；2017年，开启"关爱留守儿童，让爱不孤单"系列公益活动，以捐物资、送知识、广传播为手段，目的在于使社会各界关注留守儿童，号召更多的爱心企业共同参与和帮助这些需要陪伴的小朋友。

青蛙王子以呵护中国儿童健康成长的系列公益活动，实现了家长、企业和社会三方面的共赢，树立了经世济民的新时代企业榜样。为家长解决实际的家庭教育困惑，是一赢；为青蛙王子获得良好的社会口碑，是二赢；为社会提供一种具有公信力的新公益思路，是三赢。助力孩子的身心健康成长，让家长、企业、社会受益，这才是企业的持续发展之路。

二、案例讨论

1. 青蛙王子是如何践行"呵护中国儿童的健康成长"企业理念的？
2. 什么是经世济民？营销是如何让人民生活更美好的？

三、分析与建议

青蛙王子一直践行"呵护中国儿童的健康成长"的企业理念，不仅落实在产品研发、生产和营销上，也体现在社会责任的公益活动中。通过赞助音乐剧、公益片、公益讲堂，发起陪伴留守儿童，支持六一儿童节等活动，呵护儿童健康成长，实现家长、企业和社会三方的共赢，树立了经世济民的企业形象。

经世济民，意思是使社会繁荣，百姓安居，这是古代贤士的立世准则和读书人的最高理想，提倡将个人的知识、能力奉献社会，将个人的成才抱负融入为最广大人民造福之中，这是社会进步需要的个体素质的完善与人格信念的升华。市场营销通过以消费者为中心的理念，使得产品、服务和体验更加满足消费者的需求，为消费者创造价值，提供一系列可供选择的不同价格的商品，让消费者获得了美好生活的权利，同时，市场营销创造了就业，推动了经济的快速增长，促进了社会的繁荣，营销让生活更美好。作为营销人，也要将经世济民作为自己的信念，为社会繁荣和人民美好生活做出自己的贡献。

实训操作

初创企业的线下推广策划

1. 实训目的

通过实训理解线下推广组合策略，为选定的模拟初创企业产品进行线下推广策划。

2. 实训内容与步骤

（1）根据模拟的初创企业产品特色和企业发展特点，设计一个广告创意，有条件的同学可以拍摄一个广告视频。

（2）设计一次促销活动，主题自选。

（3）撰写促销活动方案，说明促销背景、时间、地点、目标以及具体的活动安排。

3. 实训成果要求

提交模拟初创企业线下推广方案，内容包括策划背景、促销时间、地点、目标、活动设计、注意事项，以 PPT 的形式上交。

拓展学习

顾客价值与企业营销

随着产品的日益同质化，企业之间的竞争越来越激烈，企业也越来越认识到，只有提供比其他竞争者更多的价值给顾客，才能保留和维护忠诚的顾客。因此，企业要转变观念，加快为顾客创造价值的速度，提升顾客的价值感知度，把为顾客创造更高的价值贯穿于整个营销实践中。

一、顾客让渡价值理论

1954 年，彼得·德鲁克提出顾客购买和消费的不是产品，而是价值。随后，国内外学者开始了关于顾客价值的理论研究，提出了顾客价值模型、顾客动态价值理论、顾客价值层次模型、4Cs 理论、顾客让渡价值理论等。顾客价值理论的创新之处就在于使企业真正站在顾客的角度来看待产品和服务的价值，这种价值不是由企业决定的，而是由顾客决定的。顾客价值理论中最重要的是科特勒提出的顾客让渡价值理论。

顾客让渡价值是指顾客购买某一产品或服务时所获得的总价值与需要支出的总成本之间的差额。顾客总价值是指顾客购买某一产品或服务时所期望获得的一组利益，它包括产品价值、服务价值、人员价值和形象价值等。总成本是指顾客为购买某一产品所耗费的时间、精神、体力以及所支付的货币资金等，即时间成本、精神成本、体力成本和货币成本等。顾客在购买产品或服务时，总希望将总成本降到最低，同时又希望从中获得最大的总价值。因此，顾客在选购产品或服务时，往往会从总价值和总成本两个方面进行比较分析，从中选择总价值高、总成本低的即"顾客让渡价值"最大的产品作为优先选购的对象。

（一）顾客购买的整体价值

使顾客获得更大"让渡价值"的途径之一是改进产品服务、人员与形象，从而提高产品或服务的总价值。其中每一项价值因素的变化都会对总价值产生影响，进而决定了企业生产经营的绩效。

（1）产品价值。产品价值是由产品的质量、功能、规格、式样等因素所产生的价值。产品价值是顾客需求的核心内容之一，产品价值的高低也是顾客选择商品或服务所考虑的首要因素。

（2）服务价值。服务价值是指企业向顾客提供满意服务所产生的价值。服务价值是构成顾客总价值的重要因素之一。

（3）人员价值。人员价值是指企业员工的经营思想、知识水平、业务能力、工作效率与质量、经营作风以及应变能力等所产生的价值。

（4）形象价值。形象价值是指企业及其产品在社会公众中形成的总体形象所产生的价值。形象价值是企业各种内在要素质量的反映。

（二）影响顾客购买的成本因素

要实现最大程度的顾客让渡价值，仅仅创造价值还是远远不够的，还应该设法降低顾客购买的总成本。顾客总成本不仅包括货币成本，而且还包括时间成本、体力和精神成本等非货币成本。

（1）时间成本。时间成本是顾客为得到所期望的商品或服务而必须处于等待状态的时期和代价。

（2）体力和精神成本。体力和精神成本是指顾客购买商品时，在体力、精神方面的耗费与支出。

二、基于顾客价值理论的营销机制

顾客价值理论的提出为企业营销提供了一个全新的分析思路，不再仅仅侧重于产品、价格、分销和促销一些经营性因素，而是要全方位、全过程、全纵深地改善企业生产经营状况，设计出一套满足顾客让渡价值最大化的营销机制。

（一）利用价值链实现网络竞争优势

价值链是指企业各种相互依存的经营活动所组成的一个系统，包括设计、生产、销售、发送和其他辅助活动。价值链中的每一项活动都影响顾客让渡价值的实现。企业的价值链不仅在其内部是互相联系的，而且和其供应商和销售渠道的价值链密切相关。企业利用价值链之间的纵向联系，加强其与供应商及销售渠道的合作，提高顾客整体价值，降低顾客购买成本，实现顾客让渡价值最大化。

（二）实行核心业务流程管理

根据价值链的原理，企业内部各部门应协调一致，追求公司整体利益最大化。但是在现实中，企业业务部门往往把部门利益放在第一位，而不是首先考虑公司和顾客利益的最大化。为了解决这个矛盾，需要实行"核心业务流程"的流畅管理。

一般来说，企业的核心业务流程包括新产品的实现流程、存货管理流程、订货汇总流程、顾客服务流程等几种形式，四种核心业务流程对于企业实现内部协调、提高顾客让渡价值具有重要作用。其中，新产品的实现流程可以根据顾客的需求及时生产出高质量的产品，从而提高企业的产品价值；存货管理流程可以最大限度地降低企业的生产成本和储运成本，从而降低顾客购买时的货币成本；订货汇总流程和顾客服务流程可以及时准确地发送货物、收取货款、为顾客提供满意的服务，从而提高企业的服务价值，降低顾客采购成本，实现顾客让渡价值最大化。

（三）实行全面质量营销

企业提高顾客让渡价值，建立顾客让渡价值系统的工作不可能由企业的营销部门单独完成，还需要市场营销部门与其他部门很好地协调，在企业内部实行全面质量营销。

首先，质量一定是从顾客的角度来理解的。质量工作开始于顾客的需求，结束于顾客的理解。因此质量改进只有建立在顾客理解的基础之上才是有意义的。也就是说，企业必须将顾客的需求贯彻到整个设计、工程、制造和配送过程之中。

其次，质量必须反映在公司的每一个活动之中，反映在产品中，还反映在广告、服务、产品说明、配送、售后支持等环节中。

最后，要有高质量的合作伙伴，即要实现价值链之间的纵向联系。

（四）重视内部的服务管理

随着市场竞争的日益激烈，企业的优势已不再局限于产品或服务本身，与产品和服务紧密相关的企业内在服务质量已受到了越来越多的重视。这是因为从企业利润产生的全过程看，企业获利能力的强弱主要是由顾客的忠诚度决定的，而忠诚顾客的塑造依赖于企业为顾客实现让渡价值的大小，企业员工是让渡价值的实现者，他们的工作效率和工作水平又是由企业内部服务管理的质量决定的。如果一个企业能够加强企业内部管理，更好地为自己的员工服务，就可以实现员工满意，员工满意可以创造出最大的顾客让渡价值，从而实现顾客满意和顾客忠诚度最大化，最终使企业获得利润。

课后练习

一、单项选择题

1. 推广的本质是（　　）。
   A. 出售商品　　　B. 沟通　　　C. 建立良好关系　　　D. 寻找顾客
2. 下面不属于企业公共关系活动的是（　　）。
   A. 贫困基金捐献　　　　　　　　B. 处理内部信访
   C. 召开部门间的联谊会　　　　　D. 给予中间商数量折扣
3. 使用FABE法介绍产品时，A代表的是（　　）。
   A. 产品特征　　　B. 产品优势　　　C. 产品价值　　　D. 证据资料
4. 广告的基本原则是（　　）。
   A. 真实性　　　B. 思想性　　　C. 艺术性　　　D. 刺激性
5. 适合于价格较低的新产品的营业推广方式是（　　）。
   A. 现场演示　　　B. 赠送样品　　　C. 包装促销　　　D. 折扣让利

二、多项选择题

1. 人员推销的方式一般包括（　　）。
   A. 上门推销　　　B. 柜台推销　　　C. 会议推销　　　D. 公关推销
2. 线下推广的具体方式包括（　　）。
   A. 营业推广　　　B. 人员推销　　　C. 广告宣传　　　D. 公共关系
3. 属于对消费者的营业推广的是（　　）。
   A. 赠送样品　　　B. 销售竞赛　　　C. 有奖销售　　　D. 津贴支持
4. 公共关系传播的主要渠道有（　　）。
   A. 大众传播　　　B. 专题传播　　　C. 人际传播　　　D. 会议传播
5. 根据顾客让渡价值理论，顾客总价值包括（　　）。
   A. 产品价值　　　B. 服务价值　　　C. 人员价值　　　D. 形象价值。

三、判断题

1. 人员推销亦称直接促销，它主要适合于消费者数量多、比较分散的情况。（　　）
2. 公益广告是用来宣传公益事业或公共道德的广告，所以它与企业的商业目标无关。
   （　　）
3. 广告的生命在于艺术性。（　　）
4. 营业推广给消费者一种"机不可失，时不再来"的购买理由，在短期内刺激消费者购买的效果非常明显。（　　）
5. 顾客价值理论体系中最主要的是顾客让渡价值理论。（　　）

四、简答题

1. 市场推广的本质是什么？企业线下推广主要有哪些方式？
2. 简要说明人员推销的程序。
3. 促成交易的方法有哪些？
4. 初创企业进行线下推广的策略有哪些？
5. 顾客让渡价值理论的主要观点有哪些？

五、案例分析题

从"3·15"晚会"饿了么"负面曝光看初创企业的危机公关

央视一年一度的"3·15"晚会堪称"公关春晚"，吸引着亿万观众的关注。2016年的"3·15"晚会以"'饿了么'惊现黑心作坊，看完你还会饿么"为题，曝光了"饿了么"的黑心作坊问题：在"饿了么"网站上，餐馆的照片看着干净、正规、光鲜亮丽，但实际却是油污横流，不堪入目，老板娘用牙咬开火腿肠后直接放到炒饭中，厨师尝完饭菜再扔进锅里，"饿了么"平台引导商家虚构地址，上传虚假实体照片，甚至默认无照经营的黑作坊入驻。当晚，北京食品药品监督管理局查处通州"饿了么"五店合一食品加工点。

随后，"饿了么"通过官方微博发表声明《致亲爱的消费者》，声明称："饿了么"高度重视今晚央视"3·15"晚会报道的问题。我们紧急成立专项组，下线所有涉事违规餐厅，并连夜部署、检查全国范围的餐厅资质。"饿了么"致力于推进中国餐饮业的数字化进程，网络外卖订餐属于新生业态，我们诚恳接受媒体及社会各界的引导和监督，百倍努力，为消费者提供安全放心的用户体验。3月16日，"饿了么"首席执行官发表内部信，承认"饿了么"在食品安全管理上确实存在失职之处，并表示"饿了么"要领先于市场，就要永远保持敬畏之心，坚守用户价值第一，坚持提供最好、最安全的服务，切忌本末倒置。要求消除食品安全监管隐患，要快，要坚决，要见效果！

问题

1. 如何评价"饿了么"的危机公关？
2. 初创企业应如何进行危机公关？

任务二 线上推广策略

学习目标

【知识目标】
- 掌握线上推广的主要方式；
- 掌握社会化媒体推广的主要方式；
- 了解网络广告的主要形式；
- 掌握初创企业线上推广策略。

【能力目标】
能运用所学的线上推广方法为初创企业制订一个线上推广方案。

【素质目标】
树立文化自信，培育营销人的文化自豪感。

引导案例

Girlcult：借助线上推广，实现品牌突围

Girlcult成立于2018年，主要产品有眼影、唇釉、腮红、高光、修容等彩妆品，消费群体定位为90后、95后人群，经过一年多的发展，线上天猫官方旗舰店粉丝数达190万，点赞、获赞与收藏达到10万+。在电商平台流量增长探顶、获客成本高企的今天，Girlcult品牌是如何从0做到1，实现口碑和销量的双重突围的呢？

一、个性鲜明的产品俘获少女心

Girlcult的产品表达和产品本身都极具个性。每一种产品都被Girlcult赋予了特别的设定和意义，衍生出了宗教传说、情绪腮红、山海经、乌托邦等系列。以腮红为例，每个颜色的腮红都对应不同的情绪，如枫叶色对应的是"加戏"，红茶色对应的是"贪心"，西瓜色对应的是"吃瓜"等，此外还包括好奇、着迷、溺爱、暗涌等，"高颜值+绝美配色"立马俘获了万千少女心，成为小红书的最强单品。

二、高频沟通用户，了解年轻人心理

Girlcult的一切产品设计和理念都源于年轻人特别的消费心理，而对年轻人心理的把握来

自和用户的高频沟通：一方面，Girlcult 开展校园调查，调研准备推出的新品是否会被接受，并根据调查反馈调整产品设计和营销内容；另一方面，Girlcult 开展 QQ 群运营，在 QQ 中沉淀了超过 5 000 人的社群，用写真投票等方式调动用户互动，同时收集用户的喜好，用以提升消费体验，如在产品中赠送山海经小扇子、文身贴、小胶带等小惊喜附件。

三、掌握传播逻辑，点燃爆品

中国彩妆的推广渠道从以往的电视广告、时尚杂志，已经分散到完整产业链运营的公众号、微博、小红书、抖音、B 站，在不同的平台上遵循不同的传播逻辑。Girlcult 深谙各渠道传播逻辑，在小红书、B 站和 QQ 群进行高频传播，点燃爆品；在以"流量"为主逻辑的微博平台，进行品牌调性和风格的传播；在 95 后聚集的 B 站，深度种草长视频内容；在"促销"为主逻辑的淘宝直播平台，基于主播与粉丝间的高黏性，强调粉丝和直播的情感强链接和共鸣，也因为这部分人群的价格敏感性更高，可以增加优惠力度；而在"算法"为主逻辑的抖音、小红书平台密集地，则对内容进行数据检测，加码或优化。

> **问题**
> 1. Girlcult 的产品有何特色？
> 2. Girlcult 是如何在目标群体中进行推广的？

线上推广是指企业利用互联网的各种工具，推广产品信息、企业信息和品牌信息的过程和方法。随着互联网技术的发展，线上推广为企业带来了诸多好处，如寻找潜在消费者、展示产品、建立口碑、提高知名度、方便消费者了解企业等，企业也越来越重视线上推广。如何进行线上推广，是本次任务需要探究和训练的内容。

知识储备

线上推广的方式很多，可以分为企业自媒体推广、社交化媒体推广和第三方平台广告推广。一般来说，企业会按照先做投入小、自有可控和信息存储时间长的自媒体推广，后做投入大、他有不可控和信息存储时间短的社会化媒体推广和第三方平台广告推广。

一、自媒体推广

自媒体推广是企业线上推广的起点，也是线上推广的落脚点，另外两种方式的推广目的也是为企业自媒体平台引流。企业自媒体包括企业官方网站、官方微博、企业微信公众号等。自媒体推广具有投入成本低、信息发布自由可控、信息网络存续时间长等优势，有利于企业锁定核心人群。核心人群是最关心和需要企业产品和服务的客户，他们会主动搜索寻找企业产品信息。锁定核心人群能为企业带来巨大效益。

（一）官方网站推广

官方网站是企业线上推广的根据地，企业可以建设多种类型的网站。企业可以自建官方网站，也可以请专业的建站公司建设，其主要建设任务如下：

1. 设计与注册企业域名

域名是企业、机构或者个人在域名注册商注册的名称，是互联网上企业或者机构间相互联络的网络地址。企业在选择域名时就应该考虑到以后的推广问题，一个好的域名应该做到：短小、容易记忆、不易混淆、不容易拼写错误；与公司名称、商标或核心业务相关；尽量避免文化冲突。设计与注册企业域名的主要任务包括为企业网站设计多个可供选择的域名，查询所设计的域名，查看域名的详细信息，注册或者购买域名。

2. 确定网站的主要内容

企业官方网站一般有四种类型：展示型网站、品牌推广型网站、营销型网站和功能型网站。展示型网站是互联网中最常见的企业网站，它主要向用户简单直接地展示企业的信息和商品，比较适合传统的中小型企业。品牌推广型网站主要适合大企业或奢侈品行业，旨在宣传企业形象、展示企业文化和核心产品，互动性强。营销型网站具有营销转化能力，旨在为用户提供良好的浏览和转化体验。功能型网站是为了满足一个或多个核心功能而建立的网站。

3. 规划首页布局

网站类型不同，首页的设计也不同，但都要具备一些基础元素，如标志、信息搜索框、全局导航条、页尾等。对于营销型网站来说，网站首页不仅起到形象展示的作用，更重要的是起到信息传递的作用。网站的界面布局非常重要，要根据用户的浏览习惯将网站的核心内容合理有序地展示给用户。一般用户的阅读习惯是按照从上到下、从左至右的路线进行查看，因此，重点信息要在左边偏上的部位出现，即重要信息放置在重要的板块。

4. 规划网站风格

网站风格能形成网站访问者对企业网站品牌的第一印象。良好的网站风格是企业品牌形象、企业文化和实力展示的重要因素，要做到保持内页设计风格一致、讲究色彩搭配，可以与企业视觉识别系统的标准色一致。

5. 设计用户体验

良好的客户体验是营销型网站建设的基本要求，也是提高网站访问用户转化率的一个重要因素。网站的用户体验设计是一项全面系统性的工作，涵盖网站设计的每一个细节。企业可以从客户咨询、常见问题解答和网站导航三个方面对网站客户体验进行分析和设计。

6. 规划网站的后台管理

良好的后台管理是网站后续信息更新、客户关系管理和推广效果分析的重要基础。一般来说，企业营销型网站至少需要配备四个后台管理功能模块：信息发布管理系统模块、产品管理系统模块、客户咨询管理系统模块、网站流量统计系统模块。

（二）官方微博推广

企业官方微博是以企业在工商行政管理部门核准注册的字号为昵称关键词而建立的微博账号。它主要以企业名义向社会公众、消费者传递与企业的思想文化、经营理念、品牌、产品和服务等紧密相关的微博资讯。获得认证的企业官方微博有利于形成较权威的良好形象，微博信息可被外部搜索引擎收录，更易于传播，也容易进入推荐微博名单，获得大量的粉丝，快速提高影响力和传播力；同时也可以防止出现假冒伪劣产品，尤其对于认证的企业，发布的产品或活动信息有了公信力，用户也敢于和乐于参与。

1. 企业微博内容推广

在运用微博推广时，撰写高质量的微博内容要注意以下几点：

（1）图文结合。微博的内容信息尽量多样化，最好每篇文字都带有图片、视频等多媒体信息，这样具有较好的浏览体验；微博内容尽量包含合适的话题或标签，以利于微博搜索，发布的内容要有实用价值。

（2）善用长微博推广。长微博是通过图片发布文字信息的一种形式，最主要的作用是突破140字的限制，通过附带相应文字版本的链接演变为博客和长文章的入口。

（3）找准发布时机。企业官方微博每天发布条数为5~10条，可以合理利用发布者和用户的空闲时机，如上班之前、午休时间、下班之后及晚上休息之前这几个时段。

（4）精心策划内容。微博营销中，内容策划非常重要。只有内容吸引了用户，才能带来更多的转发和评论，最终实现微博营销的效果。微博内容要吸引人，在找准用户的基础上，有用的内容和有趣的内容更容易让用户参与其中。

2. 微博推广技巧

（1）置顶优质内容。发布的优质微博没有及时出现在订阅者和粉丝面前，可以通过其他的微博账号每隔一小时转发或者评论一次，微博就会重新出现在前列，得到更多曝光的机会。

（2）巧用@和私信。微博@功能增强了微博发布的针对性。被@的人能够在打开微博的第一时间看到有人@了自己，无论这条微博发布了多久。接下来就有机会点击查看并转发微博。私信只能由博主发给粉丝，并且只有发件人和收件人才能看到，通过私信可以做点对点精准营销。

（3）坚持每日更新。每天坚持发布原创微博，如果没有新鲜事情发布，也可以注意平时积累行业动态及趋势，发布一些对用户有价值的分析信息。

（4）主动互粉核心用户。企业微博要多关注经常转发自己微博的人。转发五次以上，且积极参与讨论的粉丝就是企业的核心用户，企业关注这些核心用户会让他们获得荣誉感，为口碑营销奠定基础。

（5）随时做好微博推广。微博的引爆点很多都是来自网民的创意，出现的时间可能在下班之后，这就要求营销人员随时搜索，积极和网民沟通，及时做好与企业话题相关的回复。

（三）微信公众号推广

微信公众号是开发者或商家在微信公众平台上申请的应用账号，该账号与QQ账号互通，通过公众号，商家可在微信平台上实现和特定群体的文字、图片、语音、视频的全方位沟通互动。微信公众号的运营主要包括公众号的精美排版、增加粉丝量和提升阅读量。

1. 公众号的精美排版

好的排版不但可以提高文章的阅读体验，增加文章的可读性，还可以形成个性化风格，这是从形态上和其他公众号区别的关键。微信编辑器只能进行简单的内容排版，如果想要丰富的样式效果，或者想要提高排版效率，推荐使用第三方微信排版工具，如秀米编辑器、135编辑器、i排版编辑器。企业可以通过PPT、图画、美图秀秀等制作工具制作素材。

2. 增加粉丝量

通过导入老客户、让潜在客户关注和已建平台的引流，获得首批粉丝。可通过内部诱导增加粉丝、外部导流、合作增加粉丝、原创增加粉丝、场景增加粉丝等方式增加粉丝量。

3. 提升阅读量

提升微信公众号文章阅读量的方法主要有：通过优化标题提高打开率；创作符合粉丝兴趣爱好、价值观、世界观的内容促进转发；嵌入链接，提高阅读量；通过社群运营提升阅读量；通过将文章链接转发到微信群、QQ群的方式，让群内的人点击阅读，进而转发来提升阅读量。

三、社会化媒体推广

社会化媒体又称为社交媒体，是由大批网民自发贡献、提取、创造新闻资讯，然后传播的媒体。社会化媒体主要包括社交网站和社交APP两大类，社交网站如知乎、豆瓣、人人网、QQ空间、百度贴吧等；社交APP如QQ、微信、微博、抖音、小红书、喜马拉雅等。社会化媒体推广对于企业来说，具有投入成本不高、信息发布相对自由可控、信息网络存续时间较长等优势，是企业建好自媒体之后的主要推广方式，是企业与竞争对手争夺目标客户并将其转化为自有核心客户的好方法。社会化媒体推广的主要方式有以下五种：

（一）问答推广

企业可以通过自问自答或回答他人问题，在问答站点巧妙地运用软文将自己的产品或服务植入到问答里面，产生口碑效应，达到推广的目的。目前主要的问答站点有知乎、百度知道、搜狗问问、天涯问答、新浪爱问等。问答站点推广的步骤主要包括：提问，根据用户搜索习惯选取关键词和设计针对性问题，合理控制问题中的关键词密度和提问的技巧；回答，一种是自问自答，另一种是回答别人的问题，可以针对不同的行业采取举例回答法、专业回答法等，无论采用什么方法回答，都要做到真实可信，保证回答的质量；采纳问题，可以考虑优先采纳用户的优质答案或真实客观的答案；问答排名优化，企业可以通过提升问题的搜索量和点击量来提升问题的排名。

（二）百科推广

百科又称为开放式在线百科，是由用户共同参与编写的网络百科全书，目前主流的综合性百科有百度百科、互动百科、搜搜百科、360百科等。百科推广模式在不同百科平台上的表现有一定的差异，原因在于各个平台对词条编辑规则设置不同。百科推广具有流量高、用户黏性大、信任度高、精准度高和传播迅速的特点。百科词条推广的主要模式有：百科词条正文内容广告；百科词条中的网页URL链接；百科词条中的图片广告；百科词条中的图片文字注释；百科词条中的相册广告；百科词条中的名片广告。

（三）论坛推广

论坛推广是以论坛为媒介，通过参与论坛讨论来推广企业信息和产品服务的方法。运用得好的话，论坛推广可以成为支持整个网络推广的主要渠道，尤其是在网站刚开始的时候，是个很好的推广方法。进行论坛推广，首先要找准符合企业特点的高人气论坛，在每个论坛上注册多个账号，把签名设为官方网站；其次，发布具有争议性的帖子，引起关注，并链接到企业官方网站；最后，要及时顶帖，不要让帖子沉下去。

（四）视频推广

企业可以将各种视频短片以视频、短片、广告等形式发放到互联网上，达到宣传推广的目的。视频推广具有成本低廉、目标精准、互动性强、传播快、效果可测等优点，目前主要的网络视频平台有抖音、小红书、优酷、土豆、爱奇艺、腾讯视频、搜狐视频、秒拍、美拍等，另外还有喜马拉雅、荔枝等网络广播电台，虎牙、斗鱼、映客等直播平台。网络视频推广的主要模式有5种：广告推送模式、品牌植入模式、病毒传播模式、用户原创内容模式和视频互动模式。

（五）软文推广

软文是基于产品特点的概念诉求与问题分析，对消费者进行针对性心理引导的一种文字模式。从本质上来说，它是企业软性渗透的商业策略在广告形式上的实现，通常借助文字表达与舆论传播使消费者认同某种概念、观点和分析思路，从而达到宣传企业品牌、销售产品的目的。综合运用营销、策划、新闻传播、网络销售的知识，进行有计划的实施和监控的系列软文操作就是软文推广。软文推广也称为"软广"，是与"硬广"相对应的，构成企业推广的两种相互补充的形式。软文的形式多样，可以综合使用，不宜孤立使用。软文推广的主要形式包括悬念式软文、故事式软文、情感式软文、危机式软文、促销式软文和新闻式软文等。

三 第三方平台广告推广

第三方平台广告推广是企业在自媒体和社会化媒体上的推广取得初步成效后，愿意加大投入，实施借势营销时采取的推广方式。广告平台聚集了大批具有共同行为特征的人群，企业通过发布形式丰富多样的广告，可以锁牢核心人群，抢夺目标人群，影响意向人群，同时将广告受众引流至企业自媒体平台。第三方广告平台主要有：新浪、搜狐、凤凰等门户网站；百度、360等搜索引擎网站；58同城、大众点评等分类网站；hao123、360导航等导航网站；QQ空间、人人网等社交网站；微博粉丝头条、微信朋友圈、交友网站等社交平台；今日头条、澎湃新闻等内容发布类平台；爱奇艺、腾讯、喜马拉雅等视频娱乐平台。网络广告投放形式主要有以下几种：

（一）横幅广告

横幅广告又称"旗帜广告"，是最常用的网络广告形式。它通常以Flash、GIF、JPG等格式定位在网页中，同时还可以产生交互性和增强表现力。

（二）按钮广告

按钮广告又名图标广告，是标语式广告的一种特殊形式，它尺寸偏小，表现手法比较简单，信息量非常有限，一般只由一个标志性的图案构成，如商标或厂徽，吸引力也相对较差，只能起到一定的提示作用。

（三）文本链接广告

文本链接广告是以文字链接的广告。浏览者点击之后可以进入相应的广告页面，这是一种对浏览者干扰最少且较为有效的网络广告形式。

（四）电子邮件广告

电子邮件广告具有针对性强、价格低廉的特点，而且广告内容不受限制，它可以针对具体某一个人发送特定的广告，为其他网络广告方式所不及。

（五）插播式广告

插播式广告又称弹出式广告，在访客请求登录网页时强制插入一则广告页面或弹出广告窗口。插播式广告有各种尺寸，互动程度也不同，从静态广告到动态广告全部都有，浏览者可以通过关闭窗口不看广告，但广告的出现没有任何征兆，所以肯定会被浏览者看到。

（六）富媒体广告

随着互联网的普及和技术的进步，网络广告不再局限于文本和图片，出现了具有声音、图像、文字等多媒体组合的媒介形式，这些媒介形式的组合叫作富媒体，以此技术设计的广告叫作富媒体广告。富媒体广告表现形式多样、内容丰富、冲击力强，但费用通常较高。

四 初创企业线上推广策略

初创企业的新产品、新品牌在推广过程中会遇到许多的困难，如产品特色不明显、不易推广、销售成本太高、知名度太低、流量低、转化率低等问题，因此在进行线上推广时，尤其要解决推广方式单一、流量低和转化率低的问题。

（一）推广方式多样化策略

初创企业由于自身技术和能力有限，采取了有限的推广方式，或者片面追求低费用，发送垃圾邮件或链接，这样会引起大众反感，给企业声誉造成负面影响。随着网络技术的迅速发展，初创企业的线上推广模式也要符合消费者的心理，选择多种推广形式，如传统方式和新兴方式搭配，企业自己推广与委托推广搭配，"硬广"与"软广"搭配。企业的网络推广方式多样化不是多种推广方式的叠加，而是企业在综合考虑经济环境、社会文化、市场行情、产品定位、目标顾客定位等因素的基础上，结合企业的实际情况，选择适合本企业的推广方式，并随着市场变化而动态化，发挥线上推广的综合效应。

（二）流量提升策略

1. 搜索引擎优化

搜索引擎推广是比较传统的推广方式，在现行经济环境下依然有效。搜索引擎优化就是通过采用易于搜索引擎索引的合理手段，使网站各项基本要素适合搜索引擎检索原则并且对用户更友好，从而更容易被搜索引擎收录及优先排序，从而提升浏览量。搜索引擎优化包括优化关键词、优化网站结构、优化页面、优化外部链接、优化网页地址、优化主机等内容。

2. 百度付费推广

可以通过付费方式使信息在搜索引擎上排名突出，对潜在客户进行推广。百度主要的付费推广方式有搜索推广、品牌推广和网盟推广等。百度搜索推广是指通过用户搜索付费关键词，推广结果出现在左侧自然排名的上面或者右侧，来影响用户信息获取过程的付费推广方式。根据关键词的出价和质量度不同，百度有三种展示方式：左侧竞价排名、右侧关键词广告和左侧底纹关键词推广。百度品牌推广是指在百度搜索结果首位，以文字、图片、视频等多种广告形式全方位推广展示企业品牌信息，网民可以以更便捷的方式了解品牌官网信息，更方便地获取所需企业资讯，是提升企业品牌推广效能的推广模式。百度网盟推广是指百度网盟通过分析网盟的自然属性、长期爱好和短期特定搜索与浏览行为，借助百度特有的受众定向技术帮助企业主锁定目标人群，当目标受众浏览百度联盟网站时，以固定、贴片、悬浮等形式呈现企业的推广信息。

(三)转化率提升策略

流量不是企业推广的最终目的,高转化率的流量才能为企业带来实际效益。转化率是通过计算网站的总访问量,将其与那些完成了特定目标的人进行比较,一些常见类型的转换目标如:点击、转发、提交表格、选择接收邮件、购买等。很多企业的流量很高,但是转化率却很低,主要是因为所属行业偏冷门,或者无效流量太多,也可能是企业的产品或服务无竞争优势。企业可以采取以下措施提高转化率:

1. 进行拆分测试

拆分测试是一种策略,用于识别网站中最有可能提高转化率的元素。例如,可以对产品或服务设置两种不同的报价,然后使用拆分测试工具,这些工具会将部分流量发送到第一种价格的页面,将其他部分发送到第二种价格的页面,然后它们将评估出差异,企业根据差异选择合适的价格。

2. 消除干扰

消除网站上不必要的图片或内容,尽量减少点击链接,让最重要的行动呼吁脱颖而出,减少网站访问者分心的概率。

3. 利用社会证明

客户只有信任产品或企业才会产生转化行为,企业可以采取一些策略来提升客户的信任度,如分享评论和推荐信息,分享客户数量,分享来自关键人物和思想领袖的认可,分享各类印章和信誉标志等。

扫码观看初创企业线上推广策略

思政园地

文化自信:营销人的力量源泉

一、案例导入

天猫国潮,领"潮"前行

2016年6月,国务院办公厅印发了《关于发挥品牌引领作用推动供需结构升级的意见》,提出设立"中国品牌日",搭建品牌发展交流平台,提高自主品牌影响力和认知度。2017年4月24日,国务院批准将每年5月10日设立为"中国品牌日"。

为响应国家"中国品牌日"政策,2017年,天猫推出"国品计划",2018年,该计划更名为"国潮来了"。"国潮来了"是天猫针对中国品牌营销升级推出的事件营销项目,平台立足于用户需求,每年策划花样翻新的各种营销活动,迅速席卷国货消费市场,已逐渐成为国货新品首发、新品孵化的首要平台。

2018年6月,"国潮来了"首波跨界产品之一,锐澳×六神"花露水鸡尾酒"首发5 000组,

17秒即售罄；2018年9月，老干妈卫衣上线秒无。2018年"双十一"当天，销售破亿的国货品牌达100多个。

2019年5月10日，天猫联合百大国货品牌开启"国货大赏"，引发巨大关注。儿童节推出大白兔×气味图书馆"快乐童年"系列香氛，天猫618预售315件，60秒售罄；锐澳×英雄"墨水鸡尾酒"，首发3 000组，1分钟售罄……

2020年，天猫国潮"新国货计划"升级为"新国货计划2020"。在"510新国货大赏"活动中，为了突破广大消费者对品牌的固有认知，天猫国潮打造了老字号、新锐国货、巨头国民品牌三大核心赛道，以头部KOL（关键意见领袖）深度内容定制＋腰部KOL联动种草＋赛道品牌联合的传播矩阵，通过"一城一品"活动传播，营造多城国潮狂欢气氛，给中国消费者带来了更多良心国货。据报道，在"国货正当潮""万物国潮夜"两场直播活动中，限量4 180台的上汽荣威预售30秒即售罄，鱼跃限量定制国货礼盒上架30秒售出8 000多套，海尔新品挂烫机首发售罄2万台……

二、案例讨论

1. 结合案例资料分析"国潮"崛起的原因。
2. 营销人如何做到文化自信。

三、分析与建议

中国企业生产越来越多的"国潮"，中国消费者越来越多为"国潮"买单，曾经"土气廉价"的国货，现如今在中国成了潮流，直接原因主要有以下两个方面：一方面，"国潮"产品设计融合了中国传统文化与现代流行元素，让传统文化根植于现代的土壤，深受中国年轻一代的追捧；另一方面，"国潮"产品营销融合了线上与线下渠道。以纽约时装周参展、线上直播、跨界合作、线下展会等多领域打通国货品牌的全渠道推广路径，助推中国产业加速迈向全面品牌化发展阶段。

"国潮"崛起不仅仅是营销和设计的功劳，更是中国文化自信提升的体现。文化自信是更基础、更广泛、更深厚的自信，是更基本、更深沉、更持久的力量。作为营销人，要树立文化自信，从中国传统文化中汲取深沉持久的力量。树立文化自信，首先要了解中国传统文化，保持文化自觉；其次要学会独立思考，取其精华，去其糟粕；最后要拓宽文化视野，培育创新意识。

实训操作

初创企业的线上推广策划

1. 实训目的

通过实训理解线上推广的类型和内容，为选定的模拟初创企业产品进行线上推广设计。

2. 实训内容与步骤

（1）分析模拟的初创企业实力、产品特色以及主要竞争对手的推广方式。

（2）为初创企业产品选定合适的线上推广渠道与方法，并说明具体理由。

（3）介绍选定的推广渠道和方法的主要特征与用途。

3. 实训成果要求

提交模拟初创企业的线上推广方案 PPT。

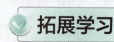

新媒体营销的基本常识

新媒体营销是利用新媒体平台进行营销的一种模式，它借助新媒体平台和舆论热点来向消费者传递某种概念、观点和思路，达到企业的商业策略软性渗透，使企业更好地进行品牌的宣传和产品的销售。

一、新媒体营销的特点

1. 互动性强

传统媒体信息传播的方式是单向的、线性的、不可选择的，新媒体则有多个传播点，可以实现企业与目标客户的双向沟通，每个受众既是信息的接受者，也是信息的传播者，互动性强，传播效果明显。

2. 速度快

新媒体容易引起人们的广泛关注，满足人们对各类信息的获取要求，受到人们的欢迎，传播速度非常快。同时随着互联网技术的不断发展，新媒体的传播渠道也越来越多，主要有微博、微信、博客、视频网站、社交网站等，它们都不受时空的限制，传播范围非常广。

3. 成本低

新媒体采用多元化方式进行推广，相较于电视媒体、新建网站来说，新媒体的许多平台都是免费的，而且可以随时随地分享资源，如在微信平台建立公众号，在微博上建立官方微博，在 QQ 上建立粉丝群等。同时新媒体的传播成本相对较低，传统媒体需要花费大量资金进行推广，而新媒体平台创造的内容更有创意和价值，人们自愿进行分享转发，可以低成本地快速传播信息。

4. 针对性强

新媒体传播的投放对象更加精准，每一个人都成为信息的发布者，个性地表达自己的观点，传播自己关注的信息，企业更容易锁定目标用户，提高传播效率。

二、新媒体营销的原则

1. 定位性原则

企业根据外部环境和内部条件的分析对新媒体营销进行准确定位，通过新媒体营销将品牌和目标消费群体联系起来，这样精准清晰的定位可以提升效率，推动企业的发展。新媒体营销的定位主要指营销目的定位、目标消费人群定位、互动方式定位和服务定位。

2. 互动性原则

在进行新媒体营销时，企业不仅要把信息及时准确地传递给目标人群，而且要积极地与目标人群进行互动交流，将目标人群转变为粉丝，主动地参与到新媒体营销的互动与创造中去。在新媒体营销的互动中，要体现用户参与的便捷性、对用户的有益性和良好的体验性。

3. 趣味性原则

新媒体与传统媒体不同，它在情感上与目标人群走得更近，新媒体的很多内容在很大程度上都带有娱乐化倾向，让受众觉得更有趣，更自愿将信息分享出去。因此，新媒体的内容要更注重原创，要有创意、有个性，并善于借势，这样才能展示企业的独特魅力，吸引更多的人群关注。

4. 参与性原则

随着互联网的发展，伴随着互联网兴起的新时代人群开始成为网络的主流用户，被称为"网络原住民"。新时代用户的显著特征之一是喜欢参与，喜欢对产品和服务提出自己的意见，希望引起企业和运营者的重视。新媒体营销要想取得良好的效果，就要满足他们的参与性需求，获得用户好感，得到用户的长期支持。

三、新媒体营销的实施

1. 分析目标用户的特征

做新媒体营销，首先就要分析目标用户的特征，如性别、年龄、职业、民族、受教育水平、消费特征、社会特征、兴趣爱好等，并根据这些特征建立"用户画像"。建立用户画像可以采取两种途径：一是用户调研，利用问卷直接获取直观的用户数据，如性别、年龄、职业、地域等；二是进行直接交流，通过深度访谈、评论互动、直接私信等方式了解用户的兴趣爱好、消费特征等。

2. 确定传递内容

内容是新媒体营销的核心，确定要向用户传递的内容，即想让目标用户了解哪些信息，如产品的品牌、特点、优势等。一般来说，新媒体营销的内容分为两类：基础话题和热点话题。基础话题是指在长时间都不会过时的话题，如衣食住行，这种话题一般占到内容的80%；热点话题则具有很强的时效性，往往只在短时间内具有讨论的价值，一般这样的话题占到内容的20%，新媒体营销可紧跟热点新闻，借力打力，利用热点来造势。

3. 选择传播平台

新媒体营销有多种传播平台，企业要综合运用。这些平台主要包括：微信公众号、微博、社交网站、问答平台、视频网站、短视频平台等。微信公众号包括服务号和订阅号，借助微信庞大的用户基础，可以广泛快速地传播；微博互动性强，更加开放，容易形成爆炸性的传播效果；社交网站主要有天涯、豆瓣等社区，都有特定的社区群体，传播更有针对性；问答平台如知乎容易形成信息传播的发源地；视频网站如 B 站、腾讯视频等，既可以将内容直达客户，又可以通过弹幕收集用户意见；短视频平台如抖音、美拍、秒拍等，它符合大众的接受习惯和移动端使用习惯，越来越受欢迎。

4. 采用多种呈现方式

新媒体营销需要采取多种呈现方式，如文字、图片、音频、视频和 H5 动态页面等。文字是最常见的呈现方式；图片则因采用直观的视觉方式让受众快速记住图片所要传递的信息；音频可以解放受众的双眼，开启声音营销；视频包括电视广告、网络视频、宣传片、微电影等，可以通过系列视频吸引受众的持续关注；H5 动态页面则是近年来兴起的一种营销方式，利用各种创意设计进行营销，形式丰富多样，能起到很好的传播效果。

课后练习

一、单项选择题

1. （　　）是企业、机构或者个人在域名注册商注册的名称，是互联网上企业或者机构间相互联络的网络地址。

    A. 域名　　　　　　B. 网页　　　　　　C. 网站物理地点　　　D. 服务器名称

2. 网站的界面布局非常重要，要根据用户的浏览习惯将网站的核心内容合理有序地展示给用户，一般重点信息要在网站的（　　）的部位出现。

    A. 右边偏上　　　　B. 右边偏下　　　　C. 左边偏上　　　　D. 左边偏下

3. 企业官方微博每天发布条数为 5~10 条，要合理选择发布时机，下面（　　）时间段不适合发布。

    A. 上班之前　　　　B. 午休时间　　　　C. 下班之后　　　　D. 工作时间

4. （　　）又称"旗帜广告"，是最常用的网络广告形式。

    A. 按钮广告　　　　B. 横幅广告　　　　C. 插播式广告　　　D. 富媒体广告

5. （　　）是基于产品特点的概念诉求与问题分析，对消费者进行针对性心理引导的一种文字模式。

    A. 广告　　　　　　B. 软文　　　　　　C. 新闻　　　　　　D. 故事

二、多项选择题

1. 线上推广的方式很多，可以分为（　　）。

    A. 企业自媒体推广　　　　　　　　　　B. 社会化媒体推广
    C. 第三方平台广告推广　　　　　　　　D. 网站推广

2. 问答站点推广的步骤主要包括（　　）。

    A. 提问　　　　　　B. 回答　　　　　　C. 采纳问题　　　　D. 问答排名优化

3. 搜索引擎优化包括（　　）等内容。
   A. 优化关键词　　　　　　　　B. 优化网站结构
   C. 优化页面　　　　　　　　　D. 优化外部链接
4. 百科推广具有（　　）等特点。
   A. 流量高　　　B. 用户黏性大　　　C. 信任度高　　　D. 精准度高
5. 新媒体营销可以采取的呈现方式主要有（　　）等。
   A. 文字　　　　　　　　　　　B. 图片
   C. 音频　　　　　　　　　　　D. 视频和H5动态页面

三、判断题

1. 查询网站在各大搜索引擎中的收录量，收录越多，说明网站越重要，对搜索引擎越友好，更新周期越短，网站流量就越大。（　　）
2. 无论网站类型是否相同，首页的设计都要相同。（　　）
3. 相对于文字来说，图片更容易让用户形成视觉上的感官认识。（　　）
4. 网络广告具有覆盖面广、广告效果持久、互动性强、广告费用相对较低等优势。（　　）
5. 高转化率不是企业推广的最终目的，高流量才能为企业带来实际效益。（　　）

四、简答题

1. 简述营销型网站构建的主要步骤。
2. 简述社会化媒体推广的主要方式。
3. 简述网络广告的主要形式。
4. 简述初创企业线上推广策略。

五、案例分析题

从 Keep 的"埋雷计划"看初创企业的线上推广

Keep 是一款 APP，致力于提供健身教学、跑步、骑行、健身饮食指导及装备购买等一站式运动解决方案。Keep 于 2015 年 2 月上线，但其官方微信公众号在 2014 年 10 月份就建立了。在这段时间里，可以提前积攒产品的种子用户，并为客户准备优质的内容。最初的三个月，Keep 微信公众号的内容以"名人的健身故事""泛健身教程""生活热点"为主，经过一段时间的摸索及了解用户的反馈后，Keep 精简了内容，并且明确了内容的三个方向——更专业的健身教程、名人健身故事、用户互动答疑。

Keep 在推广初期，运营团队就启动了代号为"埋雷计划"的行动计划。团队成员在产品上线前一个月，活跃在各种 QQ 群、微信群、BBS、贴吧以及豆瓣小组里，甚至创始人自己也经常"潜伏"在健身主题的 QQ 群中，在这近百个垂直社区、社群里，通过长期连载品质较高的健身经验帖培养固定的读者，通过长期和用户沟通交流，成为发言最多、最活跃的用户，最终成为关键意见领袖（KOL）。而当 Keep 正式上线时，运营人员将这些帖子同时引爆，几乎是在一夜之间，通过已经积攒的 KOL 话语权告知广大读者，之前优质的健身经验分享内容，都是通过一款名为 Keep 的 APP 来维持的。这时候，运营人员放出产品下载链接，推荐大家体验，将用户转化为 APP 用户。集中引爆的结果，就是让整个健身圈都开始议论 Keep。截至 2017 年 8 月，Keep 用户量突破 1 亿。

> **问题**
> 1. 如何评价 Keep 的"埋雷计划"？
> 2. 结合案例谈谈初创企业应如何进行线上推广。

项目小结

　　推广的本质是沟通，推广的内容是企业、品牌、产品或服务信息，推广的目的是激发和强化消费者的购买动机，并促使购买动机转化为购买行为。

　　线下推广是利用传统媒体进行的市场推广，它注重实际生活中面对面的交流，在传统营销中占很大比重，主要包括人员推销、广告宣传、营业推广和公共关系四种方式。

　　人员推销是指企业派专人对目标消费者进行面对面的互动、展示产品及析疑的一种促销方式。人员推销的基本步骤包括：寻找消费者、接近消费者、推销洽谈、处理异议、促成交易、跟踪服务。

　　企业开展广告促销必须遵循以下原则：真实性、思想性、艺术性和计划性。传统的"四大广告媒体"为电视、广播、报纸、杂志。

　　营业推广又称销售促进，是指企业为鼓励消费者对某个产品或服务的试用和购买而进行的短期刺激。面向消费者的营业推广方式很多，比如赠送样品、现场演示、有奖销售、包装促销、折价券、联合推广、会议促销、设置特价品、参与促销、俱乐部营销等。

　　公共关系是指企业与社会公众的关系，公共关系活动是指企业为改善与社会公众的关系，促进公众对企业的认识、理解及支持，达到促进商品销售、树立良好企业形象、扩大企业知名度、提高企业信誉度与美誉度而采取的传播活动。常见的公共关系活动有新闻报道、赞助公益、组织专题活动、社会交往、内部沟通、危机公关等。

　　初创企业进行线下推广，可以采取创始人亲自推销的策略；在广告宣传上侧重宣传产品，采用 FABE 法则介绍产品，正确看待广告的作用；重视公关，制定公关计划，重视危机公关。

　　顾客让渡价值是指顾客购买某一产品或服务时所获得的总价值与需要支出的总成本之间的差额。顾客价值理论的提出为企业营销提供了一个全新的分析思路，不再仅仅侧重于产品、价格、分销和促销一些经营性因素，而是要全方位、全过程、全纵深地改善企业生产经营状况，设计出一套满足顾客让渡价值最大化的营销机制。

　　自媒体推广是企业线上推广的起点，也是线上推广的落脚点，其他方式的推广目的也是为企业自媒体平台引流。企业自媒体包括企业官方网站、官方微博、企业微信公众号等。

社会化媒体推广的主要方式有五种：问答推广、百科推广、论坛推广、视频推广、软文推广。

第三方平台广告推广是企业在自媒体和社会化媒体上的推广取得初步成效后，愿意加大投入，实施借势营销时采取的推广方式。网络广告投放形式主要有：横幅广告、按钮广告、文本链接广告、电子邮件广告、插播式广告、富媒体广告。

初创企业进行线上推广时，要采取多样化的推广方式，通过搜索引擎优化和百度付费广告等方式提升流量，通过拆分测试、排除干扰和社会证明提升转化率。

新媒体营销是指利用新媒体平台进行营销的一种模式，它借助新媒体平台和舆论热点来向消费者传递某种概念、观点和思路，达到企业的商业策略软性渗透，使企业更好地进行品牌的宣传和产品的销售。

参考文献

[1] 科特勒,阿姆斯特朗. 市场营销原理与实践[M]. 楼尊,译. 17版. 北京:中国人民大学出版社,2020.

[2] 杨群祥. 市场营销概论[M]. 3版. 北京:高等教育出版社,2019.

[3] 文腊梅,韦林华. 市场营销原理与实务[M]. 北京:电子工业出版社,2015.

[4] 郑聪玲. 市场调查与分析[M]. 2版. 北京:中国人民大学出版社,2020.

[5] 黄慧化,陈学忠. 市场调查实务:项目教程[M]. 2版. 北京:电子工业出版社,2017.

[6] 里斯,特劳特. 定位[M]. 邓德隆,火华强,译. 北京:机械工业出版社,2017.

[7] 王方. 渠道管理[M]. 2版. 北京:高等教育出版社,2019.

[8] 侯淑霞,陈涛. 渠道与物流管理[M]. 北京:高等教育出版社,2015.

[9] 惠亚爱,乔晓娟,谢蓉. 网络营销:推广与策划[M]. 2版. 北京:人民邮电出版社,2019.

[10] 付珍鸿. 网络营销[M]. 北京:电子工业出版社,2017.

[11] 肖凭. 新媒体营销实务[M]. 北京:中国人民大学出版社,2018.

[12] 林海. 新媒体营销[M]. 北京:高等教育出版社,2019.

[13] 王鑫. 创新创业营销技能读本[M]. 北京:高等教育出版社,2017.

[14] 杜一凡. 新媒体营销完全攻略[M]. 北京:人民邮电出版社,2017.

[15] 李丛伟,王丹. 网络创业[M]. 北京:电子工业出版社,2018.

[16] 林小兰. 市场营销基础与实务[M]. 3版. 北京:电子工业出版社,2020.

[17] 高彬. 企业形象设计[M]. 北京:人民邮电出版社,2015.

[18] 黎万强. 参与感:小米口碑营销内部手册[M]. 北京:中信出版社,2014.

[19] 王先庆,彭雷清,曹富生. 全渠道零售:新零售时代的渠道跨界与融合[M]. 北京:中国经济出版社,2018.

[20] 埃利斯,布朗. 增长黑客[M]. 张溪梦,译. 北京:中信出版社,2018.

[21] 张本伟,赵鑫,杨琰华. 单点突破[M]. 北京:中信出版社,2016.

[22] 安杰. 手把手教你开微店[M]. 北京:人民邮电出版社,2016.

[23] 贺关武. 社交电商:裂变式增长[M]. 北京:电子工业出版社,2019.

[24] 黄斯狄. 小程序电商:运营+推广+案例实操[M]. 北京:清华大学出版社,2018.

[25] 朱东,袁航. 样板市场:中小企业燎原的星星之火[J]. 销售与市场(商学院),2014(5).

［26］张鹏. 制造商线上分销渠道模式选择研究［J］. 技术经济与管理研究，2018（10）.

［27］浦徐进，孙叔省，金德龙. 线上渠道模式与制造商分销策略的匹配关系［J］. 控制与决策，2019（8）.

［28］田甜. "网红"麦片王饱饱：上线20天，销量突破200万［J］. 创业邦，2020（1）.

［29］李飞. 全渠道营销：一种新战略［J］. 清华管理评论，2015（2）.

［30］陆斌. 初创品牌年销8000万，认养一头牛凭什么这么牛？［EB/OL］.（2018-01-13）. https://dy.163.com/article/D826NSAK0519FEEC.html.

［31］李震. 强关联下品牌与线上渠道商的共赢之术［EB/OL］.（2015-08-18）https://www.sohu.com/a/28123507_181981.